「東アジア的教師」の今

東アジア教員養成国際共同研究プロジェクト 編

GTP 東京学芸大学出版会

はじめに

藤井健志（FUJII, Takeshi　東京学芸大学）

「東アジア的教師」とは、一体何なのだろうか？

そもそも、こうした概念や問題設定は成立しうるのだろうか？

またこうした問題設定の背景には、「教育の東アジア的特性」とも呼ぶべき類似性が存在しているという前提があるはずだが、そうした前提自体は正しいのだろうか？

本書のタイトルからは、こうした疑問が自然に思い浮かんでくるのではなかろうか。そこではじめに、こうした疑問に向き合ってみよう。

日本、韓国、中国、台湾、香港といった東アジア諸国・諸地域における教育の類似性を考えようとすると、儒教の影響ということを思い浮かべる場合が多いのではなかろうか。こうした考え方は現代でも根強く存続しているが、逆に近代的理念と制度とに基づく現代の教育を、儒教という視点から捉えるのには限界があるという批判も強い。どちらが正しいのかと言うよりも、教育のどのような部分に、儒教にのみ由来する性格が見出だされるのかを、具体的に考える必要があるだろう。しかも中国の科挙や日本の寺子屋といった簡単な事例だけからでも容易に理解できるように、前近代の東アジアにおいては、それぞれの国・地域の歴史、文化、社会状況に基づいて、それぞれ異なる教育制度がしかれていた。東アジアの教育の類似性を単なる思いつきのレベルを乗り越えて、学問的に捉えるのは意外に難しい作業である。

とは言え、「東アジア」という枠組みを私たちは無視できるかということも考えておく必要がある。前近代において中国の文化圏に含まれていた東アジアは、近代の国民国家とは異なる意味で、一つの共同体（ベネディクト・アンダーソンが『想像の共同体』で述べているような意味での共同体）であった。共通の書き言葉である漢字を媒体として、共有してきた歴史や文化の影響は現代まで続いている。それに加えて、たとえば「教育」という言葉に現

れているように、ものごとを考える際の根本的な概念のかなりの部分が、漢字で構成され、共有されている。私たちは時にキリスト教的な考え方に基づく欧米的教育観の特徴や同質性について言及することがある。その当否はここでは論じないが、国民国家以前の前近代的共同体における文化、思想の現代に対する影響という視点を是認するのならば、かつての中国文化圏が現代東アジア諸国・地域の教育に与えた影響も研究対象として浮かび上がってくるのではなかろうか。

次に別の視点から東アジアにおける教育の類似性について考えてみよう。前近代においてはさまざまなヴァリエーションをもっていた東アジアの教育制度は、近代に入ると西欧の影響で、次第に学校において行われる均質な近代的教育に変わっていく。この点においては東アジア各国・地域はよく似た歴史をもつ。こうした制度的側面は、教育の場としての学校環境の類似性にも関わっている。私たちは現代東アジアのどの国・地域に行っても、よく似た学校風景を見出だすことができる。

ただしこのことは、世界の他の地域にも当てはまる。上に述べた類似性は、近代的教育そのものの基本的性格に起因するからである。この類似性は、東アジア的なものではなくて世界的なものであり、地域の特性として捉えるべきものではなくて、近代という時代がもつ特性として捉えるべきものであろう。国民の創出と、近代産業の担い手の訓育という近代世界共通の課題が、近現代教育の類似性を生み出したのである。

しかしここであらためて現代東アジアで行われている学校教育の細部を見てみるとどうなるだろうか。私はこのコンソーシアムに参加している中国の大学生の話を聞く機会をもったことがあるが、来日して日本の小学校を見学した彼らは、日本の学校の教室がいかにも楽しげに演出されていると驚いていた。中国の子どもたちにとって教室はあくまでも勉強する場所であって、楽しい場所ではないという。この話をどこまで一般化できるかはわからないが、似たような学校教育を施していても、教室という場の意味づけが、日本と中国では微妙に異なるのだと思う。一見すると似て見える東アジアの教育制度だが、その細部に関する比較研究は、まだまだ不足しているのではないだろうか。

この問題はさらに世界全体に拡げて考えられなければならない。一見すると同じように見える世界各国の近現代教育の細部についての比較研究であ

る。もちろんこれに関する個別研究は多数行われているが、本質的には同じはずの教育の近代化が、なぜ細部において差異を生むのかということは、その差異の意味も含めてあまり問われていないように思う。私たちはしばしばこの差異の部分に「その国らしさ」「その国の教育の特徴」を認めるが、教育の近代化という大きな視点から細部の差異を検討することは少なかったのではなかろうか。そしてこの検討を進めた場合に、東アジアは同じ特性をもつ一つのまとまりとして見出だされるのだろうか。

　最後にもう一つ異なる視点から、東アジアの教育について考えてみよう。近現代における教育は国民の創出と再生産を目標とする国民国家の事業である。したがってそれぞれの国において異なる理念と制度に基づいて行われる。だとすると、それぞれの国においては、教育や教師について異なる目標やイメージがつくられているはずである。日本人が考える「良い教育」や「良い教師」は、他の国・地域のものとは異なるのが当然であろう。しかも東アジアには原理的には国民国家であっても、統治制度の異なる国家や、必ずしも国家とは認められていない地域も存在しており、国家のあり方が多様である。だとすると、それぞれの国民国家を超えて東アジアに共通する一様な教育像や教師像を見出だすことは可能なのだろうか。

　これについては、近現代教育がもつ共通性と相違性をどの範囲で検討するのかということを考えるべきだろう。どの部分をどのように取り上げるかによって、その答えは異なってくると思うが、どこにおいても国家内で一様に同じ教育が行われているわけではない。それぞれの国内における相違点や、国を超えての共通点も存在しており、そのことは、教育の共通点や相違点を国家単位で把握することの妥当性に対する問いを投げかけている。私たちは地理的な近接性と、それぞれの国民国家形成の経緯との間にある諸関係を繙かなければならないだろう。

　ここでは「東アジア的教師」に対するいくつかの視点や疑問を掲げてみたが、現代のグローバル化の問題が、こうした疑問に拍車をかけている。グローバル化は「東アジア的教師」という問題設定を、より複雑な迷路に導いているようである。しかしこのような諸課題にもかかわらず、私たちの「東アジア的教師」という問題設定は重要だと思う。それは何よりも、今まで述べてきた多様な視点や疑問を引き出すことができる生産性をもつものだからである。そしてまた、同じ東アジアにあっても、私たちは他国の教育理念や教育

はじめに　　5

制度が細部において具体的にはどのように機能しているかを、必ずしも十分には理解していない。こうした事情をふまえて、本書は各国・地域の教育の具体的な状況を確認、検討しながら「東アジア的教師」のあり方を探り、さらには今後の世界における教員の養成と質保証に関する諸問題を、さまざまな視点から解明する手がかりを得ようとするものである。私たちはこうした試みが、優れた教員を生み出していくためには必要不可欠なものであることを確信している。

〔目次〕

はじめに　　　　　　　　　　　　　　　　　藤井健志　　3

序 章　東アジア教員養成国際コンソーシアムの取り組み
　　　　　　　　　　　　　　　　　田中喜美／下田 誠　　12

第1章　東アジアの大学における教員養成の質保証
　　　　――論点と課題
　　　　　　　　　　　　　　　　　　　　　岩田康之　　30

第2章　教育指導職の育成をめぐる動向と論点
　　　　――スクールリーダーの経験と学習
　　　　　　　　　　　　　　　　　　　　　大脇康弘　　44

第3章　開放制原則下の中国の教師教育における質保障体系の構築
　　　　　　　　　　　　　　　　　劉 益春／饒 従満　　64

第4章　中国の師範大学における教員養成改革
　　　　――質保障の視角から
　　　　　　　　　　　　　　　　　　　　　鄧 濤　　88

第5章　中国における校長の専門化過程と質的保障に関わる課題
　　　　　　　　　　　　　　　　　　　　　周 彬　　114

第6章　中国の大学における校長研修
　　　　――北京師範大学の取り組みを中心に
　　　　　　　　　　　　　　　　　　　　　高 益民　　130

第7章　中国における教師教育者の養成と研修
　　　　──東北師範大学の実践を事例として
　　　　　　　　饒 従満／李 広平／陳 欣／高 文財／秦 春生　148

第8章　韓国における教員の能力向上方案
　　　　　　　　　　　　　　　　　　　　　　崔 浚烈　174

第9章　韓国の教員養成機関における質保証の取り組みとその発展方案
　　　　　　　　　　　　　　　　　　　　　　權 東澤　188

第10章　台湾の教員養成制度
　　　　──質保証の観点から
　　　　　　　　　　　　　　　　　　　　　　黄 嘉莉　206

第11章　教員養成の質保証システム構築をめぐる課題
　　　　──比較の視点から
　　　　　　　　　　　　　　　　　　　　　　佐藤千津　226

終 章　「東アジア発」の教員養成研究の国際化に向けて
　　　　　　　　　　　　　　　　　　　　　　岩田康之　238

おわりに　　　　　　　　　　　　　　　　　　大脇康弘　250

索 引　　　　　　　　　　　　　　　　　　　　　　　252

【凡例】

編集委員会

　本書には、東アジア教員養成国際コンソーシアムの国際共同研究プロジェクトのメンバーによる諸論考が採録されているが、それらの一部は、中国語（第3・4・7・10章）および韓国語（第8・9章）で入稿されたものを翻訳して収めている。これらと、日本語による入稿（うち第5・6章は中国人執筆者によるもの）とを併せて、日本人読者にとって読みやすい一つの書物とすべく、編集委員会では以下のような取り扱いを行っている。

1．中国語および韓国語で入稿されたものの翻訳については、下記の者[i]がそれぞれの日本語訳（下訳）を担当し、その上で全体を通じての訳語の調整や補注・訳注の付加などの監訳作業を、岩田康之（東京学芸大学教授＝中国語部分）および裴光雄（大阪教育大学教授＝韓国語部分）が行っている。
　　　第3章　　呉 恵升（華中師範大学大学院生）
　　　　　　　　下田 誠（東京学芸大学准教授）
　　　第4章　　徐 瑤（華中師範大学学生）
　　　第7章　　殷 爽（東北師範大学大学院生）
　　　第8章　　洪 延玫（ソウル教育大学学生）
　　　第9章　　李 連姫（北京師範大学大学院生）
　　　第10章　　薛 白（南京師範大学大学院生）

2．中国語および韓国語で入稿された部分については、日本人読者の便宜を考慮して監訳者の方で補注・訳注を付してある。これらの補注・訳注は当該箇所の脚注（1・2・3……）とし、原著者の付した注（原注）についてはそれぞれ章末にまとめて記してある（ⅰ・ⅱ・ⅲ……）。

3．中国語からの訳語の漢字表記について、団体や機関、法令や通達等の名称はなるべく原語を活かして記述し、必要に応じて括弧書きで両方の言語を

9

示したり、補注を付したりする形を原則としている。なお、簡体字について
は、可能な範囲で日本で現在通用している字体に置換している。これらは日
本人読者が関連情報を検索する際の便宜を図ったものである。

4．韓国語からの訳語については、日本語の文章としての読みやすさを第一
に考えて選択してある。これは、ハングル表記が漢語のそれと必ずしも対応
していないものがあること等を考慮したためである。また、原注等で引用さ
れているものについても、近似するカタカナ表記に置換している。

5．全体を通じて、訳語をなるべく統一するように編集を行っているが、一
部に筆者の用いた漢語をそのまま記しているところがある（例：「質保証」「質
保障」）。これについては、適宜訳注（脚注）を補ってある。

6．各章末に掲げられている参考文献には、日本語・中国語・韓国語・英語
が混在しているが、その配列については、著者名の日本語の五十音順（日本
語以外の文献については近似する日本語読みの五十音順）を原則とし、著者
名－論文名－誌名・巻号－発表年－頁数、を掲載している。

7．ウェブサイトを引用あるいは参照しているものについては、本書の校正
時（3月3日）に確認を行っている。

以上

【注】

i　なお、翻訳を担当した者のうち呉恵升・徐瑶・洪廷玫・李連姫・薛白の5名は、
　　JASSO 東アジアプログラム（序章20頁参照）によって東京学芸大学で学んだ留学生
　　である。

東アジア教員養成国際共同研究プロジェクト

【執筆者一覧】（執筆順、○＝編集委員）

○藤井 健志	FUJII, Takeshi	東京学芸大学〔J〕
田中 喜美	TANAKA, Yoshimi	東京学芸大学〔J〕
○下田 誠	SHIMODA, Makoto	東京学芸大学〔J〕
○岩田 康之	IWATA, Yasuyuki	東京学芸大学〔J〕
○大脇 康弘	OWAKI, Yasuhiro	大阪教育大学〔J〕
劉 益春	LIU, Yichun	東北師範大学〔C〕
饒 従満	RAO, Congman	東北師範大学〔C〕
鄧 濤	DENG, Tao	東北師範大学〔C〕
周 彬	ZHOU, Bin	華東師範大学〔C〕
高 益民	GAO, Yimin	北京師範大学〔C〕
李 広平	LI, Guangping	東北師範大学〔C〕
陳 欣	CHEN, Xin	東北師範大学〔C〕
高 文財	GAO, Wencai	東北師範大学〔C〕
秦 春生	QIN, Chunsheng	東北師範大学〔C〕
崔 浚烈	CHOI, Joon-Yul	公州大学校〔K〕
權 東澤	KWON, Dong-Taik	韓国教員大学校〔K〕
黄 嘉莉	HUANG, Jiali	台湾師範大学〔T〕
佐藤 千津	SATO, Chizu	東京学芸大学〔J〕

※〔J〕＝日本、〔C〕＝中国、〔K〕＝韓国、〔T〕＝台湾

序　章

東アジア教員養成国際コンソーシアムの取り組み

田中喜美（TANAKA, Yoshimi　東京学芸大学）
下田 誠　（SHIMODA, Makoto　東京学芸大学）

1．はじめに
　　——東アジア教員養成国際コンソーシアムの結成まで

　2006 年（平成 18 年）7 月に中央教育審議会より出された答申「今後の教員養成・免許制度の在り方について」は大学の教職課程を、教員として必要な資質能力を確実に身に付けさせるものにする、また教員免許状を、教職生活の全体を通じて、教員として必要な資質能力を確実に保証するものにするという改革の方向性に基づき、「教職実践演習」の新設・必修化（2 単位）、教職大学院制度の創設、教員免許更新制の導入といった大きな改革を実施に移した。この点は我が国では周知のことである。

　同年 12 月、「第 1 回」東アジア教員養成国際シンポジウムが東京学芸大学の主催のもと「東アジアにおける教員養成問題の今日的局面」をテーマに、東アジア地域の 24 大学の参加を得て、盛大に開催された。この際、同シンポジウムは「第 1 回」を称していなかったが、教員養成をめぐる諸課題を東アジア地域で共に考える有意義な機会として東アジア地域の総長・学長の支持を得て、その後年 1 回、日本・中国・韓国の持ち回り式でシンポジウムが開催されることとなった。

　2006 年に始まる東アジア地域における教育系及び教員養成系大学・学部の連携事業は、東京学芸大学（以下、本学と略称）に事務局を置き、これまで 8 年間毎年かかすことなく、国際シンポジウムを開催してきた（過去のシンポジウムの概要については表 1 参照）。そして 2009 年 12 月には域内の教員養成に携わる大学の連携をさらに強化することを目的に東アジア教員

養成国際コンソーシアム（英語名は International Consortium for Universities of Education in East Asia であり、以下 ICUE と略称）を結成した[i]。

　本学は事務局大学として、この連携事業を推進するために文部科学省に 2 度特別経費を申請している。2008 年度（平成 20 年度）より 3 年間は「東アジア教員養成国際コンソーシアムの形成——グローバル化時代における教員養成の戦略的探求——」（私たちはこのコンソーシアム結成までの取り組みを中心に第 1 フェーズと呼んでいる）を進め、上述の通り、2009 年にコンソーシアムの結成を実現している。第 1 フェーズの成果と課題をふまえ、2011 年度（平成 23 年度）より「東アジアの大学における教員養成の質保証に関する国際共同研究の推進及び国際大学院プログラムの整備——東アジア教員養成国際コンソーシアムの第 2 フェーズ——」を開始する（2014 年度までの 4 年間）。2011 年 6 月に開催された第 6 回東アジア教員養成国際シンポジウムにおいて、後述のとおり、田中による国際共同研究の呼びかけを行い、同年 7 月より 50 名ほどの日本・韓国・中国・台湾・香港地域の教師教育研究者の協力を得て、国際共同研究を推進してきた[ii]。

　以下、本章では東アジアの教育系・教員養成系大学学部間の連携による教員養成の質保証に向けた試みの事例として、ICUE の活動、とりわけ国際共同研究を中心に展開した第 2 フェーズの原点を論じ、同時にもう一つの柱として国際共同研究と関連して進められた「国際大学院プログラム」のパイロット事業を紹介することとする。後半第 2 フェーズの果実である本書収録の論考にも言及することで、本書の序章としての役割を果たしたい[iii]。

2．国際共同研究の推進

　第 2 フェーズでは、東アジア地域における喫緊の教育課題に基づき国際共同研究を進めるものとし、私たちは「東アジアの大学における教師教育のプログラム設計と質保証制度の現状と展望に関する国際比較研究」を提案した。

　この研究は、個々の大学での取り組みに焦点をあて、東アジアの大学における教員養成の質保証制度と運用について、相互理解を深め、それらの改善

序章　　13

に資する知識を集積、体系化し、もって、その質の保証と高度化を図るものである。

　公教育が国家の重要事業の一つであり、教員養成が公教育の基盤を支えるものであることは言うまでもない。そして、近年、教員養成の質の水準を高度化することが世界中で重大な案件になってきており、多くの国や地域で、それぞれの人口学的、社会的、政治的、制度的、文化的な文脈の中で、大学における教員養成をめぐる数多くの案件が取り組まれてきている。

　この運動は、日本の文脈に即せば、次のように捉えることができる。

（1）日本における動向

　第一は、人口学的な側面である。日本では、1990 年から、学齢期の子どもの人口が減少してきており、教師の需要もまた、減少してきた。多くの国立大学では、毎年、学生定員を純減することや、あるいは、来るべき時代の要請に対応した教員養成ではない課程に転換することによって、教員養成の課程を縮小してきた。その結果、国立の教育系大学・学部における教員養成課程の学生定員は、1986 年から 2000 年の間に 50％以上削減され 2005 年には約 9,500 人にまで減った。

　第二は、社会的な側面である。日本の公教育は、21 世紀転換期に、様々な問題に直面してきた。一方では、学校を取り巻く社会的な環境が急速に変化し続け、多くの克服すべき困難が広がった。文部科学省による 2010 年12 月の統計によれば、この 15 年間に、不登校が初等学校で 90％、中等学校で 120％増加、校内暴力が初等学校で 90％、中等学校で 40％増加、日本語ができない外国籍の子どもが初等学校および中等学校ともに 160％増加、発達障害の子どもが初等学校で 320％、中等学校で 1,060％増加、生活保護世帯の子どもが初等学校で 50％、中等学校で 90％増加した。さらに、これらの困難に加えて、いわゆるモンスター・ペアレントもまた、教師たちを悩ませ、消耗させている。

　他方では、子ども一人ひとりの個性や人格に即した質の高い教育のより一層の遂行が、要請されてきた。その結果、こうした複雑で多面的な問題に対応し、解決することができるより質の高い教師が必要とされてきた。すなわち、教師の資質能力を向上させる、よりよい教員養成が求められ、そのための一つの選択肢として、大学院における高度な教員養成が求められている。

第 3 は、制度的な側面である。こうして期待された大学院修士課程における高度な教員養成ではあるが、同時にそれは、学校教育への見通しを欠いた研究者養成に偏向しているとして、常に問題視されてきた。

　中央教育審議会は、2005 年の中間報告で、教員養成のための大学院の現状について批判した。「我が国の大学院制度が研究者養成と高度専門職業人養成との機能区分を曖昧にしてきたこともあり、また実態面でも、高度専門職業人養成の役割を果たす教育の展開が不十分であったことから、教員養成分野でも、ともすれば個別分野の学問的知識・能力が過度に重視される一方、学校現場での実践力・応用力など教職としての高度の専門性の育成がおろそかになっており、本来期待された機能を十分に果たしていない。」そして、結論として、中央教育審議会は、修士レベルにおいて有能な教師を養成するための専門職大学院の創設を勧告した。さらに、同審議会は、教職大学院の制度的な枠組みを検討し、2006 年夏に、最終答申を提出した。こうして 2008 年から 19 大学において教職大学院がスタートした。

　第 4 は、政治的な側面である。多くの大学人の反対にもかかわらず、日本政府は、2004 年に新たな政策を導入し、すべての国立大学を国立大学法人に移行させた。この政策によって、大学での教師教育には、多くの困難がもたらされたが、とりわけ二つの問題が、大学における教員養成にとっては深刻であった。

　その一つは、政府の財政政策に即して、二つの部分からなる予算の削減がなされたことである。すなわち、2009 年度までに人件費の 5% 以上の削減をしなければならなかったことであり、同時に、2004 年度からの 6 年間、毎年度 1% の運営費交付金の削減がなされたことである。教師教育を実施している大学・学部の多くにあっては、人件費の比率が高い傾向にあるため、これらの予算削減は、大学教員数の削減をせざるをえなくさせた。

　もう一つは、国立大学法人への目標管理の導入である。すなわち、すべての国立大学法人は、文部科学省との協議のもと、6 年ごとに具体的な目標を設けることが義務づけられた。たとえば、国立の教員養成系大学・学部においては、教員養成課程の卒業者の何パーセントが当該年度に教職に就くことができたという目標を決定しなければならなくなった。こうして各大学は、数値目標を基準にして、そのアウトカムを評価し、目標が達成された事実を公表しなければならなくなった。もし仮に、目標が達成されなかったならば、

序章　　15

当該国立大学法人は、次の中期目標期間中の運営費交付金を削減されることになる。

最後に第5は、文化的側面である。大学政策と関わって、2002年に学校教育法が改正され、教育・研究等の水準向上に資するため、すべての大学および専門職大学院は、定められた期間ごとに、文部科学大臣の認証を受けた評価機関によって評価を受けなければならなくなった。そして、こうした大学の認証評価制度は、国家権力の関与の有無の点では異なるものの、アメリカの大学認証制度に由来するものであるとみなすことができる。

そして、大学や大学院のアウトカムに基づく評価が重視されるようになるに従い、この認証評価制度もまた、日本での大学における教師教育に多くの困難をもたらしつつある。この制度とその運用は、元来、日本の文化を背景にした日本的な教育観や教師観とは相当に異なるアメリカ的な教育観や教師観に深く根ざしたアメリカの制度に由来するものであるので、日本の大学における教師教育のアウトカムを重視した適切な評価基準を樹立することが大変に難しい。

さらに、次のこともまた、指摘されなければならない。すなわち、アメリカの制度は専門職集団の協働によるピア・レビューの文化に基づくものであるのに対して、日本の制度は国家権力を背景にしたものであり、そのため、日本の制度においては、公教育に対する伝統的な官僚制文化のもとで、不相応な規制として働き、自らの専門職としての主体的な指導性のもとに教師教育を創造的に発展させようとしている大学に対して画一化を促し、その活力を殺ぐような効果をもたらす危険性が常にあるように思われる点である。

（2）東アジアにおける教員養成の質保証をめぐる問題構造

上で述べた日本の動向は、一つの事例にすぎないことはまちがいない。しかし、そこには、大学における教員養成の質保証をめぐって、東アジアに共通する問題構造が示唆されているように思われる。すなわち概括的にいえば、それは、グローバル化の過程のなかでアングロ・サクソン社会の高等教育制度を受容しようとする傾向と東アジア特有の教育観や教師観との間での葛藤であると捉えることができる。東アジアの多くの人々は、類似する教師観を共有している。それは、西欧的な観念とは異なっている。西欧的な教師観においては、キリスト教文化のもとに、教師とは、客観的な真理、すなわち科

学的な知識等を若い世代に教授することが主要な職務である教授の専門家としてみなされている。これに対して、東アジアの教師観は、教師と呼ばれる者の人格的な側面を強調し、教授の専門家よりもより広い意味内容を含んでいる。東アジア特有の教師観においては、多分、儒教文化の影響のもとであろうが、教師とは、一人の学び続ける人格としての彼・彼女自身の生き様を通して、若者たちに至当な生き方を示唆することが主要な職務である生き方の先達としてみなされている。その権威を支える教師への親や子どもたちの尊敬は、若者世代が模倣すべき善き性質と行為の模範となる彼らの人格に依存している。

そして、東アジア地域の教師、子ども、そして親の間で、こうした教師観が共有されていることが、PISA等の国際学力調査で、この地域の子どもたちが、最も高い得点を獲ることができる重要な理由の一つになっているとみられる。

同時に、東アジアの人々にとって、この地域特有のこうした人格的な側面を含む、より広範な意味内容をもつ教師観の文脈のなかで、教師教育のための評価基準を樹立することは、より複雑になることが明らかであろう。

他方、大学における教員養成の質保証をめぐる議論において、グローバリゼーションは、重要な論点になっている。ここで、グローバリゼーションとは、「近代的通信や輸送技術の急速な発達によって、他者との関係づけがより簡単に、安価に可能となる結果、国境を越える関係や接触が加速度的に増加することによって起こるさまざまな傾向」（ロナルド・ドーア）[iv] と解釈されるものの、各国・地域の高等教育に対するその効果は、実際には、アングロ・サクソン的アメリカ化を意味し、認証制等のアングロ・サクソン社会の制度を「標準」として受け入れ、他の国の制度はその標準から逸脱したものだとする心的傾向を世界中に醸成した。

こうした問題構造において直面する諸問題を捉えるならば、克服すべき課題は明確であると思われる。つまりそれは、グローバル化のなかで、東アジア特有の教師観と文化に根ざした教員養成のプログラム設計と質保証制度を開発する課題であるといえる[v]。

（3）国際共同研究の組織とその後の展開

第2フェーズは上記した日本の文脈や国際的な動向をふまえ、①初等・

中等学校で教える一般教師の養成、②それら一般教師の教育力を各学校および各地域でまとめあげ、発揮させるべき校長や指導主事等、教育指導職の養成、③一般教師及び教育指導職の養成を担う大学教師の養成という三層にわたる教員養成の質保証を課題として、それぞれリサーチグループ（RG）を組織し、研究活動を進めてきた。

　国際共同研究を開始した時、私たちが共通に感じていたことは、実のところ、私たちは隣国の教師教育の制度設計や質保証制度、また教師像について十分な理解を有していない、という点であった[vi]。そのため、最初の1年間は「総括表」という書式を使い、教員の種類や数、養成機関の数や特色、根拠となる法制度、質保証に関する取り組みなどの項目を共同研究者と埋めながら理解を深めていった[vii]。2年目以降はネーションワイドな仕組みに目配りするとともに、各大学の個別の特色ある取り組みに注目している。

　そうした過程で、中国においては開放制の施策の下（師範類と非師範類の二体系）、教師資格試験が実施に移されていること、また教師教育課程標準（教員養成機関のカリキュラム標準）や教師専業標準（専門性基準）の制定により、教員養成教育の統一的な管理を行っているといったこともわかってきた[viii]。

　中国は広大な国土をもち、教師教育も一律に論ずることはできない。沿海部の大都市と農村部では教育の質や教師の学歴においても一様ではない。

　スクールリーダーの養成に関連しては、韓国の取り組みが印象的である。現在、日本の学校現場はフタコブラクダ型の年齢構成となり、校長・教頭などのなり手が不足するとともに、新任・若手教師を指導するミドルリーダーの不足も深刻である。我が国は将来の学校運営に不安な様相を見せている[ix]。そうしたなか、韓国では校長希望者が多数存在し、競争が激しいという。スクールリーダーを支える制度設計の違いや日韓の文化背景の相違もうかがえる。

　ただし、教師教育を担当する大学教師をどのように養成するのか、またはどのような研修を行うのか、といった課題は東アジアいずれの地域についても、模索の中にあると考えられる。文学部や理学部など専門の学部を修了する研究者が教員養成系大学・学部に就職し、OJTによって教師教育者へと成長していく姿は東アジア地域にある程度共通する側面である。一部の大学で意識的に教職課程に携わる大学教員の養成が始められている。

3．国際大学院プログラムに寄せて

　東アジア教員養成国際コンソーシアムの第2フェーズは国際共同研究とともに、博士課程を中心とした大学院生の参加、次代の教師教育研究者のネットワーク構築、コミュニティ形成も課題としていた。その目標は最終年度（2014年度）における「国際大学院プログラム」の策定であり、第2フェーズの申請時に東京学芸大学が掲げた構想であった。そのプログラムに内実を与える作業として、国際戦略推進本部の下に置かれた東アジア教員養成国際コンソーシアム事業実施部会では東アジア教員養成ゼミの立ち上げ（2011年度より）、博士課程学生交流パイロットプログラムの実施（2012年度より）、東アジア教員養成国際コンソーシアム学生交流プログラム（2013年度）などの各種の取り組みを進めてきた。

（1）東アジア教員養成ゼミと博士課程学生交流パイロットプログラム

　第2フェーズは大学院生・若手研究者とともに、国際共同研究を推進することを掲げ、前述の通り、東アジア地域における次世代のコミュニティ形成を図ろうとするねらいがあった。その方向性は「東アジアの大学における教員養成の質保証」に関する多分野の参画、多様な方法論によってアプローチする新たな学問領域の確立を目指すものであった。

　この課題に迫るため、東京学芸大学国際戦略推進本部の下に「東アジア教員養成ゼミ」を立ち上げ、東京学芸大学大学院連合学校教育学研究科博士課程及び東京学芸大学大学院教育学研究科修士課程の学生と当該テーマに取り組む「学びの場」を作ることとなった[x]。ゼミは下田が主催し、東アジア地域の教師教育に精通する岩田康之と共同で運営を行った。テキストには『世界の教員養成Ⅰアジア編』や『アジアの教員』、『東アジアの教師はどう育つか』などを利用し[xi]、輪読発表する形式を取り、2011年度と2012年度はそれぞれ7回開催した。これは先の国際共同研究の「総括表」作成の作業と問題意識を共有するものである。隣国・地域の教員養成制度、教師像などについて、基礎的な理解を獲得することを目標としていた。

　このゼミの特色は、留学生を組織したことである。連合学校教育学研究科には中国・韓国からの留学生が毎年数名入学してくるが、年度初めに彼ら・

彼女らに声をかけ、活動の中心メンバーを構成した。また当該テーマに興味
をもつ日本人学生の参加もあり、東アジア地域の教員養成を考える舞台は
整った。専門分野は、本学の特性を反映して多種多様であったが、いずれも
将来、大学または学校現場への就職を希望する者であり、さらに同じく教師
教育を特徴とする大学に進学した者として、各自の特定の専門のみならず、
東アジア地域の教員養成の制度設計や質保証施策、教師像・教員観に対する
理解を深めたことは、総じて有意義なことであったろうと考えている。実際、
東京学芸大学大学院連合学校教育学研究科博士課程の就職率は高く、7割程
度が全国の大学、とりわけ教育学部または教職課程に就職する。いわばプレ
FD (Faculty Development) のような取り組みと位置づけることも可能である。
　2012年度より博士課程学生交流パイロットプログラムがスタートし、東
アジア教員養成ゼミも多少性格を変えていった。東京学芸大学大学院連合学
校教育学研究科博士課程は、研究奨励費という仕組みがあり、海外または国
内で発表した大学院生に対し、奨励費を支給している。私たちは当該プログ
ラムを博士課程院生の東アジア教員養成国際シンポジウムにおける研究発表
の機会として設計し、シンポジウムの持ち方の工夫や経費面における支援を
試みた。また研究水準の向上をはかる場として東アジア教員養成ゼミを活用
することにした。
　2013年度・2014年度は東アジア教員養成国際シンポジウムの大学院生・
若手セッションまたはポスターセッションにおける報告の構想報告、中間発
表の場として、ゼミを進めた。これは後述のJASSO東アジアプログラムの
始動とも関係がある。いずれにせよ、毎年3〜4名の連合学校教育学研究
科博士課程の大学院生が一定の研究指導のもと、質の高い報告を行えたこと
は「国際大学院プログラム」策定の前提として、意味深い活動であったと考
えている。

（2）JASSO東アジアプログラム

　東アジア教員養成国際コンソーシアム事業実施部会においても、「国際大
学院プログラム」の策定を考える際、さらに長期間の海外からの受入れまた
は海外への派遣による研究指導を視野に入れていた。国際共同学位に関する
議論はたびたび湧き上がるとはいえ、東京学芸大学では質の保証を伴った国
際共同教育を着実に実施していくことが当面の課題である。

本学は 2013 年度（平成 25 年度）日本学生支援機構（JASSO）の留学生交流支援制度（短期受入れ）に「東アジア教員養成国際コンソーシアム学生相互交流プログラム」（略称、JASSO 東アジアプログラム）を応募し、採択された。これにより中国・韓国の協定校であり、またコンソーシアム加盟校である 6 校から 13 名の留学生を受け入れた [xii]。学生の専門は幼児教育、比較教育、芸術教育、言語教育、日本文学など多様である。指導教員はそれぞれの専門分野の本学教員に依頼した [xiii]。

当該プログラムは東アジア地域の大学における教員養成の制度設計や教師像について学ぶことを課題とし、国際共同研究や国際シンポジウムなど各種取り組みに積極的に参加するものとして構成した。日本在住のビザ要件 14 科目（年間）を取得するとともに、JASSO 東アジアプログラム専用の留学生科目を新たに立ち上げた。2013 年度秋学期は①「東アジアの教育と文化」、②「東アジア教師論演習」の 2 科目、2014 年度春学期は③「東アジア教育演習」1 科目（いずれも 2 単位）を提供した。

①は東アジア地域の教育と教師に関する基本的な事項について学修を進め、あわせて日本人研究者から見た「東アジア」について、多様な専門研究の方法との関連から理解を深めるものとし、コンソーシアム部会 5 名の教員によるオムニバス形式で講義を行った。②は東アジア地域の教師像に対する学修を進めるなかで、自国と他地域の制度設計の違いや歴史的展開、その特色、教師像の共通性と相違点について理解を深める機会とし、具体的には各自がお世話になった小中学校、高校・大学における教員と連絡を取り、そのライフステージや上記の背景をまとめる形で進めた。③は 7 月末の研究発表会に向け、受講者が各自の研究テーマに即して発表を行い、参加者との議論を通じて、より水準の高い研究につなげる場とした。②と③は岩田と下田の 2 名が授業を担当した。

参加学生の声には、次のようなものがみられた。

——日本の幼児教育の基本理念、ねらい、内容、指導方法、教育政策などについて詳しく、全面的にわかるようになりました。東京学芸大学の附属幼稚園をはじめ、いろいろな幼稚園に見学に行って、教育現場で幼児教育の理念をどのように実現するのかも感じることができました。

——教壇に立つためのノウハウ。東アジアの教師像や教育心理学などの

序章　21

基本知識を身につけた。教員というのは、ただ知識を教えるだけではなく、ほかにもいろいろあると改めて考えさせられた。「教師のライフコース研究」を教わってから、自分も大学時代にお世話になった○○先生のライフコースを考察してみた。

　学生の成長は目覚ましいものがあり、本書所収の論文の翻訳には彼ら・彼女らが担当する章もある。そして成長したのは学生だけではない。私たち教員もまた多くのことを彼ら・彼女ら学生から教わった[xiv]。

4．本書収録の論考について

　最後に本書収録の論考について紹介しておく。前述の通り、2011 年 7 月に「東アジアの大学における教員養成の質保証」に関する国際共同研究を呼びかけ、リサーチグループ（RG）のコーディネーターが中心となり、日本・中国・韓国・台湾・香港地域の 50 名程度の参加研究者を得て第 2 フェーズは進められてきた[xv]。そして第 2 節第 3 項に述べた共同研究の展開をふまえ、東京学芸大学から 2013 年 12 月加盟校に対し、原稿の公募を行った。投稿は主に第 2 フェーズ期間中の東アジア教員養成国際シンポジウムにおいて、口頭発表を行った者とし、つまり 2011 年度第 6 回（ソウル教育大学）、2012 年度第 7 回（東京学芸大学）、2013 年度第 8 回（東北師範大学）の報告者である。募集した原稿の分野、方向性は「東アジアの大学における教員養成の質保証」に関する取り組み事例と諸課題の解析である。
　以下、国際共同研究のメンバーの属性（所属グループ）と国際シンポジウム発表との関係をふまえつつ、本書の構成を整理すれば、序章は田中喜美の第 6 回国際シンポジウム発表原稿の一部でもある 2011 年 6 月の国際共同研究の提案を収録し、国際共同研究の原点を確認する。第 1 章の岩田康之と第 2 章の大脇康弘は、それぞれ RG1 と RG3（RG3 は 2012 年度までは田中喜美）、RG2 のコーディネーターであり、第 7 回・第 8 回・第 9 回（韓国教員大学校）のシンポジウムにおいて国際共同研究の中間報告を行ってきた。岩田は東アジア地域の教員養成教育の特徴と質保証策の全体状況を俯瞰して

いる。またこの章は国際共同研究を進めるうえでの教育系大学特有の課題と国際共同研究を成り立たせる場（共通の土俵）についても言及している。大脇は教育指導職の育成に関連して原理的、理論的な考察を進めている。この章はスクールリーダーの定義に始まり、その資格制度・専門職基準に触れ、スクールリーダー教育の認識枠組みを論ずる。両章は本書の総論的位置にあたる。

　第3章の劉益春・饒従満、第11章の佐藤千津の論考はともに第7回国際シンポジウムの基調講演を基にしたものである。劉・饒は、わが国同様、開放制原則の下にある中国のネーションワイドな教員養成における質保証システムに関して、無料師範生政策、教師教育課程標準や教師専業標準の制定、教師資格試験と定期登録制度の試行等を論ずる。あわせて東北師範大学の特色ある教師教育の取り組みである「U–G–S」（大学—地方政府—小中学校）モデルを紹介する。佐藤は、教員養成の「質保証」をめぐり、EUやアメリカとの比較の視点から教師の「専門性」と「専門職性」を論じ、日本における取り組み例として、東京学芸大学が中心となり進めている「教員養成評価プロジェクト」の活動を概述する。

　第4章の鄧濤、第9章の權東澤、第10章の黄嘉莉はRG1メンバーであり、それぞれ中国（とりわけ東北師範大学の教師教育の実践）、韓国の教員養成機関の評価、台湾の教員養成制度について論じている。鄧論文は中国全土に目配りし、華中師範大学、西南大学、浙江師範大学、四川師範大学等、個別の教育系大学の先進的な教師教育の取り組みを紹介している。黄論文は「質保証」概念の検討から、台湾現行の教員養成の質保証制度を詳論する。1年という台湾の教育実習の期間が目を引くとともに、教員養成評価の厳格さは權の論ずる韓国の教員養成機関への評価同様、緊張感が漂う。

　第5章の周彬、第6章の高益民、第8章の崔浚烈はRG2のメンバーとして第7回国際シンポジウムにおける国際共同研究協議の議論をふまえ今回の論考をまとめている。とくに第5章・第6章は、中国の教育部が設置した中学校・高校校長の研修センターを有する華東師範大学と、小学校校長の研修センターを有する北京師範大学、それぞれに所属する執筆者が持ち味を発揮する形で、校長研修について論じている。周論文は、中国における校長専門化の推進のために、系統的な専門カリキュラムと科学的な専門プロセスの双方が必要と述べ、校長研修に係る論点を整理する。一方、高論文は、中

序章　23

国の校長研修の歴史を振り返り、教育部小学校校長研修センターの活動を紹介するとともに、北京師範大学独自の校長研修の取り組みである教育家書院を論ずる。權論文は韓国の教員養成機関に対する3期17年間の評価を総括し、その実態と問題点を論ずる。この点は第8章の崔論文と併読される内容である。

第7章の饒らの原稿はRG3に関する理解を深めるため企画された国際シンポジウムの論考を発展させたものである[xvi]。同章は大学教師の就職前教育（所謂プレFD）と在職教育（FD）に関する東北師範大学の先端的な取り組みを論ずる[xvii]。

以上の諸論考は全体として東アジア地域の教師教育をめぐる近5年、10年の間に展開した最新の動向を示すものであり、「東アジア的教師」の今を伝えるものと考えているが、読者の関心に応えるものであることを願うものである。

4．おわりに

東アジア教員養成国際コンソーシアムの第2フェーズは国際共同研究を中心に、修士課程・博士課程の大学院生を取り込みつつ、さまざまな活動を進めてきた。

本章では国際共同研究の原点を振り返るとともに、第2フェーズのもう一つの柱である「国際大学院プログラム」のパイロット事業を論じ、あわせて国際共同研究の最終報告書たる本書の序章として、本書の構成とその概要をまとめてきた。

ここに述べてきた各種の取り組みは、従前には存在していない活動であり、私たちは新たな挑戦を続けてきた[xvii]。あるいは冒険にも近い試みであったといってよいかもしれない。しかし月並みとはいえ、学生教育には希望を感じる。苦労を重ねた4年間の第2フェーズの活動であったが、次代を担う大学院生・若手研究者の育成、その新たなコミュニティの形成が見られた。

こうした取り組みは東アジア地域における大学間連携による教員養成の質保証に一つのモデルを提供している。特別経費の終了する来年度（2015年度）

表1　東アジア教員養成国際シンポジウムの歩み

シンポジウム	テーマ	日程	主催	参加大学
第1回東アジア教員養成国際シンポジウム	東アジアにおける教員養成問題の今日的局面	2006年12月16日〜12月17日	東京学芸大学（日本）	24大学
第2回東アジア教員養成国際シンポジウム	持続可能な発展を目指した教師教育	2007年11月17日〜11月18日	華東師範大学上海師範大学（中国）	13大学
第3回東アジア教員養成国際シンポジウム	総長会議：グローバル教育と研究拡散のための会員大学間共同学位制及び教育研究実習の交流方案模索　実践報告：グローバル教育と研究のための革新的なプログラム	2008年10月28日〜31日	公州大学校（韓国）	26大学
第4回東アジア教員養成国際シンポジウム	教師教育の質の向上と高度化に向けた今日的課題	2009年11月14日〜15日	大阪教育大学京都教育大学奈良教育大学（日本）	34大学
第5回東アジア教員養成国際シンポジウム	情報化社会における教員養成の発展動向と挑戦	2010年9月25日〜26日	北京師範大学（中国）	32大学
第6回東アジア教員養成国際シンポジウム	東アジアの伝統文化と現代教師教育	2011年6月11日〜12日	ソウル教育大学校（韓国）	38大学
第7回東アジア教員養成国際シンポジウム	東アジアの大学における教員養成の質保証	2012年11月3日〜4日	東京学芸大学（日本）	24大学
第8回東アジア教員養成国際シンポジウム	知識基盤社会における東アジア地域の教師教育	2013年9月25日〜26日	東北師範大学（中国）	23大学
第9回東アジア教員養成国際シンポジウム	デジタル時代におけるスマート教育と教師教育	2014年11月4日〜5日	韓国教員大学校（韓国）	27大学

は、コンソーシアム事業にとっても試練の時といえるが、第3フェーズは域内大学間の連携による大学院生・若手研究者の育成、学生交流のさらなる活性化に本事業が活用されることを願うものである。

【注】

i 東アジア教員養成国際コンソーシアム（ICUE）の概要と加盟校の情報等については ICUE のウェブサイト（http://www.u-gakugei.ac.jp/~icue2009/）も参照。

ii 国際共同研究の趣旨については、田中喜美「グローバル化の中での東アジアの教師観に根ざす教師教育の挑戦——東アジアの大学における教師教育のプログラム設計と質保証制度の現状と展望に関する国際比較研究の提案——」『The 6th International Symposium of Teacher Education Institutions in East Asian Countries』（ソウル教育大学校、2011 年 6 月）を再録した。

iii 本稿と関連する論考として、下田誠「東アジア教員養成国際コンソーシアム事業の展開と今後の展望に関する一考察」『The 9th East Asia International Symposium on Teacher Education』（韓国教員大学校、2014 年 11 月）参照。本稿では東アジア地域の教員養成系大学・学部の連携の取り組みとして、質の保証を伴った（または質的向上の仕組みを備えた）学生交流に重点を置いて論じている。

iv ロナルド・ドーア 著／石塚雅彦 訳『働くということ——グローバル化と労働の新しい意味』（中央公論新社、2005 年、162 頁）参照。

v 東アジア教員養成国際コンソーシアムの国際共同研究では、東アジア地域の大学における教員養成のプログラム設計と質保証制度のうち、前者に重点を置いて活動を進めた。後者の質保証制度については、佐藤千津・渡邊恵子両氏らが中心となって日本型アクレディテーションシステムの構築について論じた東京学芸大学教員養成評価プロジェクト編『教員養成教育の評価等に関する調査研究報告書』、同『資料編』（ともに東京学芸大学、2014 年）参照。

vi 下田誠「東アジア地域の大学間連携による教員養成の質保証を考える——東アジア教員養成国際コンソーシアム事業の第 2 フェーズについて——」（『天地人』（総合地球環境学研究所）第 25 号、2014 年）参照。

vii 東京学芸大学国際戦略推進本部編『東アジアの大学における教員養成のプログラム設計と質保証制度の現状と展望に関する国際共同研究コンファレンス 』（東京学芸大学、2012 年 2 月）、同編『The 7th International Symposium on Teacher Education in East Asia』（東京学芸大学、2012 年 10 月）参照。

viii 岩田康之「教員養成教育の質保証と教師教育者養成に関する諸課題」『第八届東亜教師教育国際研討会（The 8th East Asia International Symposium on Teacher Education)』（[中国・長春市] 東北師範大学、2013 年 9 月）参照。

ix 大脇康弘「スクールリーダー（教育指導職）教育の質保証——認識枠組と課題——」

前掲『第八届東亜教師教育国際研討会』参照。

x　連合学校教育学研究科（後期 3 年のみの博士課程）は東京学芸大学・埼玉大学・千葉大学・横浜国立大学を母体に構成される連合大学院である。

xi　日本教育大学協会 編『世界の教員養成 I アジア編』（学文社、2005 年）、小川佳万・服部美奈 編『アジアの教員——変貌する役割と専門職への挑戦』（ジアース教育新社、2012 年）、東京学芸大学教員養成カリキュラム開発研究センター編『東アジアの教師はどう育つか——韓国・中国・台湾と日本の教育実習と教員研修』（東京学芸大学出版会、2008 年）。

xii　受け入れた協定校（ICUE 加盟校）は北京師範大学、上海師範大学、南京師範大学、華中師範大学、ソウル教育大学校、公州大学校の 6 大学である。

xiii　詳しくは受入れ学生の最終報告レポートを収録した東京学芸大学国際戦略推進本部『2013 年 10 月～ 2014 年 9 月東アジア教員養成国際コンソーシアム学生相互交流プログラム研修レポート集』2014 年（http://www.u-gakugei.ac.jp/~icue2009/studentex/studentex_jp.html）参照。

xiv　このほか第 2 フェーズ期間の取り組みとして、文部科学省スポーツ・青少年局の公募する「平成 25 年度青少年教育施設を活用した国際交流事業」の採択課題「東アジア教員養成国際コンソーシアム加盟校大学生招聘交流事業」は約 80 名の中国・韓国・日本の大学生・大学院生が 2013 年 10 月に 9 日間、東京渋谷の国立オリンピック記念青少年総合センターと宮城県栗原市の国立花山青少年自然の家に集い、「東日本大震災の教育支援ボランティア」に参加した。当該事業の詳細は、東京学芸大学国際戦略推進本部『東アジア教員養成国際コンソーシアム加盟校大学生招聘交流事業』2014 年（http://www.u-gakugei.ac.jp/~icue2009/volunteer/volunteer_jp.html）参照。

xv　参加研究者のリストは前掲『The 7th International Symposium on Teacher Education in East Asia』79、80 頁参照。

xvi　東京学芸大学教員養成カリキュラム開発研究センター・国際戦略推進本部 編『国際シンポジウム報告書 「教師教育者」の在り方を探る——中国の大学の取組を手がかりに——』（2013 年）参照。

xvii　饒・黄・周・崔はいずれも第 7 回国際シンポジウムの一セッションとして開催された国際ワークショップにおいて発表している（東京学芸大学教員養成カリキュラム開発研究センター・国際戦略推進本部主催『国際ワークショップ（2012 年度）記録集 教員養成教育における大学——学校間連携』2013 年）参照。

序章　　27

xviii 新規の取り組みであったが、その前提として国内外の教育系及び教員養成系大学にお
　　　ける大学間連携や学生交流の試みには目配りをした。東京学芸大学重点研究費（2013
　　　年度）「グローバルな視野を育成する教員養成プログラムとその運営のあり方に関す
　　　る開発研究」報告書『教師教育とグローバライゼーション』2014 年等参照。

第1章

東アジアの大学における教員養成の質保証
──論点と課題──

岩田康之（IWATA, Yasuyuki　東京学芸大学）

１.「東アジア的」教師像とその養成に関わる課題

（１）「東アジア」の教師と教員養成：その地域的特性

　2011年度から2014年度にかけて東アジア教員養成コンソーシアムの会員大学の研究者を組織する形で行ってきた「東アジアの大学における教員養成の質保証」の国際共同研究を通じて、中国メインランド・香港特別行政区・台湾・韓国そして日本といったそれぞれの地域に特有の教員養成教育（特に入職前）の状況とともに、「東アジア」という括りでのある程度の共通性・類似性が見えてきた。奇しくも、香港特別行政区における学校制度の移行（イングランドモデルから中国メインランドモデルへ）[i]が済んだ後のこの地域の学校教育は、6（初等教育）–3（前期中等教育）–3（後期中等教育）–4（高等教育＝学士課程）を基本とする単線型を共有している。

　そのうえで、この地域の教員養成教育における共通点を概括的に述べれば、以下の三点にまとめられよう。

　第一に、教師像の問題がある。東アジア諸地域の初等・中等教育を担う教師たちは、いずれも漢語の「教師」（日本語ではキョウシ、中国語ピンインでは jiaoshi ≒ジャオスィ、韓国語では 교사 ≒ギョサ）と称され、英語で teacher と表記される者とは異なる性格を持つ。英語の teacher が文字通りの教授行為（teach）をもっぱら担うのに対して、東アジア諸地域における教師たちは、単に専門的な知識や技能を教えるだけではなく、人格的なモデルであることを強く求められ、実際の職務も単に教えること以外の面に及ぶ（その端的な表れは、台湾・韓国そして日本などにおける教育実習プログラムが、単に教壇実習だけでなく、生徒指導に関する実習を重要なコンポーネ

ントとしていることなどに見られる）。当然、この背景には、豊富な経験知と学徳の積み重ねを持った年長者を「師」として崇める儒教や仏教の影響があり、それは唯一絶対の神から専門的な知識を託された（神託＝ profess）存在である専門職（profession）としての teacher とは趣が異なる。こうした事情について、東アジアの教員養成のあり方を検討していく際の前提となる。

　第二の問題として、教育の商品化が進行し、そのことが学校で働く教師たちのアイデンティティに影響しているという問題がある。東アジアの大都市圏（日本・韓国・台湾・香港および中国メインランドの東部沿岸部等）においては、学校教育の外側に商品化された教育サービスが相当に拡大しつつある。また、そこで商品として提供される教育サービスは、子どもの学力伸張それ自体のサポート（上級学校への進学準備、および日常的な学習の補充）を核とする点で、欧米等の他地域におけるそれ（教師たちへのサポートツールの提供の比重が高い）と異なった特徴がある。当然、東アジアの大都市圏においては、初等・中等教育の学校で教師として働く者とともに、これらのサービスを提供する私企業のスタッフによっても、教授行為が提供されているのである。当然、教師たちの仕事の中で、教授行為それ自体の比重は減り、「東アジア的」教師たちには、よりいっそう児童・生徒の人格面の指導が期待されることになる。

　そして第三には、教員養成システム自体の近似性がある。東アジア諸地域における入職前の教員養成教育は、基本的に「開放制」的なシステムの中で行われており、いわゆる「師範大学」「教育大学」等の教員養成を主目的とした高等教育機関以外にも、多様な高等教育機関が様々な形で教員養成教育のプログラムを提供している（韓国の小学校教員養成については教育大学校等による閉鎖的なシステムが採られているが、これは例外的なものと捉えられる）。加えてこれら諸地域では、入職前の教職プログラムが、基本的に学士課程や修士課程といった学位プログラムと同時並行的に設けられている（【図1】参照）。

　これは、イングランドにおける PGCE（Postgraduate Certificate of Education）を典型例とするような、様々な学士課程を修了した者を対象に集中的に提供される学卒後の教職プログラムとは異なり、学士課程（あるいは修士課程）のカリキュラムと一体化した形で、同時並行的に教員養成プログラ

【図1】学位プログラムと教職プログラムの関係

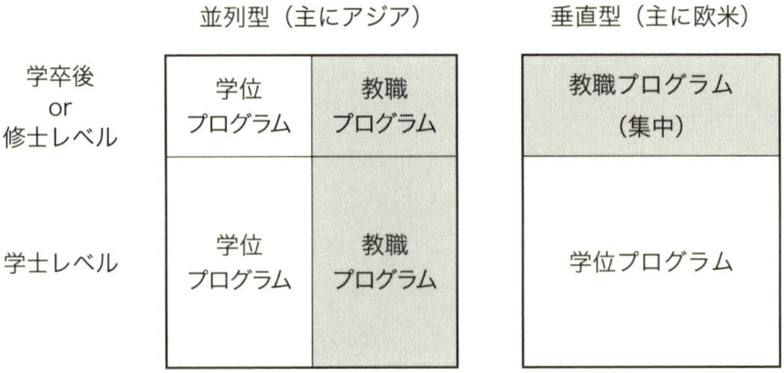

	並列型（主にアジア）		垂直型（主に欧米）
学卒後 or 修士レベル	学位 プログラム	教職 プログラム	教職プログラム （集中）
学士レベル	学位 プログラム	教職 プログラム	学位プログラム

ムが提供される点に特質がある（むろん、東アジア諸地域においても、香港特別行政区におけるPGCEや、韓国の教育大学院の一部のように学卒後に集中的に提供される教員養成プログラムはあるが、それらの比重は比較的低い）。それゆえ、東アジア諸地域における教員養成の質保証を検討していく際には、同時並行的に提供される学士課程等の学位プログラムとの関連を視野に収めていく必要が生じる。

（2）「東アジア的」教師像と「大学における教員養成」

　以上のように見てくると、「大学における教員養成」と言うときの「大学」の担うべき機能は、特に東アジアにおいては、単にそれぞれの専門分野の学術における高度の研究・教育にとどまらず、「学識ある人格者」としての教員の養成に及ぶことがわかる。

　「大学」（高等教育機関）と「師範学校」（教員養成機関）との関係については、21世紀初頭にRuth Hayhoe[ii]によって【表1】のように整理されている。ここでは主に西欧の大学がイメージされているが、「大学」が学問の自由をベースにして価値中立的に真理を探究することを旨とするのに対し、「師範学校」が国家による統制と道徳的な方向づけを前提に現場に即した知識を教授することを旨とするように、もともと両者は正反対のベクトルを持っている。

　もとより高等教育と教員養成教育とがこうした対称性を持つことに加え、人格面でのお手本（モデル）としての役割を強く期待される「東アジア的」

32

【表1】「(西欧的) 大学」と「師範学校」

大学	vs	師範学校
理論		実践
専門的で体系づけられた知識		総合的な学習領域
価値中立的な知識		道徳的に方向づけられた知識
どちらかと言えば没個性的な環境	⇔	強い師弟関係における相互作用
知的好奇心や疑問のリベラルな追求		行動と現場に即した知識
学問の自由と自律性		政府による統制とアカウンタビリティ
深い理解と長期的な変化を志向		高度な実践に向けたワザの追求

教師像を踏まえると、東アジアの教員養成教育を、専門分化された学問の研究・教育を旨とする西欧的な大学によって行うことには本源的に無理があると言える。

　特に東アジア域内にあって近代初期に西欧モデルで大学を整備した日本において、教員養成と大学の関係が他よりも錯綜しているのは、こうした事情に起因するものと捉えられる。これに対し、中国の「書院」のような、人格陶冶と一体化した高等教育のモデルは、教員養成と「東アジア的」教師像との融合的な関係を形作る可能性を持っている。

(3)「大学における教員養成」の含意

　「東アジアの大学における教員養成教育の質保証」というテーマを提起したのは、日本の教員養成を担う大学（幹事校としての東京学芸大学）の側からであった。この提起の背景には、教員養成教育の質保証が重要な課題として認識されつつも、それが政府主導で行われる傾向があり、日本の教員養成系大学がそうした政府からの圧力を受けつつあるという状況に対しての日本側研究者の危機意識があったと見られる。それゆえ、単に「教員養成教育の質保証」ではなく「大学における」というフレーズがテーマに入ったのである。

　日本で「大学における教員養成」というとき、その含意としては (1) 中等教育を終えた後の第三段教育（tertiary education）として教員養成教育が行われること、(2) 学問の自由・大学の自治を基調とする場で教員養成が行われること、(3) 研究と切り結ぶ形で教員養成が行われること、の三点が挙げられよう[iii]。そのうえで、大学という「場」で教員養成教育を行うにと

第1章　　33

どまるのか、それとも大学の「主体性」において教員養成教育を行うという含意を帯びるのか、といったところが論点になる。特に、絶えず変化する教育課題に対応できる応用能力（competency）を持つ教師を養成する前提として、上記の（2）の点は不可欠である。

　しかしながら、このような含意は、日本以外の東アジア諸地域における教員養成教育に関しても同様に共有されているわけではないことに注意が必要である。特に、政治体制の異なる中国メインランドにおける大学のありようは政府による強いコントロールの基に置かれており、裏を返せば政策と研究者の距離が近い。それゆえ日本にあるような危機意識を共有するのは難しい。あるいは、後述する韓国のように、教員養成教育に対する政府の強いコントロールが逆に大学の主体的な取り組みを促し、優秀な学生を教員養成教育に取り込む結果を生んでいる例もあり、実は大学の主体性と政府によるコントロールの関係は単純ではないのである。

　以上のようなことから、「大学における教員養成の質保証」の共同研究に関しては、上述のような日本側からの初発の危機意識をより敷衍し、学士課程との関係において並列型（【図1】参照）の教員養成プログラムを提供する東アジア諸地域で、それぞれに「学問研究の自律性」の確保と「公教育システムの中での教員資質の管理」の要請との間で抱える葛藤を超克し、より優れた教員を養成していくという全体的な構図の中で検討していく必要があろう。

２．教員養成の「質保証」と大学の主体性
——東アジア各地域の布置関係

（1）教員の「質」とは何か
　一方、教員養成の「質保証」と言うとき、何を以て「質」というのかという課題についての検討も、避けては通れない。この問いは、前節に述べた「大学」と「教員養成」の関係とパラレルなものである。

　教師の仕事の「質」を問う際、大別して【表2】に示すような二つの相反する側面がある。教科内容や教育方法に関する基本的な知識や授業技術など

【表2】教師の仕事の「質」に関する二側面

ノン・マニュアル （非定式的・専門的）	側面	マニュアル （定式的・技術的）
大きな範疇として括られる （コンピテンシー）	外見	項目化、パッケージ化される （スキル）
応用能力の枠組み	具体例	「○○ができる」リスト
多様・非固定的	状態	可視的・具体的
自主・自律の専門職	教師像	卓越した職工
学問的叡智・省察能力	教員養成教育 のベース	職業的（実用的）技術

は、定式化（マニュアル化）され、項目化されやすく、それゆえ政府などが設定する統一的な基準で管理するのに容易である。しかしながら、教師の実際の仕事においては、その時その時での状況に応じて適切な指導を自律的に行っていくことが求められ、そうした教師の「質」については、あらかじめ明示することが困難である（ノン・マニュアル的な部分）。

それゆえ、【表2】の「ノン・マニュアル」に関わる部分の質的保証策は、政府が直接に行うことによっては困難であり、教員養成機関のあり方を問う形で一定の質を保つという間接的なものにならざるをえない。そこでは、各教員養成機関の自律性を損なわない形での質保証策を設定する手立てが求められ、それは前述の「大学における教員養成」の含意にもつながってくる。

それゆえ、以下に紹介するような、東アジア各地域で採られている教員養成の「質保証」策は、それぞれに教員養成の「質保証」と国家権力・大学の関係を勘案するなかで生まれていると言える。

（2）教員養成の「質保証」と国家権力・大学

初等・中等教育の担い手たる教師たちの質を高め、次世代育成のための教育の質的向上を図ろうとする動きは、世界中の至る所でみられる。東アジア諸地域における動向[iv]を概観すると、日本以外の各地域においては、政府が積極的にイニシアチブを取る形でネーションワイドな質的管理策を展開していることがわかる。

たとえば台湾においては政府が直接に教師資格検定試験を行っており、各

大学で提供される教員養成教育のゴールは、この試験に方向づけられることになる。類種の教師資格検定試験は、中国メインランドでも段階的に導入されている。これらの施策は、教員入職者の質を確保する機能を持つが、大規模な試験であるが故に定式化された事項的なものに偏りがちであり、受験マニュアルの氾濫を招くという弊害もある。教師たちが自律的な教育活動を行うことと、マニュアルへの依存とは相容れないものである。

　あるいは、教員養成プログラムの量的な制限を政府が行っている地域もある。中国メインランドや香港においては、教員養成プログラムの総量を政府が定め、各大学がそれを分け合う形を取っている。また韓国においては、小学校教員養成プログラムを提供するのは国私立 13 大学のみに限られ、中等学校教員養成プログラムの提供は開放的なシステムによるものの、一般大学での教職履修者は上位 10% の学生に限られている。このように量的な制限が政府によって行われることで各大学の主体性が殺がれる面があることは確かであるが、逆に教員養成プログラムに入る学生を一部の優秀な者に限るという意味で質的な向上策としての側面も持っている。

　一方、日本においては、こうした量的な制限を政府が直接に行うことはなく、開放制原則の下で教員養成教育を行う各大学がそれぞれに質保証の実質を担うことへの要請が強い。しかしながら、前節に述べたような東アジア的な「教師」たちの資質について、西欧をモデルとして整備された日本の大学が充分な保証を行うことは難しく、採用・人事に強大な権限を持つ地方教育行政当局（教育委員会）が実質的な選抜機能を担っている情況にある。

　東アジア諸地域における教員養成は、前述のように、基本的に四年制の学士課程の中で入職前の基本的な養成教育が行われるという共通する特質を持っており、「大学における教員養成教育の質保証」を共通に検討する素地がある。しかしながら、それぞれの政策と布置関係が異なるなかで、「質保証」に関して「大学」が担うものは異なっているのである。

（3）教員養成と「教育系大学」

　東アジア教員養成コンソーシアムの会員大学は、主に各地域における「教育系大学」である。しかしながら、それぞれの地域における教員養成全体の中で会員大学の担っている役割や、高等教育における「教育系大学」の位置は、それぞれに異なっている。その背景には、各地域ともに「開放制」的な

【表3】「開放制」と高等教育の日中対照（2010年）

		中国	日本
免許状発行数	小学校	158,799	27,470
	中学校	300,237	53,274
新規卒業・新規採用者数（注）	小学校	103,667	6,558
	中学校	88,894	3,305
高等教育機関総数 (a)		2,358	1,100
		大学〔本科・専科〕	大学・短期大学
うち教員養成を行う機関数 (b)		699	855
b/a		30%	78%
目的養成機関数 (c)		212	48
		師範院校	教員養成系学部
c/b		30%	6%

（注）2009年度の数字。
出典：「中国統計年鑑」（2011年）、2010年教師教育和教師隊伍基本状況および
文部科学省教職員課提供のデータによる

　教員養成システムを基調としながらも、その「開放制」の態様がそれぞれに
異なること、およびそれぞれの「教育系大学」の存立に関わる歴史的な経緯
が異なること、などがあると見られる。
　一例として、日本と中国メインランドの「開放制」と高等教育についての
対照表を【表3】に示す[v]。日本における教員養成系大学や、中国における
師範大学などの教員養成機関は、いずれも師範学校を前身としており、現在
もそこを卒業することが教員の免許・資格にほぼ直結するものとして設けら
れている。そして、両国とも「開放制」を原則としており、そうした目的養
成機関以外の高等教育機関においても教員養成教育が提供されている。
　このような制度的な枠組みを日中両国は共有しているものの、日本におい
ては高等教育機関の約80%が教員養成教育を提供し、「ほとんどの大学で教
員免許が取れる」状態であるのに対し、中国におけるその比率は約30%に
とどまる。しかも、中国の教員養成機関の中で師範院校は約30%を占める
のに対して、日本の教員養成機関全体の中での教員養成系大学・学部の比率
は6%と低い。加えて日本においては、21世紀初頭に大胆に行われた「規
制緩和」策の影響を受けて、2005年度に小学校教員養成分野に関する新規
参入の抑制策が撤廃されて以降に小学校の教員養成に新規参入する公私立大

第1章　37

【表4】東アジア各地域の「開放制」

	日本	中国 ML	韓国	台湾	香港
目的養成機関	教員養成系大学・学部	師範大学（師範院校、師範類）	教育大学校（小学校教員のみ）師範大学（中等学校教員のみ）	教育大学師範大学	教育学院
それ以外の高等教育機関で教員養成プログラムを持つところ	一般大学・学部	一般大学の教師資格課程	一般大学の教職課程	一般大学の教師教育センター	その他の大学の教師資格プログラム

学が激増[vi]し、教員養成系大学・学部がその前身である師範学校以来主要な役割を担ってきた小学校の教員養成においても主導的な地位を減らしつつある。

　そうした事情を反映して、両国における教育系大学のステイタスにも相当の差がある。日本の教員養成系大学の多くの前身である師範学校は、1940年代前半までは府県立の中等教育レベルの教育機関であり、それらが1949年に大学として位置づけられた後も高等教育機関の中でのステイタスが比較的低いのに対し、中国メインランドにおける師範大学は1923年に設けられた北京師範大学（中等学校教員養成のための北京高等師範大学＝中等後教育レベルを母体とする）を始めとして長い歴史と伝統を持つ高等教育機関が多く、それゆえステイタスも比較的高い。

　このように、「東アジアの教育系大学」とひとくくりにすることは困難であり、まずは全体像を見据えるとともにそれぞれの担っている位置関係を整理しておくことが必要となろう。「開放制」原則下の東アジア各地域の教員養成機関の多様なあり方を整理すると、【表4】のようになる。

　そして、韓国や台湾のように、「教育大学」が主に初等学校教員の養成を担い（その母体は中等教育レベルの師範学校で、日本による統治も深く関わっている）、「師範大学」が主に中等学校の教員養成を担う（その母体は中等後教育レベルの高等師範学校）という役割分担がなされていることが多い。ただし、日本では教員養成系大学・学部が初等・中等学校双方の教員養成を担っており、また中国メインランドの師範大学はもともと中等学校教員養成の機関として設けられているが、1990年代以降に一部の師範大学で小学校の教

員養成が始められており、事情は錯綜している。

3．国際共同研究「東アジアの大学における教員養成の質保証」の課題

（1）教育系大学と「国際共同研究」

　以上見てきたように、東アジア諸地域の「教育系大学」のありようはそれぞれ独自性を抱えているものの、教員養成教育を担う大学人たちが、この地域の「大学における教員養成」の質保証を共同で研究していくという志を持って連携していくことは重要なことである。

　しかしながら、教育系大学の連合体が共同して教員養成の質保証に関する研究を行おうとする際、国際的な共同研究一般と異なる独自の困難があることも確かである。それらを端的にまとめると、以下の三点になる。

　第一に、そもそも教員養成というテーマ自体が、それぞれの政府による非規定性＝「お国柄」を色濃く帯びる分野であるために、国際的な共同研究の文脈に乗りにくいという問題がある。つまり、それぞれの地域で誰をどのように「教員」にするかは政府が決めるものであり、それぞれの政府の関わりには歴史的・文化的な背景があるのである。これはたとえば、教育学の中でも自然科学系の教科教育などの研究者たちが容易に国境をまたいだコミュニケーションを円滑に行いうるのと好対照をなす。

　第二に、東アジアの各地域における大学政策に市場原理が大胆に導入されつつあるなかで、大学の連合体が共同の研究成果を挙げることの困難がある。それぞれの大学が短中期的に「独自性」をアピールすることが求められるなかで、国際的な共同研究の文脈に乗りにくいテーマの研究を組織することは難しい。

　第三に、第一の点（教員養成の持つドメスティックな性格）にも関わって教育系大学の側に国際的な研究交流のノウハウが少ないということも挙げられる。教育系大学の多くは後発の高等教育機関であり、それぞれの地域における政府立の伝統的な総合大学と比べた場合に、研究機関としての立ち後れは否めない。そうしたビハインドゆえに、国際共同研究の組織運営を円滑に行っていくことは困難を孕む。

第 1 章　　39

（2）言語的な問題

　これらに付随して、言語的な問題も看過できない。国際的な学術交流の言語として、現状においては一般的には英語が共通語としての地位にあり、それゆえ学術交流に関する多くの国際交流は英語によって行われている。しかしながら、こと教員養成教育の質保証に関して東アジアという地域で国際共同研究を進めようとする際には、第1節で述べたように、そもそも「教師」という漢語の含意を英語に置き換える適当な単語が存在しない（単なるteacher以上の含意を多く持つ）ことから、英語のみを媒介とした研究活動を行っていくことは研究の本質を損なうおそれがある。

　それゆえ、共同研究の推進にあたっては、域内複数言語——具体的には、中・日・韓のうち二つ以上——を用いることのできる研究者の確保が重要な課題となる。この点に関しては、EU域内の教師教育や教員資格の共通化（ボローニャ宣言）が、もともと域内複数言語の共通修得を企図した語学教師の相互交流を実質化するなかで具体化したことなどが有効な参照例になろう。

（3）「志」の共有

　以上述べてきた様々な困難を超えて、東アジアの大学における教員養成の質保証に関わる共同研究が実質あるものとなるためには、少なくとも以下の二つの課題を共有することが必要であろう。

　第一に、前節で述べたような、それぞれの地域における「大学における教員養成」の布置関係の違いに関する理解を共有することである。それぞれの大学における教員養成教育の取り組みは、それぞれの地域における教員養成機関を取り巻く布置関係との関連を踏まえることで、初めてその意味を問うことができるのである。教員養成教育というテーマは、他の多くの分野と異なり、お国柄が反映されやすいものだという共通理解が、まず重要である。

　第二に、それぞれの大学において行われている教員養成教育の質保証の取り組みについて、それぞれに完結させるのではなく、なるべく広い範囲への汎用性を持たせる方向で検討が行われることである。このことは、実は第一の点よりも難しい。東アジアに限らず、全世界的に高等教育に競争的な環境が導入されるなかで、各大学は「他よりも優れた実績」をアピールすることを重視しがちにならざるを得ないからである。また、「大学における教員養

成」を巨視的に捉えた時、東アジア教員養成国際コンソーシアムの会員大学のみがそれぞれの地域の教員養成教育を担っているわけではないことにも注意が必要である。どれだけ広くそれぞれの地域の教員養成教育の全体像を捉え、その全体的な質的向上を考えられるか、という各大学の度量が、この共同研究の実質を決めることになろう。

4. 東アジアの教員養成教育と教員養成機関・教師教育者に関わる課題

（1）教員養成機関と教師教育者

　東アジア教員養成コンソーシアムの会員大学は、それぞれの地域で教員養成教育の重要な部分を提供してはいるものの、第2節に述べたように各地域でそれぞれの大学が担っているものは異なる。たとえば、韓国の教育大学校は小学校教員養成に特化した高等教育機関であり、一方中国メインランドの師範大学は、もともと中等学校教員の養成がメインの機関である。台湾においても師範大学が主に中等教員養成、教育大学が主に初等教員養成という役割分担がある。日本や香港特別行政区の教育系大学は、双方の役割を担っている。また、中国メインランドや香港特別行政区の小学校教員は教科担任制であるのに対し、それ以外の地域においては小学校の教員は通常複数教科を担当し、それぞれに小学校教員に要請される力量が異なる。

　このことは、教員養成に携わる者＝「教師教育者」の問題にも影響する。そしてその「教師教育者」をどの範囲で捉えるかによって、それに求める資質も、その養成のあり方も異なってくる。たとえば中等学校で物理を教える教師の育成に関わる人の中には、当然のことながら物理学の専門を持つ大学人が含まれる。だとすれば、そこに「教師教育者」特有の資質が求められる以前に、まず物理学の優れた研究者であることが求められる。この発想は、中等学校教員養成を主に取り組んできた中国メインランドの師範大学[vii]を中心に根強い（加えて中国メインランドでは、小学校においても教科担任制が基本になっており、その意味で教科の専門性を教員養成の重要な要素として位置づける度合いは高い）。一方で、日本のような全科担任制の小学校教員の養成を考えるならば、教科内容に関わる専門的な研究能力の比重は下が

り、代わって教育実践に関わっての指導能力（教育方法、授業研究等）が「教師教育者」特有の資質として強く求められることになる。

（2）教師教育者と「実践性」

　いわゆる「実務家」教員の問題が問われるのは、後者の文脈においてである。この点に関わって、初等・中等教育の実践キャリアを豊富に持つ者が大学における教員養成を担う際に、その「実務家」教員が同時代的な教育の枠組み（たとえば日本の「学習指導要領」やナショナル・カリキュラム的なもの）を所与の前提として教育を考える人であるか、それともそうした枠組みから自由に、現在及び今後の児童・生徒の発達課題を考えられる人であるか、という点は重要な論点になろう。

【注】

i　　香港特別行政区における学校制度の移行は、初等教育より段階的に始まり、2012 年度の大学入学者がダブルコーホートとなる（旧制度の 3 年制大学に入学した 19 歳と、新制度の 4 年制大学に入学した 18 歳）ことで完結している。

ii　　Ruth Hayhoe, Teacher Education and the University: A Comparative Analysis with Implications in Hong Kong, *Teaching Education* Vol.13, No.1 2002, pp.5–23 より岩田康之訳出。

iii　　TEES 研究会 編『「大学における教員養成」の歴史的研究——戦後「教育学部」史研究——』学文社、2001 年、405–410 頁（竺沙知章筆）。

iv　　岩田康之「教員養成教育の質保証と教師教育者養成に関する諸課題」、第 8 回東アジア教員養成国際シンポジウム、2013 年 9 月 26 日、東北師範大学（中国・長春）。

v　　岩田康之「教員養成改革の日本的構造——「開放制」原則下の質的向上策を考える——」日本教育学会『教育学研究』第 80 巻第 4 号、2013 年 12 月、14–26 頁。

vi　　小学校教諭一種の課程認定を受ける大学の数は、2005 年度で 102 大学（うち国立教員養成系 44、私立大学 49）であったが、その後の 5 年間で倍増し、2010 年度には 198 大学（うち国立教員養成系 44、私立大学 145）となってさらに増加傾向にある。小学校教員の新規採用者のシェアにおいても、2006 年度以降一般大学・学部が一貫して教員養成系大学・学部出身者を上回っている。詳しくは別惣淳二「なぜ小学校教師が問題なのか」、岩田康之・別惣淳二・諏訪英広編『小学校教師に何が必要か——

コンピテンシーをデータから考える——』東京学芸大学出版会、2013 年、13 頁参照。

vii　この点に関しては、中国メインランドの師範大学の中にも様々な見解があるとみられ
　　る。東京学芸大学教員養成カリキュラム開発研究センター・国際戦略推進本部編『「教
　　師教育者」の在り方を探る——中国の大学の取組を手がかりに——』(2013 年 2 月
　　22 日実施のシンポジウム記録) に収められているディスカッションにおいては、中
　　華人民共和国教育部所管の師範大学 (東北師範大学・華東師範大学) 間における「教
　　師教育者養成」についての捉え方や取り組みのコントラストがクリアーに見えている。

第 2 章

教育指導職の育成をめぐる動向と論点
——スクールリーダーの経験と学習——

大脇康弘（OWAKI, Yasuhiro　大阪教育大学）

1．スクールリーダー育成の課題

　今日の教育改革は、グローバル化が進む国際的動向を反映して、大胆かつ急速に取り組まれてきた。教育改革の目的は、知識基盤社会における人材養成で PISA 型学力が優先され、NPM（New Public Management）理論に基づいて成果と効率が重視され、組織マネジメントの手法が取り入れられている。その改革原理は、教育の共通性・平等化から多様化・自由化へ、統制化から市場化へ、過程重視から成果重視へと転換してきたのである。

　そこで、スクールリーダーは「教育を組織化する」「学校を舵取りする」という「教育マネジメント型リーダー」という新たな役割を与えられ、教育改革を最前線で担うという困難な仕事を引き受けてきた。経済協力開発機構（OECD）の国際教員指導環境調査（Teaching and Learning International Survey: TALIS））の結果（2014 年）を読むと、教職の危機、さらにはスクールリーダーの危機が読み取れる[1]。調査によると、日本の中学校教師の 9 割は教師の仕事を楽しいと感じており、8 割は生まれ変わっても再び教職に就きたいと考えている。しかし、3 分の 2 の教師は、教職が社会から価値ある仕事とみなされていないと感じている。中学校長でも同じ傾向が見られ、「現在の学校での自分の仕事の成果に満足している」という質問への肯定的割合は、参加国平均 95% に対して、日本は 60% に止まっている。日本の中学校の教師や校長が、仕事に追われる多忙な毎日の中で実践のやりがいや見通しを持つことが困難な状況にあるといえる。

　すでにスクールリーダーの志願者は大幅に減少しており、東京都、大阪府・大阪市など教育改革が強力に推進されている都府県では、校長・教頭の絶対

的不足という問題に直面している。特に大阪市では教頭を全校に配置するのが困難となっている。教育雑誌『教職研修』は2014年9月号の特集として「教頭を救え！激務、なり手減少に一刻の猶予なし」を組んでいる。すでに10年前から、教員の年齢構成は「ダンベル型」(dumbbell type) となり、40代の中堅教員層が少なく、校長・教頭の候補者不足が予測されていた（【図1】参照）。それに加えて、教育改革の進展の中で校長・教頭職への忌避傾向が強まった結果である。こうしたなかで、スクールリーダーの育成は喫緊に対応すべき短期的課題であるとともに、中核的なリーダー人材を組織的計画的に育成するという中長期的課題となっている。

本章では、スクールリーダー教育について、役割定義、専門職基準・資格

【図1】X市の小学校教員の年齢構成 2013年度

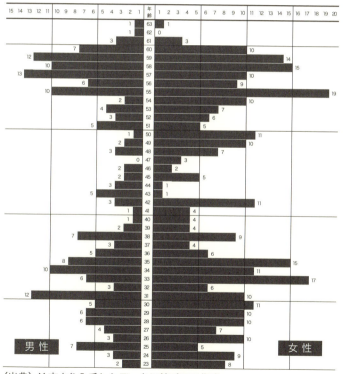

（出典）X市より入手したデータに基づいて作成

制度、教育様式（質保証）という三角形を描き、その理論的基礎であるスクールリーダーの学習理論について検討する。

2. スクールリーダーの役割定義

　まず概念を定義しておこう。スクールリーダー（教育指導職）は「学校づくりの中核を担う教職員」と定義し、校長・教頭、主幹教諭（首席）・指導教諭、主要な主任、事務長などを含む。ミドルリーダーは「学校づくりを最前線で担うチームリーダー」と定義し、校長・教頭を除く、主幹教諭（首席）・指導教諭、教務主任・研究主任・生徒指導主事・進路指導主事、学年主任（中学・高校）などを含む。

　なお、中教審答申「今後の教員養成・免許制度の在り方について」（2006年7月11日）は教職大学院の創設を提言し、「地域や学校における指導的役割を果たし得る教員等として不可欠な確かな指導理論と優れた実践力・応用力を備えたスクールリーダー」を養成するとした。ここではスクールリーダーを「将来管理職となる者も含め、学校単位や地域単位の教員組織・集団の中で中核的・指導的な役割を果たすことが期待される教員」＝「中核的中堅教員」と定義している。この定義は、「組織的リーダー教員」と「教育的リーダー教員」を包括する用語として、しかも「未来のリーダー教員」を含み込んで使用しており、また、職種・職位と対応させていない点にも留意しておきたい。本章では、この政策用語ではなく、教育関係学会における専門用語である「スクールリーダー」(school leader) を使用する。

　このスクールリーダーは「教育マネジメント型リーダー」という新しい役割規定がなされている。この背景には、学校の自律性を高め、組織マネジメントを導入し、教育成果を向上し、学校の責任を達成するという「学校の自律化政策」がある。キーワードで言えば、ビジョン、パフォーマンス、アカウンタビリティ (vision, performance and accountability) が必要不可欠となったといえる。教育改革は、学校評価、授業評価、教職員評価という評価システムを構築し、それによって教育の質を認定するという「システム管理」を基本に据えてきた。また、全国一斉学力調査（学力テスト）の結果が

【図2】ミドルアップダウン型組織

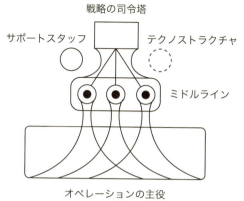

(出典) 大脇康弘「ミドルリーダーの役割と成長」第14回スクールリーダー・フォーラム報告書、2014年、37頁

学校の教育成果を図る主要な指標となり、都道府県、市町村、学校間の学力格差の克服が教育政治上の重要課題となり、学力向上対策が次々と取り組まれている。

　この教育政策は「上からの分権化」として進められ、「教育成果の向上」が問われることになるが、実際には顕著な成果は一部に限られることも事実である。こうした構図において学校の自律性は「管理された裁量性」「他律的主体性」となり、スクールリーダーが制約された枠組みの中で「管理された主体性」を発揮するという矛盾を抱え込んでいる。スクールリーダーが力量と意欲を持てば持つほど、学校経営をめぐる葛藤は大きくなるのである。日本がモデルとするイギリスやアメリカの学校でも同様なことが指摘されている。

　なお、こうした教育政策の動向と距離をおいて、学校組織研究が取り組まれており、「ミドル・アップダウン型組織論」(【図2】)が有力である[ii]。この組織論では、ミドルリーダーが校長と一般教員をつなぐ「連結ピン」となって、学校全体の立場からビジョンを具体化し教職員をリードしていく中軸的な役割を担う。ミドルリーダーは校務分掌や学年・教科、委員会の「チームリーダー」となり、メンバーに対して連絡調整し指導助言し、企画立案する

第2章　　47

と共に、校長・教頭を補佐する。校長は教育の組織化リーダーとして学校の基本方向や一定のガイドラインを提示し、学校の組織づくりや人材育成を担うのである。つまり、学校の意思形成過程で、ミドルアップとミドルダウンが双方向的に行われ、同僚間のヨコのチャンネルも生かされている。ここでは、学校組織の同僚性と階層性の矛盾的均衡、学校の安定性と変革性の両立、そして、教育リーダーと組織リーダーという役割均衡が基軸におかれている。その意味で、教育政策の動向と組織理論研究とは緊張関係が見られる。

3. スクールリーダーの資格制度、専門職基準

(1) スクールリーダーのキャリア形成

　校長となるキャリア形成を一般的に描くと、次のようになる。教職経験20年、40歳前後になると、学校の組織リーダーとして活動している教師は校長・教頭という学校管理職の道に進むか、または教師として実践を続けるかという選択を迫られる。ここには上司である校長が当該教員に管理職になるよう声掛け・説得したりする「後押し」が大きく影響する。自ら志願して校長・教頭に進むものの割合は少ない。そのため、一定の人脈や人材輩出校に依存する傾向がみられる。校長・教頭になるには、校長試験・教頭試験（筆記テスト、面接による能力・業績評価）に合格し、任用されることが必要である。なお、この過程で、指導主事に任用されて経験を積むケースも1〜2割ある。

　こうして40代後半で教頭になり、2つの学校で6年間教頭を勤め、校長試験に合格して校長になる。そして2つの学校で6年間校長を勤めて定年退職となる。これが、日本の管理職の典型的パターンである。ここでは、①校長・教頭職への道は自ら選び取るのではなく、上司である校長の後押しで決定されること、②長い教職経験の上に、校長・教頭が位置づけられていること、③管理職の人事異動が3年単位を基本に行われること、という特徴がある。

　なお、学校に組織マネジメントを導入することと関わって、「民間人校長」の部分的導入が図られてきた。一部の府・市では政治的判断で拡大策を取っ

ているものの、全国で 100 人前後に止まっている。民間人校長は、学校の組織特性をふまえた組織マネジメントを行うことは難しいとの評価があり、また、有能な教頭を配置するなど人材育成上の課題もあって、学校マネジメントの触媒役との位置づけは変わらない。

（2）スクールリーダーの専門職基準

　スクールリーダーという役割に伴う力量を明確にし、力量形成を図るプログラムを作成し、資格認定を行う取り組みが欧米諸国や東アジアの国・地域で取り組まれつつある。特に、校長の専門職基準の作成と活用は校長職の専門職化の基礎となるのである。

　日本教育経営学会は、「校長の専門職基準——求められる校長像とその力量」（2009 年版）を公表し、その後 2012 年改訂版を出している。それは「教育活動の組織化をリードする校長像」として、次の 7 つの基準から構成配置されている。

> ①学校の共有ビジョンの形成と具体化
> ②教育活動の質を高めるための協力体制と風土づくり
> ③教職員の職能発達を支える協力体制と風土づくり
> ④諸資源の効果的な活用
> ⑤家庭・地域社会との協働・連携
> ⑥倫理規範とリーダーシップ
> ⑦学校をとりまく社会的・文化的要因の理解

　これは、アメリカの校長の専門職基準（ISLLC,1996）を参照して作成したもので、専門職としての校長養成、モデル・カリキュラム開発、計画養成をめざすものである。同学会はこの専門職基準の活用の具体例を示す研修プログラムを開発し、教育委員会・教育センター関係者に活用を促している。

　中国では、校長の専門職基準が作成され、試行されている。教育部は「義務教育学校長専門職基準」を 2013 年に公布し、国の校長研修施設、上海師範大学・華東師範大学、北京師範大学で試行されている。

　韓国では、学校管理職の専門職養成が組織的に進められ、校長資格研修制度が強力に推進されている。そこでは、校長の専門職基準が活用されている。

第 2 章　49

（3）教師教育改革に関する中教審答申の案

　スクールリーダー養成をめぐる教師教育政策は、政権交代という政治状況を背景に、教職の高度化・専門職化と実務実習の拡充策との間で、揺れ動いているのが現状である。中教審答申「教職生活全体を通じた教員の資質力量の総合的な向上方策について」（2012年8月28日）は、「学び続ける教師」を基本コンセプトとし、教員養成の高度化を打ち出した。教員免許状制度を基礎免許状、一般免許状、専門免許状の三つに種別化し、教員養成の修士レベル化を打ち出した。そこでは、専門免許状（学校経営）が明記されたが、資格制度化は困難であるとした。

　その後、政権交代のなかで、管理職養成が政策課題に浮上し、教職大学院の全国拡充策が打ち出されており、スクールリーダー養成の仕組みも大きく変わる可能性がある。

4．スクールリーダー教育の多様性

（1）校長・教頭研修の動向

　これまでスクールリーダーは、学校現場における職務遂行を通して（OJT）、学校運営の進め方や知見を獲得してきたといっても過言ではない。経験や勘に支えられた経験値は、平時の学校経営方式や学校慣行と親和的であり、しかも人を動かす感情的影響力を持っている。ただし、この経験値は属人的性格が強く、職務経験や勤務校の特性という社会的文脈に制約されているため各人各様であり、分かち伝えることが難しい。

　校長研修・教頭研修は教育委員会・教育センターの主催であるが、任用前にはほとんど行われず、任用後に新任者対象の特別研修が数日間十数時間程度、2年目以降は短時間行われるのが一般的である。研修内容は個別テーマの集まりという色彩が強く、体系性が不十分であり、時間数も限られている。教育方法・形態は講義形式に加えて、実践報告、事例研究、ワークショップなどを取り入れて職能発達に結びつくよう工夫がみられる。近年こうした管理職研修を再検討し、量的拡充と体系化を図るとともに多様化・選択化して

受講者のニーズに応えようとする改革が取り組まれている。

　その他、文部科学省は全国的に「学校組織マネジメント研修」を推進しており、新たな職として任用された主幹教諭・指導教諭研修が取り組まれている。

　大学・大学院主催の公開講座は、1〜10回程度で、短期集中的に行うこともあれば、月や週単位で回数を決めて行うこともある。大学が地元の教育委員会と連携して主催することが多く、これまでより実践性を重視する傾向がみられる。

（2）教職大学院におけるスクールリーダー教育

　教職大学院は、高度な専門性と実践的指導力を備えた教員養成を目的とする専門職大学院（professional school）である。教育系大学院の教育指導体制はこれまで研究重視であったが、教職大学院は実践性・臨床性重視へと転換を図るものである。その制度設計の枠組みを整理すると、次の6つにまとめられる。

①実践的指導力を備えた新人教員と地域や学校における指導的役割を果たし得るスクールリーダー（中核的中堅教員）という2種類の人材養成を目的・機能とする。

②2年制修士課程を標準とし、45単位以上を修得する。その内、10単位以上は実習とし、修士論文は課さない。

③カリキュラムは理論と実践を融合したものとする。共通必修科目として「教育課程の編成・実施」「教科等の実践的な指導方法」「生徒指導・教育相談」「学級経営・学校経営」「学校教育と教師」の5領域（20単位程度）を設定する。教育方法・形態として講義よりも事例研究、模擬授業、授業分析・フィールドワーク等を重視し積極的に導入する。

④教員組織は専任教員11名以上で、研究者教員と実務家教員（教職経験20年以上）の協働を基本とする。実務家教員は4割以上置く。

⑤学校実習のために、一般校の中で「連携協力校」を設置することを義務づける。

⑥その他、学位は「教職修士（専門職）」で、5年ごとの認証評価機関による第三者評価が義務づけられている。

第2章　　51

既設の教育系大学院（教育学研究科修士課程）と比較すると、教職大学院は (1) 研究重視から実践性・臨床性重視へとシフトしていること、(2) カリキュラム編成や人事配置に関する枠組み・基準による縛りが強いこと、(3) 小学校課程に傾斜したカリキュラム構成であること、(4) 教科教育の位置づけが明確でないことが特徴的である。

　教職大学院は 2014 年度でみると、全国 25 校で設置され、総定員は 833 名である。教育系大学院の総定員の約 4 分の 1 を占めている。入学者の選抜状況は、志願者数 1079 人、入学者数 772 人（定員充足率 92.7%）、その内訳は現職教員数 340 人（44.0%）、学部卒業者数 432 人（56.0%）となっている。定員充足していない大学院は 17 校である。各大学院が定員確保策を懸命に講じているにも関わらず、この状況は大きく変化していないのである。

　この教職大学院の制度設計について、大学院現場のマネジメントと教育実践という視点から次の 6 点を指摘しておきたい。

　第一に、教職大学院で養成するスクールリーダーは、中核的中堅教員であるミドルリーダーを対象としているが、先に指摘したように学校の職種・職位と対応させていないので、制度的基盤が曖昧である。このためスクールリーダーの専門性や実践的指導力を重点的に高め難いカリキュラム編成、指導体制となっている。

　第二に、現場経験を積んだ現職教員と経験が少ない新人教員という異なるタイプの教員を併せて養成する困難さである。両者は教職経験、キャリア、能力が異質であり、別立てコースで教育することが望ましい。けれども、教職大学院ではカリキュラム編成上共通科目は合併授業で行い、コース必修選択科目で対象者別に振り分ける方策を採っている。そこでは異質で多様な院生を対象とした授業運営や学校実習の指導が難しい。

　第三に、1 学年の定員は 20 〜 60 名程度（100 名規模が 1 校）で、従来の大学院より大規模である。学校実習の指導体制をはじめとして多くの時間とエネルギーが投入されることになるが、それに見合うコストベネフィットが上げられているか、適切に評価されるべきである。

　第四に、教職大学院は、「理論と実践の融合」を重視し、実践的指導力の向上をうたっている。カリキュラム編成や教育方法・形態をみると、経験主

義、活動主義的傾向が強く、実際に理論と実践の交流や統一を図るには難しさが伴う。特に経験豊かな中堅教員には、理論的・実証的見方と実践の省察・再構成を行う方が効果的である。教師が実践を研究するための方法と過程について学習し、「はいまわる経験主義」に陥らないようにすべきである。

第五に、実務家教員の役割と配置について、専任教員の４割以上と定めている。専門職大学院では実務経験者は３割以上とされ、法科大学院では２割以上とされているのと比べて、極めて高い割合である。すぐれた教育実践を重ねている教員でも、その実務経験は限定されたものであり、一般化・普遍化につなげることは容易くない。実務家教員の長短を見極め、適材適所で活用することが大事である。さらに、研究者教員と実務家教員とのチーム・ティーチング（Ｔ・Ｔ）は、「理論と実践の架橋・融合」というベクトルで深めていくには実践的課題が山積している。

第六に、教師教育における大学と教育委員会の連携のあり方は、スクールリーダー養成という短期的・中長期的課題として検討すべき課題である。論理的にみると、カリキュラム開発や組織体制を組織的・調整的協力（レベル3）で進めるのか、それとも組織的協働（レベル4）で進めるのかである[iii]。原理的にいえば、大学は教育政策との関係づけを行いつつも、教育政策の相対化・批判的考察という基本スタンスを堅持し、両者の緊張関係を確保することが重要である。大学院は、現職教員が自由に論議し「共に学ぶ場」として発展していくためには、教育委員会との適切な距離を確保しつつ連携協力していくことが望ましいのである。

現在、文部科学省は、2016年度から国立教育系大学院のすべてに教職大学院を設置し、既存の大学院からの大幅な定員振替を図る政策を打ち出している。また、管理職養成コースを設置し、機能の拡張を図る方針で指導を強化している。

以上のスクールリーダー教育を比較すると、これまでの管理職研修、既存の教育系大学院、教職大学院には質的に大きな違いがある。大学院が学問に基づく理論性・体系性を基盤に成立しており、実践性・臨床性を重視したとしても、理論と実践との統一が重要課題となる。そこでは、体系的・持続的な学習を基本的特質としている。理論と実践との交流・融合を課題とし、どのようなカリキュラムと教育方法・形態でもって「学びのプロセス」を形成していくかが、教育系大学院、特に教職大学院の将来を大きく左右するもの

となろう。

5．スクールリーダーの役割と成長

　次に、スクールリーダーの育成について、役割規定、力量認識、成長要因について考察する。これは、スクールリーダー育成政策を考える基礎となる。
　第一に、スクールリーダーの役割を考えるうえで、ミンツバーグ Henry Mintzberg（1973 初出）によるマネージャーの行動観察研究が参考となる。彼はマネージャー 5 人に 1 週間張り付いて行動調査を行い、次のような 3 つの役割、10 のサブ役割を摘出している[iv]。

A.対人的役割：①組織の顔として責務をこなす、②組織を率いて部下の活動を推進する、③組織の内外を結びつける
B.情報的役割：④情報を収集し活用する、⑤組織に情報を伝達する、⑥組織を代表して外部に情報発信する
C.意思決定の役割：⑦組織の変革を推進する、⑧想定外の問題に対応する、⑨人、物、金、時間を配分する、⑩組織の代表として外部と交渉する

　この役割理論は民間企業のマネージャーを対象とするものであるが、スクールリーダーに十分に応用できる。ただし、スクールリーダーの場合、教育者として生徒の指導に直接関わり、また、教師に向き合う役割が重要であるので、先の役割にプラスして第 4 の役割として「教育者役割」を追加すべきと考える。

D.教育者役割：⑪教育者として行動する

　このミンツバーグの役割論と関係づけて参照できるのが、カッツ Robert L. Katz によるリーダーのスキルモデル（1955）である[v]。彼は、リーダーの能力・スキルを、(1) 専門スキル、(2) 対人スキル、(3) 認識スキル（technical skills, human skills, conceptual skills) の三つに分類している。専門的スキルは、専門領域における方法・手続に関する知識技術である。対人的スキルは、他者と協力しながら仕事をする能力である。認識的スキルは、理念・考え方を持って仕事を行う能力である。カッツによれば、マネージャーの階層によって必要な能力は異なり、ローワー・マネージャーでは専門スキルと対人スキルの比率が大きく認識スキルは小さいのに対して、シニア・マネージャーでは認識スキルが大きくなり、専門スキルは小さくなる。

　それでは、マネージャーは必要な能力・スキルをどのように獲得しているのだろうか。ロンバードとアイヒンガー Lombardo and Eichinger (2002, 2010) の研究によれば、マネージャーの成長は、(1) 仕事上の直接経験、(2) 他者の観察・助言、(3) 読書・研修の三つによるもので、その比率は70%–20%–10% とされる [vi]。つまり、マネージャーは仕事の経験を通して学ぶこと (OJT) が基本であり、他者とのつながり (OJT) と読書・研修 (Off-JT) が経験による学習と結びつくことが大切なのである。

　経営学者の松尾睦（Makoto Matsuo）は民間のマネージャーに対する実証的研究・事例研究を行い、「経験を通して学ぶ」には次の三つが大切だと提起する [vii]。

　「適切な「思い」と「つながり」を大切にし、「挑戦し、振り返り、楽しみながら」（ストレッチ、リフレクション、エンジョイメント）仕事をするとき、経験から多くのことを学ぶことができる。」

　ここでいうストレッチは「高い目標に向かって挑戦する姿勢」を、リフレクションは「何かアクションを起こしている最中やアクション後に、何が良くて何が悪かったかを振り返ること」を、エンジョイメントは「やりがいや意識を見いだして、仕事を楽しむこと」を指している。マネージャーは職場で経験を通して学びながら成長することが、端的に表現されている。

　そして、マネージャーとして成長する契機は、「発達的挑戦」（developmental challenges）にあると指摘し、それは (1) 変革に参加した経験、(2) 部門を超えた連携の経験、(3) 部下育成の経験の 3 種類の経験に類型化できるとする。三つ目の人材育成の類型を加えたところに、松尾氏の独自な観点が見られる。

　仕事を通した学習という知見をふまえて、スクールリーダーの育成について考察すると、次のことがいえよう。

①スクールリーダーの基礎的能力と適性を持つ人材をプールし、選定する。

スクールリーダーを「やりがいと見通し」を持てる職種・職位として教師が認知することが基本であり、そのために教育政策が学校を信頼し支援することが必要不可欠である。特に、校長・教頭の働く姿こそが大きな影響力を持つのである。

②スクールリーダーとしての役割意識と学校づくりの視野を持つ。

教師の問題関心は一般に狭く、学級を拠点に学年・教科、校務分掌レベルに止まり、学校全体の視野、地域における学校という視点から問題を見つめ取り組むことは少ない。この教師の問題関心を広げ深めるためには、研修、セミナー、講座などの学習機会が重要となる。そこで理論的に問題を見つめると共に、事例演習を通して教育政策担当者やスクールリーダーの確かな実践に触れることは、学習を促す契機となる。

③スクールリーダーに必要な専門スキル、対人スキル、認識スキルの基礎を学習する。

経験を通した学習がスキルの育成に大きな意味をもつので、個人の能力・適性・キャリアをふまえて、チームをまとめたり、学校づくりを推進する役割を担うことに挑戦させる。それを踏み台にして、能力を高めたり、組織リーダーとしてのやりがいを経験して、スクールリーダーへの関心と意欲を引き出すのである。上司や先輩による助言や支援の体制を整えることが求められる。

④若手教員の育成を担当し、人材育成の経験を積む。

先輩教員として、若手教員や新任教員を指導し助言することは、それまでの自分の経験を振り返り整理する貴重な機会になり、また、若手教員を指導する経験を通して、自らの対人能力を高めることになる。

⑤教育実践や学校づくり実践を整理し、再構成するための学習機会を設ける。

実践中心の日常を離れて、大学院、研究会で本格的な学習を行うことを奨励すべきである。

このように、スクールリーダーとして成長するための「思い」と「つなが
り」、「挑戦、振り返り、楽しみ」を経験できる実践でつながる教員集団、こ
れこそがスクールリーダーが育つ文化的土壌となる。そして、その実践経験
を意味づけ、スクールリーダーとしての視野を広げ、能力を高める学習機会
が制度化されるべきである。

6．スクールリーダー教育の認識枠組

　続いて、スクールリーダー教育の認識枠組を提起し、教育政策の選択肢を
示してみよう。

（1）スクールリーダー教育に関する認識枠組
　第一に、スクールリーダーを養成する原理と方向性について考える。X
軸には、スクールリーダーの養成原理として、自生的選択 – 計画的育成
spontaneous–planning という指標を用いる。一つには、長い教職経験を通
して培った能力を基礎として管理職を自生的に選択するこれまでの道があ
り、二つには、計画的組織的に管理職を育成するために、経験と学習を積み
重ねていく新たな道がある。
　Y軸には、育成すべき能力像として、総合力 – 組織力 generality–
speciality という指標を用いる。これは、教育実践力の上にマネジメント能
力を加えていくのか、それとも組織マネジメントに特化した能力を育ててい
くのかという違いである。
　スクールリーダー教育の改革動向は、自生的選択・総合力という「個別的
選択」から、計画的育成・組織力という「組織的養成」へという方向が考え
られる。しかし、現在のところ、この方向が模索されてはいるが、課題対応
的に施策が取り組まれているといえる。
　私見では、スクールリーダーの養成原理は組織的養成を基本にすべきだが、
育成能力は一方に傾斜すべきではない。また、計画的育成についてはダブル
トラック構想を具体化すべきである。つまり、教師キャリアに実践リーダー

と組織リーダーという二つの道を措定し、段階的・組織的に育成すべきである。その分岐点は教職経験10年、35歳前後が望ましいと考える。現在より、10年前倒しで、教師のキャリアを明確に選択し、それに必要なスクールリーダー教育を段階的に構成していくのである。もし、この教育政策が選択されないならば、教育界の人材不足が強まり、学校経営の困難さは避けがたいと考えられる。

（2）「理論知・実践知」からみた大学院におけるスクールリーダー育成

　第二に、大学院におけるスクールリーダー育成について、「理論知と実践知」をふまえた問題提起を行う。X軸には、知識として理論知－実践知 theoretical knowledge–practical wisdom の指標を用いる。Y軸には、方向目標として、総合職－専門職 generalist–professional の指標を用いる。

　大学院のスクールリーダー教育は試行段階にあり、改革動向は指導力・専門職化を志向しているが、方向性・ベクトルは定まっていない。理論的な方向付けが必要不可欠であり、実践的試行を通して実践のベクトルを修正していくことが大切である。

　筆者は、大阪教育大学の夜間大学院で、現職の校長・教頭、指導主事の先生方の教育を担当して13年になる。現職教員を主対象とする夜間大学院は、昼間働きながら夜間学ぶことを基本にしている。職場と大学院が日常的に地続きであることは、学習・研究を進めていくうえで利点と弱点の両面がある。それは、夜間大学院の学びの目的・内容・方法・形態をどのように構成するかということと深く関わっている。一つには、職場で取り組まれている実践を夜間大学院に持ち込み課題解決や学校改善を図るという連続した道があり、二つには、職場と夜間大学院（実践と学習・研究）をいったん切り分けながらつないでいく道がある。これは、研究と実践、理論知と実践知、理論的・実証的思考と実践的・状況対応的思考という概念の定義に関係し、夜間大学院の学習・研究活動の組織化、教育機関の役割・機能に関わっている。私たちの夜間大学院は後者の道を選択し、「理論知・実践知対話型」のカリキュラム編成、授業科目の設定、授業運営を行ってきた。

　スクールリーダーは「理論的基盤を持つ実践的指導力」を高めると共に、理論と実践を統一する「実践的研究」に取り組む。そこでは理論学習を通して概念や認識枠組を学習し、教育現象を対象化し切り開いていくこと、およ

【表 1】理論知と実践知の関係

概 念	実践知	理論知	理論知・実践知の対話
用 語	現場特有の言葉 多義性、包括性	概念・認識枠組 専門性、論理性	両者の使い分け 両者のジレンマ
知 識	個別具体的 実践的知見・知恵 経験の整理 暗黙知を含む	一般的抽象的 対象の説明、予測 定式化・体系性 形式知	特殊と一般をつなぐ 形式知と暗黙知をつなぐ
特 徴	実践・改革志向 属人的、主観的	実証・普遍志向 理論的・客観的	臨床性・実践性重視 論理的／主観的

(出典) 大脇康弘「スクールリーダーの『学びの場』をつくる」第 12 回スクールリーダー・フォーラム報告書、2012 年、12 頁

び自らが担う学校づくりの実践を省察し再構成すること、というベクトルが90 度異なる作業に取り組む。いわば「理論の意識化と実践の対象化」が課題となる。修士論文は、この二つの課題を同時に追究し統一するもので、「理論・実践対話型」の「実践的研究」と呼んで取り組んできた。スクールリーダーは教育研究者と協働して、学校の課題とその社会的文脈を明らかにし、課題解決を図る「研究的実践者」「省察的実践者」を目標にすべきである[viii]。

（3）理論知・実践知対話型のスパイラル学習論

　スクールリーダー教育の実践と理論的考察をふまえて、スクールリーダーのための理論知・実践知対話型のスパイラル学習論を提起しよう。

　理論と実践の関係は、一般に「理論と実践」のように対の関係で用いられるが、単純ではない。教師は自らの実践を支える知識技術と教育観・学校観を持っている。教育実践や学校経営実践においては、直面する状況において適切だと判断される意思決定が重ねられる。それは合理性だけでなく、状況性、即興性に基づく意思決定で、経験やカン・コツによる判断も少なくない。しかも全国 110 万人の教師の実践、経験、体験は多様で、多義的である。そこで、実践知と理論知の概念定義をしておきたい[ix]。

　実践知は実践的知見・知恵であり、実践者の経験と実践感覚を整理したものである。実践性・具体性を志向するもので、個人や学校の状況を反映するなど特定の社会的文脈に規定されている。また、形式知とともにカンやコツ

【表2】理論知と実践知の連関

〈実践知〉	a.	b.	c.	d.
・基準	実践の整理	実践の主題化	実践の再構成	実践の理論化
	実例・エピソード	物語知 ：コンセプトとストーリー	意義づけ、見直し	持論 or 実践科学
・ツール	弱点・方法の探索	語りと傾聴、実践報告a	実践報告b	実践の認識論
	実践記録の参照	実践記録の試行	対象化、内在的批判	

つなぐ　　往還　　対話　　統合

〈理論知〉	a.	b.	c.	d.
・基準	理論の学習	理論の内面化	理論の再構成	理論の構築
・ツール	概念・認識枠組	研究方法論の活用	批判的思考	
		主題・対象・方法の連関		

〈実践的研究〉	a.	b.	c.	d.
	テーマの掘り下げ	理論・政策・実践の連関	実践と理論の往還	実践的研究の確立
	先行研究の検討	認識枠組の形成	実践の相対化 ：意識と見通し	内容・形式・方法論

（出典）大脇康弘、前掲論文、2012年、12頁

などの暗黙知が含まれ、多義的である。関連する用語に、経験知、体験がある。

　これに対して、理論知とは現象を説明し、予見する理論的命題と研究方法に関する知識技術である。体系性・実証性を志向し、研究者集団の専門性に基づいて成立している。関連する用語に、研究知、学術知、大学院知などがある。

　このように理論知と実践知は基本的に異なっており、それを簡略に整理したのが【表1】である。つまり、理論知と実践知は大きく違っており、その架橋や融合には多くの障壁と困難があることが示されている。これを私たちの出発点としたい。

　夜間大学院のスクールリーダー教育では、理論的認識と省察的実践を意図的に切り分けた上で、各々の授業において両者が関係づけられている。この理論知・実践知対話型のスパイラル学習をリードし、ファシリテートするの

は大学教員の役割である。大学教員は学校づくりの理論・政策・実践を総合的に認識すると共に、学校現場や教育政策にも関与する「実践的研究者」である。「理論知と実践知の対話」はまず大学教員自身の「内的対話」として取り組まれる。

スクールリーダー院生は大学教員の範例に学んで、理論知の意識化と実践知の深化に取り組み、両者の対話を行うようになる。その学習作業を持続的に行うためには、スクールリーダーの協同学習が不可欠である。理論知と実践知の内的対話は個々人で意識化されると共に、学習集団としても取り組まれるのである。これを通して、スクールリーダーは学校づくりの理論的基盤について認識を深める一方で、自らの実践を実践的・改善的視点からだけでなく理論的・実証的視点からも見つめるようになる[x]。こうした理論知と実践知をレベル別に整理し、関係づけを行ったのが【表2】である。

理論知と実践知の関係は、a.つなぐ、b.往還、c.対話、d.統合という4段階のレベルが想定される。理論知と実践知の関係は、実践知が理論知に支えられ、広がりと深まりをもって次の段階に移行するのである。この学習は「理論の獲得と実践の対象化」と定義できるが、「実践の省察」を深める省察的学習（reflective learning）が重要となる。

けれども、両者の対話は学習の発展深化だけでなく、両者のジレンマに直面することにもなり、学習はスパイラル的に行われる。そのため、理論知・実践知対話型のスパイラル学習を支え促進するために、研究者と実践者の協働研究が極めて有効となる。そこでは使用する用語の違いをつなぎ合わせ、大学教員はスクールリーダーが学び合う場とプロセスを創り出すことが必要不可欠である。スクールリーダーの学習コミュニティは「教育実践者と教育研究者が協同して教育現象と教育課題を考え立ち向かう営為」であり、学校づくりの理論と実践にとってインキュベーター（孵卵器）となるのである[xi]。

以上がスクールリーダー教育の認識枠組であり、教育政策の選択肢である。スクールリーダーの育成が喫緊の課題であるだけでなく、中長期的な課題であるとすれば、この困難な状況において確かな教育政策が選択され、具体化されることが必要不可欠である。

【付記】

　本稿は、第 7 回〜第 9 回東アジア教員養成国際シンポジウム The East Asia International Symposium on Teacher Education（2012 東京学芸大学、2013 東北師範大学、2014 韓国教員大学校）で報告した原稿を基に再構成したものである。

【注】

i　　国立教育政策研究所 編『教員環境の国際比較——OECD 国際教員指導環境調査(TALIS)2013 年調査結果報告書』明石書店、2014 年。

ii　　大脇康弘「ミドルリーダーの役割と成長」第 14 回スクールリーダー・フォーラム報告書『ミドルリーダーの実践と育成支援』大阪教育大学・大阪府教育委員会・大阪市教育委員会合同プロジェクト、2014 年、37 頁。

iii　　大脇康弘『スクールリーダー・プロジェクトの展開——大学と教育委員会のパートナーシップ』大阪教育大学スクールリーダー・プロジェクト、2010 年、6–8 頁、大阪教育大学リポジトリ掲載。

iv　　ヘンリー・ミンツバーグ 著、奥村哲史、須貝栄 訳『マネージャーの仕事』白桃書房、1993 年、151–161 頁。

v　　Katz, R. L. Skills of an Effective Administrator, *Harvard Business Review,* Jan–Feb, 1995, pp.33–42.

vi　　Lombardo, M.M. & Eichinger, R.W. *The Career Architect: Development Planner,* 5th edition. Lominger International, 2010.

vii　　松尾睦『「経験学習」入門』ダイヤモンド社、2011 年、第 3 章、20 頁。

viii　　大脇康弘 編『つなぐ 教師の学習コミュニティ——夜間大学院のスクールリーダー教育』SLC、2014 年、2-4 頁、大阪教育大学リポジトリ掲載。

ix　　大脇康弘「スクールリーダーの『学びの場』をつくる」第 12 回スクールリーダー・フォーラム報告書『スクールリーダーの学びの場——理論知と実践知の対話』大阪教育大学・大阪府教育委員会・大阪市教育委員会合同プロジェクト、2012 年、8–14 頁。

x　　大脇康弘、注 ix に同じ、11–13 頁。

xi　　大脇康弘 編『ひらく 教師の学習コミュニティ——夜間大学院のスクールリーダー教育』SLC、2012 年、3 頁。

第3章

開放制原則下の中国の教師教育
における質保障体系の構築

劉 益春（LIU, Yichun　東北師範大学）
饒 従満（RAO, Congman　東北師範大学）

1．はじめに

　独立で閉鎖的な教師教育[1]システムが計画経済体制に適応するものだとすれば、市場経済を前提にした教師教育システムは柔軟で、開放的であるべきである[i]。まさに以上のような認識に立って、21世紀の変わり目以来中国は教師教育システムの閉鎖から開放への改革を強力に推進している[ii]。開放的で柔軟な教師教育システムは健全な教師教育の質保障体系の支えとして必要である。とりわけ高等教育の大衆化を背景に、教師教育の質保障[2]体系の整備はいっそう切迫した重要な課題である。『国家中長期教育改革・発展計画綱要（2010-2020年）』（国家中長期教育改革与発展規画綱要、以下「計画綱要」）も「教師教育を強化するために、師範大学を主体とし総合大学も参加して開放的で柔軟な教師教育システムを構築する。教師教育改革を深化するために、養成モデルを革新し、実習と実践の段階を強化し、教師の職業道徳と教養、教学能力を身に付けさせ、教員養成の質を高める」と提起した。柔軟で開放的な教師教育システムを継続的に整備し、同時に健全な教師教育

1　中国（特にメインランド）においては、「教員養成」の語は通常用いられず、入職前の教師養成教育を「師範教育」、入職後の現職教育を「継続教育」と呼ぶのが通例である。「教師教育」とは、その両者を包含する語として、1980年代以降よく用いられるようになっている。ここでの訳語は「教師教育」を基本とし、入職前に限定するニュアンスの際に「教員養成」を充てている。

2　原文のままに訳出してある。日本では quality assurance に相当するのは「質保証」であるが、中国（特にメインランド）においては通常「質保障」が用いられる。

の質保障体系を構築することが、今後しばらく中国の教師教育改革と発展における重要なテーマであると見なすことができる。

　本章では、近年中国において教師教育質保障について行われてきた改革と探求を簡単に整理し、その新たな動向を明らかにしたい。紙幅が制限されているため、本章では主に 2007 年以来の中国の教員養成における質保障の検討に限定した。中国における教員養成の質保障の探求のマクロな動向とミクロな動向の双方を容易に見られるよう、まずは国家レベルにおける教師教育の質保障に関する政策措置（外部の教師教育の質保障体系の整備）を考察し、その後東北師範大学を例にその具体的な実施内容（教師教育の内部質保障体系の整備）を紹介する。

2．外部における教師教育の質保障体系の整備：政府の措置

　教師教育の質保障においては、政府は責任を逃れられない。政府は教師教育の質保障体系、とりわけ外部における質保障体系の主体であり、全体のコントロールと管理を担当している。近年、中国政府がとっている措置には主に以下のいくつかの側面がある。

（1）師範生[3]無料政策を実施し、優秀な学生を引きつける

　周知のごとく、進学予定者の質は教員養成の質に影響する重要な要素の一つである。潜在力を有し教師という職業を志す優秀な学生を引きつけ教師教育専攻を受験させ、進学予定者の質を保障することは、教員養成の質保障について必要な措置である。

　中国政府は早くから教育業界が優秀な人材を引きつけていないことを意識しており、2007 年 3 月の第 10 回全国人民代表大会 5 回目会議において、

3　「師範生」とは師範大学の師範教育類（教師資格に結びつく科目が卒業要件となっている教育組織）の学生、あるいは総合大学における師範専攻の学生を指す。おおむね日本の教員養成系大学・学部に相当する。

温家宝首相はその政府活動報告書の中で「無料師範生政策」[iii] を提出した。これにより国家の財力の支えのもと、教育部直属の六つの師範大学で師範生無料教育を実施し、多くの優秀な高校卒業生の師範専攻への応募につなげた。この政策は優秀な青年が生涯にわたって教育に従事することを奨励し、とりわけ経済的に比較的遅れている中西部地区、農村地域の小中学校で教えることを奨励した[iv] ものである。

　師範生無料教育の実施は優秀な学生を師範専攻入学に引きつけ、優秀な人材を長期的に教職につくよう奨励するために取った戦略措置の一つと言ってよい。5 年間、六つの教育部直属師範大学[4] が計 5.5 万人の無料師範生を募集した。進学予定者の質が高く、平均成績は各省の重点線[5] より 40 点以上上回った。10,597 名の第 1 期の卒業生は全員小中学校の教員となり、90% 以上は中西部へ行き、39% は農村の学校に着任した。師範生無料教育の示範効果は明らかであり、統計によると、現在 18 省が公費育成、授業料返還、国家学資ローン代償など、さまざまな方式により師範生の無料教育を実施している[v]。

　しかし、師範生無料教育政策の実施中にいくつかの差し迫った課題も現れている。その中で最も顕著なのは主に以下のものである。第一に、『教育部直属師範大学無料師範生教育実施方法（試行）』の関連規定によると、およそ無料師範生教育政策を受ける学生は、西部農村の貧困地域を少なくとも 2 年間支援する協定を締結しなければならない。

　このことからわかるように、師範生無料教育政策には二重の目的がある。一つは優秀な学生を師範専攻へ引きつけること、「小中学校の優秀な教師と教育家を育成すること」である。二つ目は貧困対策のため、貧困地区、農村地域の教育の弱さを解決するためである。では一体この政策の主な目的は前者なのであろうか、後者なのであろうか。現在のところ、双方両立させたいようである。しかし出発点から二兎を追うと、その結末は二者共倒れのおそれがある。だから、政策の主要な目的を明確にしないと、実施結果に悪影響

4　中国の師範大学のうち、北京師範大学、華東師範大学、東北師範大学、陝西師範大学、華中師範大学および西南大学（前身の一つが西南師範大学）を指す。他は地方政府（省・直轄市）管轄もしくは私立。
5　一流とされる大学の合格ラインのこと。

を及ぼすかもしれない。第二に、無料師範生は経済的にも就職上でも他の学生より保障され、加えて省を超えての就業条件と自主的選択範囲の制限、退出制度の欠如などから、一部の学生について学習意欲の低下といった現象が現れてきた。無料師範生の学習状況に関する多くの調査はいずれもこのような現象の存在を映し出した[vi]。この問題を解決しなければ教員養成の質に深刻な影響を及ぼす。

（2）教師教育標準体系の建設を推進し、教師教育の質管理と統制の基礎と根拠を提供する

標準（スタンダード）の制定は質管理の基礎で、質統制の根拠でもある。明確な標準があれば、目標がはっきりして、目標達成のための系統的な監視の根拠となる。1980 年代から、世界中の主な国で、一部の発展途上国さえも次から次へと教師教育標準を制定し、教師教育改革を推進し、教師教育の質保障の基本的な前提としている。教師教育の標準を制定するのがすでに国際的な傾向を見せている。

中国も例外ではなく、教師教育の開放化の展開に従って、教師教育標準システムを設け、教師教育の質を保障するのが中国の教師教育改革と発展における重要な課題となっている。そのため、中国の教育部は 2004 年から教師教育標準体系の制定に着手し、2011 年 10 月に『教師教育課程標準（試行）』、2012 年 2 月と 2013 年 9 月と相次いで『幼稚園教師専門標準（試行）』、『小学教師専業標準（試行）』、『中学教師専業基準（試行）』と『中等職業学校教師専門標準』を発表した。

① 教師教育課程標準

教師教育課程は教師教育の活動と教師教育の改革の媒体である。世紀の変わり目以来、社会変革の深まりと基礎教育改革の全面的な展開に従って、中国は教師教育課程の改革を積極的に推進しはじめた。1997 年中国教育部は『高等師範学校の 21 世紀に向けての教師教育内容と教育システムの改革計画』を実施した。2001 年、教育部発行の『基礎教育課程改革綱要（試行）』は、師範大学やその他基礎教育の教員養成、研修を担当する大学と研修機関は、基礎教育課程改革の目標と内容に基づき、養成目標、専門設置、コースの構造、教育方法の改革といった点を、調整しなければならないと明確に提

第 3 章　　67

起した。しかし、基礎教育課程の改革に比べると、教師教育課程の改革は分散的かつ低調な動きで、徐々に推進されるだけであった。20世紀[6]初めまで、中国の教師教育課程の全体の構造は根本的な変化が発生しておらず、教師教育の課程にはなお「基礎教育課程が比較的に弱い、教育系課程の比率が低い、実践課程は明らかに不足し、学科の課程の改善が待たれる」などの諸問題が残っていた。それを受けて、教師教育の改革を深化させ、教師教育課程と教育を規範化し導くため、教育部[7]は2011年10月に『教師教育課程標準（試行）』を発表した[vii]。

『教師教育課程標準（試行）』は序言、基本理念、課程の目標、課程の設置と実施提案など五つの部分からなっている[viii]。この標準は教師の専門性の発展に関する主軸をしっかりと覆い、「人材育成を中心とする」「実践指向」「生涯学習」の三つの基本理念が最初から最後まで貫いている[ix]。また教師教育の課程を教育信念と責任、教育の知識と能力、教育実践と体験という三つの目標領域に分け、三級[8]の教師教育に関する六つの学習領域を確立した。そのうち幼稚園教師の入職前養成として（1）児童の発展と学習、（2）幼児教育の基礎、（3）幼児の活動と指導、（4）幼稚園と家庭、社会、（5）職業道徳と専門性の発展、（6）教育実践が挙げられた。小学校教師の場合、（1）児童の発展と学習、（2）小学校教育の基礎、（3）小学校の教科教育と活動の指導、（4）心の健康と道徳教育、（5）職業道徳と専門性の発展、（6）教育実践である。中学校の教師は（1）児童の発展と学習、（2）中学教育の基礎、（3）中学校の教科教育と活動の指導、（4）心の健康と道徳教育、（5）職業道徳と専門性の発展、（6）教育実践である。在職教育の課程は専門理解の深化、実際問題の解決、自己体験の向上の三つである。

教育部は『教師教育課程標準（試行）』を公布するとともに、『教育部が教師教育課程改革を強力に推進することに関する意見』を公布した。『教師教育課程標準（試行）』は教員養成機関が教員養成課程を設置することに対しての国による基本的な要求を示しており、それは教員養成の課程案の制定、

6　原文ママ。21世紀の誤りと思われる。
7　中央政府の教育関係の部局。「部」は日本で言う「省」に相当する組織。
8　中等師範学校・師範専科学院・師範大学（本科＝学士課程）の三つのレベルの教員養成教育を指す。

教材と課程の素材の開発、教育と評価の展開、及び教師資格の認定における重要な根拠である。

② 教師専業標準

　科学的な教師専業標準を制定することは、教師の専門化を推進するうえで必要な前提であり、教育の質を高める重要な保証でもある。1993 年に公布された『中華人民共和国教師法』は、教師は「教育と教授学習の責務を履行する専門スタッフ」であると規定している。しかし、教師の専門スタッフとしての基本的な資質については明確な規定がない。教育部は 2010 年、教師専門標準の開発を急ぎ、教育部の大学幼稚園、小中学校教員養成教学指導委員会に依頼して、前期の研究の基礎に、現状調査・国際比較・テキストの開発・専門家相談などを積極的に行い、三つの標準案を作成した。それは『計画綱要』を確定し、教師専業標準システムを構築し、高素質の専門性を備えた教師陣を整備するためである。多くの意見を求め、専門家による審議を重ねた後、最終的に定稿を得、2012 年 2 月に発表された。2012 年には関連の研究者に依頼し『中等職業学校教師専業標準』を開発し、2013 年 9 月に公布した。

　四つの教師専業標準は国による幼稚園、小、中学校や中等職業学校に対する適格教師の専門性に関する基本的な要求として位置づけられる。それは教師が教育と教授学習を進めるうえでの基本的な規範であり、また教師の専門性発展を導く基本的なガイドライン、教師の養成・アクセス・研修・審査などの仕事の際の重要な根拠にもなる。教師の専業標準のフレームワークは基本理念、基本的な内容と実施提案の三つの部分から構成されている。「基本理念」はその中で「学生中心」、「師徳優先」、「能力重視」、「生涯学習」を教師に要求する。「基本的な内容」は次元、分野と基本的な要求で構成され、幼稚園、小、中学校、中等職業学校教師の専門の理念と師徳、専門の知識と専門能力についてそれぞれ60箇条の具体的な要求を示している。「実施提案」の部分は教育行政部門、教師教育機関や幼稚園、小中学校、中等職業学校及び教師それぞれに関する要求を提出した。この標準の前書きでは教師は教育の仕事の職責を履行する専門スタッフであると再確認した。このことは、専業標準が教師について専門スタッフとして要求される資質を定めた基本規定とされたことを意味する。またこのことは、当今の中国社会と教育の発展が

教師の資質に対して求める基本的な要求を代表している。教師専業標準の導入は、教師の専門化に根拠と準則を与えたことは疑いない。

この標準は「物事を測定する準則」「手本、規範」[x] として、評価とガイドラインの二重の機能を備えている。いわゆる評価機能とは、ある種類のものや活動が規範と要求に合っているかどうか、規定の目標と水準に達しているかどうかを測定するのに用いられうることを指す。いわゆるガイドラインとしての機能とは、それがある種類のものや活動について指導と誘導の機能を備えることを指す。教師専業標準と教師教育課程標準は教師教育の質保障に対して二つの側面をもっている。つまり一つは、教師教育活動は適格な教師を養成する基本的な規範と要求に合っているかどうかを評価し、教師教育活動の基本的な根拠として展開する面、もう一つは、教師教育改革と発展の指南書でもある面である。

（3）教師資格制度を整備し、教師教育の質を適切に調整する

教師資格制度は教師業界への職業参入制度として、開放制教員養成システムにおける重要な制度保障の一環である。そのため、世界で開放制教員養成を実行している国の多くでは教師資格に非常に厳しい要求がある。中国は1996年から教師資格制度を実施しているが[xi]、実施の実際の状況から見れば、まだ多くの問題が存在している。たとえば学歴標準の要求が低過ぎること、試験制度の規範が不足していること[xii]、認証メカニズムがまだ完璧ではないこと、教師資格が生涯有効であることなどの問題が取り上げられる。いずれも教員組織の質に深刻な影響を与えるだけでなく、教師教育の質の向上にも不利である。

そのため、教師資格制度の整備、入職のコントロール、教員養成の質の調整が近年の中国の教師教育改革と発展の重要な内容の一つになった。「計画綱要」の第55条は「国が標準を定め、省が試験を実施し、県[9]が雇用する」という教師資格の参入と管理体制を成立させることを明確に提出している。つまり国が教師資格の標準を定めて、在職の教師の学歴標準と品行に関する

---

9 「県」は全国各地の省や自治区、直轄市などの下に置かれた行政単位。日本の県よりは概して小さい。

要求を高めること、省レベルの教育行政部門が小中学校の教師資格試験や資格認定を統一的に組織すること、県レベルの教育行政部門が法律に基づいて教師の募集採用、職務の任命、養成研修を管理することを明確に提示している。それと同時に教師への入職を厳しくコントロールし、教師資格証明書の定期登録制度を導入することも提示した。「計画綱要」の精神によって、教育部は 2011 年に『小中学校と幼稚園の教師資格試験の改革試行の展開に関する指導意見』(関于開展小中学和幼児国教師資格考試改革試点的指導意見)や『小中学校の教師資格の定期登録試案』(中小学教師資格定期注冊試行弁法)を発表するとともに、『教師資格試験標準』と 32 科目の筆記試験大綱と三種類の面接大綱を公布した。

　試行の目的は、小中学校や幼稚園の教師の資格試験の試行的改革を通じて、国による教師資格試験の標準を構築し、試験内容を改善し、職業道徳、心理素養、教育・教授学習能力と教師の専門性の発展に関する潜在能力を強化すること、また試験形式を改革し、試験の管理を高め、試験の評価を完備し、教師教育改革を導き、教職への入職を厳しくコントロールすること、新人教師の公募制度の改革と合わせることである。こうして徐々に「国が標準を定め、省が試験を実施し、県が雇用し、学校が採用する」という教職への入職と管理に関する制度が形成されるのである。この目的は試行的な教師資格の定期登録を通じて、教師資格証書の定期登録制度を構築することにある。

　教師資格試験の試行の要求によって、2011 年以降入学の師範専攻の学生は非師範専攻の卒業生や市民と同様に、教師資格を申請するには、等しく教師資格試験に参加しなければならなくなった。教師資格試験は筆記試験と面接の二つの部分に分かれる。筆記試験は主に申請者が教師の職業に従事するのに必要な教育理念、職業道徳と教育法律法規に関する知識、科学文化素養と読解、言語表現、論理的推理と情報処理などの基本的な能力を審査する。また教育や教授学習、生徒指導や学級経営の基礎知識、担任する教科の専門分野の基礎知識、授業設計、実施、評価の知識と方法、既習知識を活用し教育と教授学習に関する実際の問題を分析、解決する能力を審査する。面接は構造化された面接、情景シミュレーションなどの方式を通じて進められ、主に申請者の職業道徳、心理素質、風貌姿態、言語表現、思惟の質など教師としての基本的な資質と教授学習の設計、実施、評価など教授学習に関する基本的な技能を審査する。

国による試行的な教育体制改革の全体配置に従って、2011 年に浙江・湖北両省で教師資格試験を試行し、浙江・湖北両省はそれぞれ一つの地級市[10]を選び、教師資格の試行的な定期登録を実施した[xiii]。教育部は全国から教育分野の 300 名以上の専門家を集め、200 セット以上の問題を作り、並びに湖北省、広西省と吉林省などの省（自治区）で教師資格試験を行った。2012 年末までに、全国に広がる六つの試行的実施の省で無事に四度の試験を組織し、6 省の受験参加者数は計 28.08 万に達し、合格者 7.72 万、合格率は 27.5% であった。同時に、六つの試行的実施の省はそれぞれ 1～2 の地級市を選び、試行的な定期登録を展開した。計 66 県 4706 校の小中学校の 18.9 万人の教師が新規登録を申請し、合格率 99.2% であり、一定数の不合格教師を登録不可か後日登録とした[xiv]。

数年の試行によって次の点が明らかになっている。教師資格試験の改革と定期登録制度は教職への入職を厳格にし、教師資格の終身有効制を打破するとともに、教員養成と研修、教員管理の強化について積極的な政策的な連動効果を示した。また良質な教員資源の増加をうながし、現職の教員資源を活性化し、教員組織の質と水準の向上を力強く促進させた。

しかし、多くの人々は教師資格試験の改革にいくつかの懸念を抱いている。この改革は師範大学の学生と非師範大学の学生をともに教師資格試験の範囲に加え、師範大学・学部の教育と教授学習の改革に強制的な作用を及ぼし、師範大学・学部の教師教育改革の原動力となったが、この改革は教師資格を申請する非師範専攻学生の教師教育課程の学習、とりわけ教育実習についてはいかなる要求もなかった。試験だけで非師範専攻の学生が教鞭をとるのに十分な資質を備えていると判定できるのかどうかは、教育界の多くの人々が普遍的に懸念する問題である。

（4）教育評価制度を改善し、教師教育の質を監視する

1980 年代より、中国はすでに学部教育の評価を度々実施した。そのうち、公衆の記憶に新しく、印象的なのは、2003 年から 2008 年まで継続し

---

10 地級市とは直轄市・副省級市ではない比較的大きな都市で、中心市街地の常住非農業人口が 20 万以上、下位行政単位に区（直轄区）を設ける。

た大学学士課程教育活動水準評価（普通高等学校本科教学工作水平評価）の展開である。この評価は「評価によって改善を促し、評価によって建設を促し、評価によって管理を促し、評価と建設[11]を結合させ、建設に重きを置く」の原則を貫き、この評価を通じて国が大学の教育業務に対するマクロ管理と指導をいっそう強化することを主旨とした。そして各レベルの教育行政の主管部門が大学の教育業務を重視し、支援するよう促し、各大学が自覚的に国の教育方針を徹底するよう促した。また教育規則に照らして、建学の指導思想をいっそう明確にし、建学条件を改善し、教育の基本条件を強化し、教育の管理を強め、教育改革を深化させ、さらに教育の質と建学の理念・条件に基づく効果を全面的に高めることとした。この評価は学士過程教育の地位の向上、教育条件の改善や教育管理の規範化などの面で重要な作用を果たした。

2003-2008 年の評価が終わった後、中国の学士課程教育評価制度をどのように構築するかについて、教育部は総力を挙げて調査及び総括を行い、新たな評価の設計を始めた。「計画綱要」と「教育の質保障体系を健全にし、学士課程教育の評価を改善する」という精神に基づき、教育部は 2011 年に「教育部大学学士課程教育評価作業に関する意見」(以下「評価 12 条」と略称)を公布し、学校自己評価を基礎とし、大学評価、専攻認証及び評価、国際評価と教育基本状態データの恒常的な監視を主要な内容とする、高等教育教育評価の頂層設計[12]を確定した[xv]。

分野別評価が実施され、2000 年以来の評価に参加していなかった新設の大学学士課程に対して適格評価を実行し、評価と通過した経験をもつ大学の学士課程に対しては審査評価を実行した。2012 年の初めに、教育部が『大学学士課程教育業務適格評価実施方法』、『大学学士課程教育業務適格評価指標体系』を公布し、新設大学の学士課程教育に対する評価作業はここより始まった。

学士課程教育評価はとりたてて教員養成を対象としているわけではない

---

11 原語のまま訳出してあるが、日本語の「建設」とはニュアンスが異なり、組織や体系をつくり運用することを意味する。
12 頂層設計とは工学の学術用語であり、近年新語として各分野で使用される。工学上の本義としては、考慮すべき項目の各階層（位相）・各要素を計画的に配置し、事物の発生の根源をたずね、全面的に統括を行い、最上の階層（位相）から問題解決の道を求める。

が、高等教育機関の重要な構成部分として教員養成機関も自ずと評価の対象となる。そのうえ、2012年8月に公布された『国務院による教員組織の建設の強化に関する意見』によれば、国は師範系の専攻認証の基準を定め、専攻認証と評価を展開し、また師範系の教育についての認証基準を示し、教員養成の質評価制度を確立するとする。実際には、2012年6月に、早くも教育部はすでに東北師範大学の史寧中教授（当時の学長）に委託し、彼を責任者として「師範教育類の認証標準および認証方法」を開発し、計画的に教師教育に関する諸専攻の認証に関する作業を推進した。東北師範大学の教師教育研究者を中心としたこの開発グループは国際的な教師教育専攻の認証の経験を広く参考にし、学術界の教師教育の認証方面に関する研究成果を吸収し、それらを踏まえて、中国の教師教育の発展の実際に基づいて、広範かつ深く研究を行い、認証基準と認証方法のハンドブックを提出した。現在は広く意見を求め、改正し完備をはかる段階にある。教師教育に関わる諸専攻の認証作業は近い将来中国で推進されることが予想される。

（5）大学における教学発展センター[13]の成立を導き、教師教育者の教育能力の向上を促進する

　人材養成の水準の引き上げの鍵は教師にある。質の高い小中学校の教師を養成するには高い質を備えた教師教育の組織が必要である。1998年から始まった学部定員の拡大によって、大学教員の大量の不足をまねき、近年多くの新人教師が採用された。2011年まで、全国における大学の専任教師は計134.31万人に達した。圧倒的多数の教師が非師範大学と非師範専攻の出身で、教育及び教授学習の訓練を受けない状況から自身の教員生活を始めている。大学の新任教員には一般に入職前研修があるが、しばしば形式に流され、効率が高くない。そして彼らが実際の職務の中で教育能力が足りないと感じたとき、再び教育能力を高める関連の活動に彼らが参加可能な機会も少ないのである。こうした状況に対して、教育部は近年、大学教員の専門性の発展、とりわけ大学教師の教育能力の発展に注目しはじめている。

13　原文は「教師教学発展中心」。高等教育に携わる教員の職能成長と学生の学修サポートを行う組織。Center for Teaching and Learning（CTL）とも呼ばれる。

教育部・財政部が「十二五」[14] の期間に『「学士課程教育の質と教学改革プロジェクト」の実施に関する意見』（教高〔2011〕6号）を出したことを受けてこれに関する内容を実施するために、教育部は2012年から「十二五」の期間、国家レベルの教学発展モデルセンターの設置作業をスタートした。「十二五」期間、教育部は中央省庁所属の大学の中で、30の国家レベルの教学発展モデルセンターの設立を重点的に支援する計画である。国家レベルの教師教育発展モデルセンターを設立する目的は、各大学において自校の特色を備えた教師教育開発センターの設置を導くためである。またその目的は重点的に大学の若手教師と基礎科目担当教師の業務レベルと教育能力を向上させ、教師教育の発展メカニズムを完備し、教員研修、教育相談、教育改革、質の評価などの業務の常態化、制度化を推進することであり、さらに教師の教育能力や水準を着実に向上させ、高い質の教員組織を建設することである。

　今、人々にすでに公認された教員資質には、通識素養[15]、学科専門の素養や教育専門の素養が含まれる。このような多方面の素養を備えた教員を養成するには、決してある特定の専攻の教員に任せてできることではない。この広い意味で見れば、教師教育者は膨大な人数を有する集団と言える。教員養成の任務を負う学校では、ほとんどの教科専攻の教員が教師教育に関わる可能性がある。この意味からいえば、教員養成の任務を負う大学にとっては教師の発展はまた教師教育者の発展でもある。

3. 教師教育の内部質保障体系の整備
——東北師範大学の探求を例として

　大学は教師教育の質保障の主体であり、大学内部の教師教育質保障の主要

14　十二五とは中国の第十二次五か年計画に対する呼称である。1953年より中国は五か年計画を開始し、その第1回は一五といい、その後、二五と続く。十二五は2011年～2015年の期間を指す。
15　通識教育とはgeneral educationを指し、一般教育の意味。高等教育でいう通識素養は一般教養に近い意味、初等中等教育でいう場合は「総合学習」に近い意味である。

な責任者でもある。独立的で閉鎖的な師範大学の中で、教師教育は全学的な取り組みであり、一般的に有力な保障を得ることができる。しかし開放制の教師教育システムの中で、教師教育は学内の一部の仕事にすぎないので、新たな教育制度と質管理の方法で教師教育の質を保障しなければならない。以下、東北師範大学を例にして、中国の大学の内部教師教育質保障体系の取り組みを紹介する。

近年、東北師範大学は優秀な教師の養成目標をめぐって、教師教育改革と革新を強力に推進し、教師教育の内部質保障体系を構築している。

（1）養成プランを全面的に改訂し、養成モデルの改革を推進する

養成プランは養成目標を実現するための実施プランで、大学が教育を組織する基本的な根拠であり、また教育及び教授学習の質保障の基礎である。2004年の養成プランの全面改訂に基づき、東北師範大学は2008年から2011年までに全校すべての学部の専門課程の計画をもう一度全面的に改訂した。改訂作業は大学と学院[16]を連動し、校内審査と校外審査を組み合わせた方式を取った。最近2回の改訂は以下二つの傾向を示している[xvi]。

①自主性を強調し、基礎を強化する

今回の改訂は「尊重の教育」の理念にのっとり、学生の自主的な学習を導き促進するという基本理念のもと、モジュール式・多様化・網状の課程体系を構築し、自主選択授業制を中核とする単位制管理モデルを実施し、教育サービスサポートシステムを構築し健全に機能させ、学生が自主的に「専攻選び、課程選び、教師選び、プロセス選び」をできるよう広大な空間を提供した。大学は自主学習能力の向上を目標とする教師教育モデルの探求と実践を行った。

学生の自主学習により堅実な基礎を固めるため、同時に学生の自主学習に広大な空間を提供するため、改訂は「専門の間口を広め、基礎を厚くし、専門の本質を抽出し、能力を高める」といった養成原理に従った。通識教育と

---

16 学院とは日本の大学における「学部」相当の教育組織と研究組織の双方の機能を持ったものを言う。教育組織に重きを置いたものは「系」、大学院研究科の教育組織は「研究生院」と言う。

専門教育を組み合わせる考えを貫き、専攻課程の長所を高めるとともに、学生の基礎力を強化し、基礎固めのうえに専門教育を行う。こうして学生の生涯学習と発展のための堅実な基礎が固められるのである。専攻課程の本質を抽出してうみ出した空間を通じて、基礎を固めるとは、まず通識教育（一般教育）の強化にあらわれ、通識教育課程の履修単位の比重を高め、それは卒業所要単位の3分の1以上に達した。また基礎固めは専攻教育課程における専攻の分類を大きくした課程の設置にもあらわれており、基礎を固め、専門の間口を広げることにつながった。

②実践を強化し、省察を重視する

　師範生の教育及び教授学習の実践能力の養成を強化するため、東北師範大学は「観察実習（見習）、模擬授業、実地実習、実践省察」の実践教育課程の体系を構築した。観察実習は基本的には東北師範大学の所在地である長春市内の重点小中学校を手配し、それは主に学生に名門校の有名教師の教育と管理を見学させ、学ばせるためである。観察実習の効果を高めるために、事前・事後の指導を強化した。模擬授業は主に大学のマイクロティーチング専用教室の中で行われている。模擬授業の効果を確保するために、指導教授による師範生の全行程の指導を強化し、師範生が小中学校に入り実地実習を行う前に授業の基本設計、授業の実施と省察能力を身につけるようにした。教育実習は「県域集中、混合編成、巡回指導、多元評価」のモデル[xvii]を採用し、主に教師教育創新東北実験区（23県）の100カ所以上の小中学校で行われるよう手配した。実習先の学校の選択を省都や農村ではなく、県にしたのは、一つは実習生に充分な実践トレーニングの機会(各師範生に教育実習期間中、1人当たり授業25コマ以上）を提供するためで、もう一つは実習生がより効果的な実習指導を得られるようにするためである。実地実習の期間中、東北師範大学は実習指導経験の豊富な教師を派遣し、実習先の学校の高いレベルの教科教師と共同で教科教育の指導、クラス担任の仕事の指導、学校活動の指導などを行う。実践は師範生教育の実践能力形成の必要条件で、実践＋省察こそが師範生教育の実践能力形成の根本的な保障である。そのため、東北師範大学は実践教育の一環として省察を貫くことを強く求め、実践と教育の有機的結合を追求する。実習指導の教師（大学や小中学校の指導教師を含め）は実習生が実践体験の基礎の上に、実習生に対し他のクラスメートまた

は自分の教室の授業について集団省察の場を恒常的に組織し、授業後省察日誌を書くことを求めている。これらの指導の下での省察は実習生を次第に自発的な省察の意識と能力に導き、師範生の教育実践力の向上を大きく促した[xviii]。

（2）教師教育創新実験区を創設し、大学 – 地方政府 – 小中学校（U–G–S）が協力して教師を養成する新システムを探索する

　国による師範生無料教育政策の実施を契機として、「985」[17] 教師教育創新プラットフォームプロジェクトの支持のもと、東北師範大学は 2007 年から大学（U）と地方政府（G）、小中学校（S）が協力して教師教育を展開する所謂「U–G–S」モデルの研究と実践を始めた。「U–G–S」モデルの探求は、優秀な教師と未来の教育家の養成・育成を根本的な目標とし、地域の基礎教育の質向上と均衡発展の促進を使命とし、地方政府、小中学校と共同で「教師教育創新東北実験区」（以下「実験区」と簡称）を構築することを通じて、大学と地方政府、大学と小中学校、大学の教師と小中学校の教師との間の教師教育協力共同体を建設することである。それにより、理論と実践を有機的に融合した教師入職前養成モデル、教員研修、教師の発展、学校改善と有機的に結合した教師の在職教育モデル、教育研究と教育実践とを緊密に結びつけた教師教育者の発展モデルを探求する。

　早くも 1988 年から、東北師範大学は吉林省白山市で基礎教育サービス区や基礎教育改革実験区を建設しはじめ、大学と地方政府、大学と小中学校とが協力する教師教育協力モデルを探求し、「長白山の道」と呼ばれていた。地方政府・小中学校との協力をさらに強化するために、2007 年 12 月、東北師範大学は東北 3 省の教育庁[18] とそれぞれ契約を結び、「教師教育創新東北実験区」を共同で建設した。実験区の建設は「大学の主導、地方政府の調整、小中学校の参画」という協力体制と「目標の一致、責任の分担、資源の享受、互恵とウィンウィンの関係」という協力原理を基本とし、師範生教育実践、

---

17 「985 プロジェクト」とは中国が世界一流の、国際的に評価される高水準の研究型大学の建設を目指すプロジェクトである。名称の由来は 1998 年 5 月 4 日、北京大学 100 周年記念において江沢民が講話を行ったことに基づく。2011 年末までに、985 プロジェクトに加えられる大学は 39 校である。

18 教育庁とは中国共産党中央と国務院が批准の上設置した省政府において全省の教育行政を主管する部門である。

現職教師教育、教育課題研究、教育情報資源プラットフォームの建設などの仕事を協力して展開した。地方政府と小中学校は実習生に宿泊施設・飲食などを提供し、同時に充分な訓練の機会を確保し、優秀な教師によって実習指導を行わせた。師範大学は地方政府や小中学校と協力し、送課下郷[19]、置換訓練、オーダーメイド式研修、有効教育モデル活動、双方向出向、共同研究、資源の享受などさまざまな形で、実験区の教師の発展と学校の改善のために支援を行っている。

　6年以上の探求を通じて、各方面はいずれもすでに良好な効果を示している。教員養成の面では、実験区の地方政府と学校は師範生の養成を自分たちの義務と責任と見なし、師範生の教育実習に大きな支援を与えている。実験区の地方政府は多額の資金を出して教育実習生の宿泊、飲食を改善し、実験区学校は師範生の教育実習受入れ業務案を誠心誠意作り、東北師範大学は最も優秀な教師を派遣して師範生教育実習指導教師を勤めさせ、師範生に教科教育の指導、クラス担任の仕事の指導、学校活動の指導など全行程で行う。それと同時に大学は実習指導経験がある教師を派遣し、実習拠点の学校の高い水準の教科教師とともに教育実習生の指導を行う。

　教育研究の方面では、ますます多くの大学の教師が基礎教育の現場に入り、基礎教育を理解し、実験区の小中学校の教師と共同で基礎教育を研究している。教育研究の問題はさらに実状をふまえ、教育研究の方法もさらに科学・実証に重きを置き、教育研究の雰囲気や水準も次第に大きく変容した。教育研究の水準の向上についても教師教育課程の教育の改善をよりいっそう促進した。基礎教育のサービス面で、東北師範大学は実験区小中学校の教員にさまざまな形式の研修を実施した[xix]。一方、東北師範大学は、教員研修担当者(研修校校長と研究員) への研修を行い、彼らを通して、より広い範囲の小中学校の教員への研修を期待している。研修は実験区の基礎教育に積極的な影響を及ぼした。

　東北師範大学が創設した教師教育創新実験区は広い範囲で好評を博し、大変な注目を受けた。2009年当時の中国共産党中央政治局委員・国務委員で

---

19 「送課下郷」または「送教下郷」とは、都市の大学が良質な教育資源を農村にもたらし、農村で授業を行い、農民に学習機会を与えること。

あった劉延東はかつて東北師範大学が教師教育創新東北実験区を創設する方法を充分に肯定し、教員研修を解決すると同時に大学生の実習拠点を開発できる創造的な方法は師範大学で展開するに値すると考えられると書面で指示を与えた。教育部の師範教育司[20]の幹部は教師教育革新東北実験区の経験は少なくとも以下の４面に成果があらわれていると評価したことがある。つまり第一に協働の理念が貴重である、第二にモデルの創造が貴重である、第三に協力互恵関係が貴重である、第四に不断の堅持が貴重である、と。東北師範大学の教師教育新モデル「U–G–S」はすでに師範大学、各省教育庁や地方政府、小中学校が教師教育改革と探求を行う際の範例となった。2012年８月に発表した『国務院教師陣整備強化に関する意見』（国務院関于加強教師隊伍建設的意見）の中でさらに明確に、教員養成の質を高めるために「教員養成のモデルを革新し、大学と地方政府、小中学（幼稚園、職業学校）が共同で教員養成を行う新システムを構築」しなければならない、と提起している。

（３）教師教育の内部組織体制システムの改革を推進し、教師教育の指導力を整合的に向上させる

　教師教育組織の建設を強化し、教師教育者の専門性の発展を促進することは、教員養成の質の向上に必要な基礎であり、根本的な保証である。そのため、東北師範大学は近年、以下の主要な措置をとった。

　第一に、広義の教師教育者、すなわちすべての大学教師を対象とする発展措置である。東北師範大学は以前より教師の発展を学校の発展の基礎と見なし、教師の協調発展と共同成長を強調し、とりわけ教師の教育能力の向上を重視している。組織的に教員の教育水準の向上を推進するために、東北師範大学は2009年12月に教学発展センターを設立し、2012年に同センターは国家レベルのモデルセンターとの承認を得た。センターは設立以来、学校の教師全体、特に中堅・若手教師、基礎課教師や研究生助教に向けて、教員研修や教育相談などの手段を通じて着実に教師の教育能力と水準の向上を助け、教師の卓越した教育を求める創造的な実践に全面的な支援を提供してき

---

20 「司」は教育部の中の組織の単位。日本の中央官庁で言う「局」相当。

た。若手教師が普遍的に学生の発達に対する意識やカリキュラムに対する意識などを欠いている問題について、センターは一方でベテラン教師を手配し、「伝える、助ける、率いる」を実施し、他方『東北師範大学教師教育ハンドブック』を作成して彼らの教育業務を指導してきた。

　第二に、狭義の教師教育者、すなわち教育系の教師、とりわけ教科教育に従事する教師の発展に向けた取り組みである。教科教育の教員組織は師範大学の建学に関する特殊な要求であり、その組織の整備が非常に重視されている。建設目標は人数が十分で、構造が合理的で、基礎教育に熟知した教科教育の教員組織である。そのため、学校は 2009 年 1 月に教師教育研究院を設立し、校内の教師教育資源を統合し、教師教育研究と教師教育教員組織の建設を重点的に強化した。研究院は教師教育研究基金を設立し、教師が教師教育分野の基礎的問題と実践モデルに関してチーム一丸となって難関に挑むことを支持し、U–G–S モデルの探求や研究を支えた。研究院はプロジェクトの資金の提供と審査評価を主な手段とし、一般教育学教師と教科教授法の教師の間及び異なる教科の教育法の教師の間での協力と交流を導きまた推進した。また大学の教師教育者が深く基礎教育を把握し、その理解と研究をし、教育及び教授学習の向上、教育と教育研究の水準を高めるよう導き、推進した。

（4）専攻の評価を実施し、教師教育の建設を推進する

　大学の根本的な任務は人材を養成することで、人材の養成は設置されたそれぞれ異なる専攻を通じて組織や実施を行うことである。そのため、大学が設けた専攻の実力を全面的に、系統的に、深く評価し、これにより専攻の建設を強化するのは、大学の教育の質と建学利益を高めるのに非常に重要である。しかも専攻評価もまた教育部が「学士課程教育水準調査」の後に、教育の質をさらに向上させるために、強力に推進した一つの重要な方向でもある。

　東北師範大学が 2005 年に学士課程教育水準調査で優秀と評価された後、東北師範大学は専攻評価の展開を大学の内部質保障体系を構築する重要な構成部分と見なした。広く参考にし、深く検討したうえで、2009 年 1 月に『東北師範大学学士課程専攻評価実施方案』（以下『評価方案』）を策定した。『評価方案』は 1 級の指標を 8 項目（専攻計画・教師・学生・課程・専攻管理・教育資源・教育効果・交流とサービス）設けるとともに、2 級の指標を 24

第 3 章　　81

項目設け、主要な観測点として38項目を設定している。『評価方案』によって、師範専攻を含む全校56の専攻をいくつかに分けて評価し、各専攻は校外専門家3名と校内専門家2名から専門家グループを作り評価を行った。評価グループは『評価方案』を通じて、各専攻の自主評価報告の聴取・聴講・座談会・技能テスト・試験問題と卒業論文・実地考察などの形式を通じて、各専攻に対し厳粛でまじめな評価を実施した。専門家たちは評価に参加した専攻の発展と建設中の実績を十分に肯定するとともに、評価に参加した専攻に現在存在する問題を非常に明確に指摘し、並びに建設的な意見や助言を提供してくれた。

　今回の専攻評価を通じて、師範専攻の建設の基本的な状況を掌握し、各専攻に存在する問題と不足をはっきりさせたばかりでなく、各師範専攻の位置づけをさらに明確にし、すべての取り組みが師範専攻の今後の発展のためであるという堅実な基礎を打ち立てた。

4．結び

　ある意味で『計画綱要』に提起される「師範大学を主体とし、総合大学が参加し、開放的で柔軟な教師教育システムを構築する」という目標はすでに実現している。しかし問題は、開放化の過程の中で一種のトレンドが出現したことである。一面、教師教育はいくつか伝統のある師範大学の総合化の過程で周縁化され、もう一面で、伝統的に高水準の総合大学にはかえって開放化するプロセスの中で実際には教師教育に参加しなかったのである。結果的に社会の教師教育の質に対する深刻な懸念を引き起こした。そのため、教師教育の質保障体制の構築は「師範大学を主体とし、総合大学が参加し、開放的で柔軟な教師教育システムを構築する」の重要な構成部分であらねばならない。

　中国は社会主義市場経済の導入と開放制教師教育システムの構築の時がいまだ短く、教師教育の質保障システムの建設がようやく始まったばかりで、まだ完備していない。たとえば、国家レベルの教師教育の質管理において、教育部の教師工作司と高等教育司の分業と協力関係をさらに明確することが待たれる。教師専門性標準システムの建設においては、学科別・段階別に教

師の専門性標準の体係をさらに建設することが待たれる。大学の教師教育の自己評価システムも健全化が待たれるなどである。

　教師教育質保障システムの建設は一つの長期的な、複雑な系統的な事業であり、政府や大学など関係各方面の持続的で辛抱強い努力が必要である。関係の両者が中国の教師教育の実際に基づき積極的に探求することも必要であれば、開放制を背景にした各国の教師教育質保障システムの建設の経験と教訓も広く参考にされなければならない。

【注】

i　管培俊「教師教育改革の発展に関する十の観点」『教師教育研究』2004 年第 4 期、3-7 頁。

ii　統計によると、2010 年まで中国における教員養成に参加している高等教育機関が計495 校で、全体の数（2358）の 20.99％を占め、中等師範大学 141 校、そのうち幼児師範大学 40 校を含む。教員養成に参加している高等教育機関において、師範大学は 143 校、非師範大学 352 校である。教員養成が行われている師範大学の中で、師範大学 40 校、師範学院 67 校、高等師範専科学校 36 校である。教員養成が行われている非師範校の中で、総合大学 61 校、地方総合学院 135 校、高等職業高等専門学校 108 校、独立学院 32 校、そのほか 16 校である。教育部師範教育司『全国小中学校・幼稚園教師陣の整備と教師教育基本的状況（2010）』（研究報告）、2011 年 11 月、36 頁参照。

iii　1949 年の新中国成立後の相当長期にわたる師範教育システムの中で、師範生は保護的政策を享受した。20 世紀末の高等教育のコスト分担制が施行されてから、師範生の無料教育も中止された。

iv　具体的な実施時期は 2007 年秋学期入学の新入生からであり、北京師範大学、華東師範大学、東北師範大学、華中師範大学、陝西師範大学と西南大学の六つの教育部直属の師範大学で師範生無料教育を実施している。この試行を通じて、経験を積み、制度を設けて、大量の優秀な教師と教育家を養成する基礎固めをしている。求める条件として、学費免除師範学生は入学前に三方（それぞれ教育部直属師範大学、無料教育師範生本人と進学予定者出身地方教育行政部門）と協約を結ばなければならない。それによれば、学費免除師範学生卒業後は必ず小中学校で 10 年、そのうち農村小中学校で最低 2 年間働かなければならない。一方、無料師範生は以下の四つの方面において

優遇されている。第一に中央財政が在学期間中の学費や宿泊費を負担し、生活手当も支給される。第二に関連の省政府の統括のもと、省レベルの教育行政部門が無料師範生の4年卒業後小中学校での仕事を確定し、それぞれ教師編成への加入や職場を確保してくれる。第三に無料師範生は協約に規定された服務期間内に学校間の移動もでき、教育管理職位につく機会がある。第四に無料師範生には進学に有利な条件を提供し、選考で合格できたら教育専門修士として受け入れ、在職しながら修士課程の学習ができる。

v 教育部劉利民副部長が2012年5月27-28日に福州で開かれた第9回全国師範大学合同会議で行った演説を引用した。

vi 賈摯・陶磊・于国妮「無料師範生の学習動機と学習状況に関する調査研究」『教師教育研究』2012年第2期、69-74頁。王衛東・付衛東「師範生無料教育政策：背景、効果、問題及び対策——全国6カ所部属師範大学の調査に基づいて」『河北師範大学学報』(教育科学版)2013年第8期、10-15頁。王琴梅・方妮「無料師範生の学習動機とその要因の経済分析——陝西師範大学の調査に基づいて」『理論導刊』2014年第4期、90-93頁。

vii 教師教育課程標準の開発は華東師範大学鐘啓泉教授の率いる研究グループが8年をかけて、特定テーマの研究、国際比較、現状調査、相談論証などの研究過程を経て、20回以上の改正により最終的に作成された。この標準はわが国の教師教育の中に存在する目立った問題を取り上げ、師範大学の長年にわたる教師教育課程の改革の実践の結晶を集め、わが国の新時代の教師教育の改革の訴えを集中的に反映したものである。

viii 教師教育課程は広義には教員養成機関が幼稚園、小、中学の教員を養成及び研修するために開設する公共基礎課程、学科専門課程と教育類課程を含む。この課程標準は特に教育類課程を指す。

ix 所謂「人材育成を中心とする」とは教師が幼児、小中学生の発展の促進者であることを強調し、学生の健康的な成長の研究及び支援の中で専門性の発展を実現する。所謂「実践指向」とは教師は省察しながら実践する者であることを強調し、自身の経験を研究し、教育と教授学習を改善するなかで専門性の発展をはかることを指す。「生涯学習」とは教師は生涯を通じて学習する者であることを強調し、継続的な学習と自身の資質を絶えず向上させるなかで専門性の発展を遂げることを指す。

x 夏征農『辞海』上海、上海辞海出版社、1989年。

xi 20世紀90年代以来、中国の教師教育政策は元の学歴教育証明書を専門資格証明書に

替える制度を徐々に放棄し、教師資格制度を確立した。1995 年に公布された『中華人民共和国教師法』は「国家が教師の資格、職務の任用制度を実行し、審査、奨励、養成と研修を通して、教師の資質を高め、教員組織の整備を強化する」と規定している。その後、国務院が発布した『教師資格条例』によると、「中国公民は各級各学校やその他の教育機関で専門的に教育と教授学習に従事するには、法律により教師の資格を取得しなければならない」、「教師法による教師資格の要求する学歴を備えない公民が、教師の資格を申請する場合、国により開催される、または認可された教師資格試験を通過しなければならない」と明確に規定している。『教師資格条例』をよりよく実施するため、教育部は 2000 年に『教師資格条例実施方法』を発表し、教師資格証明書を実施する責任主体、具体的なプログラム、操作方法などについて細かく規定し、2004 年に全面的に実施を開始した。

xii たとえば、師範専攻卒業生についていえば、基本的に師範専攻卒業証明書をもらえる限り、教師資格証明書を取得することができ、教師資格試験に参加しないでかまわない。非師範専攻を卒業した学生や市民にについていえば、教師資格証明書を取得するには、教師資格試験を通過しなければならないとはいえ、教師の資格試験も専門標準の要求が厳格ではなく、教職に従事するための能力の要求は高くないという状況も存在している。

xiii 2012 年に上海市、広西省、河北省、海南省の四省（市）、2013 年に山東省、安徽省、山西省、貴州省の四省、2014 年に甘粛省、天津市、江蘇省の三省（市）を教師資格試験の改革と教師資格の定期的登録の試行地区として新規に追加した。すみやかに全国に広げられることが期待されている。

xiv 『教師資格試験と定期登録制度の試行的改革の拡大に関する問答』http://jiangxi.hteacher.net/jiaoshi/20131008/72874.html. 2014-02-07。

xv 教育部評価センターの季平主任の解説によると、「この新しい提案は、評価のための評価ではなく、健全な質保障体系を打ち立てるためである。これは形式的な評価ではなく、評価、認証、審査や常態データ監視を含めた評価システムを構築した。また政府という単一主体が担当する評価ではなく、政府・学校・専門の評価機関と社会が共同で組織して実施するものである。さらに格付けの評価ではなく、分野別評価・分野別指導を提出した。頭を悩ます評価プログラムではなく、新時代の学部教育評価制度の全体構築と頂層設計である」季平「質保障体系の建設を強化し、適格な評価作業を徹底する」参照。http://www.heec.edu.cn/modules/news_detail.jsp?id=1501.

xvi まず学院内部で専任教師、学院の管理職、視学官などにより検討を行い、養成プラン

の原案を確定する。その後、大学学部の教務委員会より各専門の養成プランに対し審査を行い、修正意見を出す。最後に養成プランを外部の専門家に送り、さらに同業専門家の意見を求める。

xvii 「県域集中」とは、各県に 3 カ所程度の学校を実習拠点とすることを指す。「混合編成」とは、各学校は異なる学科（通常 3-4 の学科）の実習生を 15-20 名受け入れることを指す。「巡回指導」とは、各実習先の学校にはいずれも 1 名の大学教員（教科の指導法を担当する教師を中心に）を手配し、全行程の指導を行わせるとともに、同じ県で実習指導を務める大学の教師は県内のいくつかの実習先の学校の間を巡回してその学科の実習生に対しさらに焦点をあわせた指導を行うことを指す。「多元評価」とは、実習生の成績は実習を指導した学校の指導教師、大学の教師及び実習指導グループの評価を総合して評定することを指す。

xviii ある研究者が東北師範大学の教育実習で実習生の教育能力に関する調査研究を行った。研究によると実習生の教学能力が明らかに高められ、東北師範大学の新しい教育実習モデルの有効性をおよそ説明している。蹇世瓊・饒従満・回俊松「教育実習中の実習生の教育能力の発展に関する調査研究」『教師教育研究』2012 年第 1 期、73-79 頁参照。

xix 2008 年、東北師範大学は 17 の県市の 10,719 名の教師に「送課下郷」の無料研修を行った。2009 年、送課下郷の基礎の上に、実験区の「国語や数学、化学、地理」の 4 学科の中学教師の「置換集中研修」を組織展開し、計 300 人の教師が参加した。そのほか、実験区の具体的な要請によって、林甸実験区・朝陽略左実験区・通化実験区・梅河口実験区などの地で「オーダーメイド研修」を展開した。2010 年・2011 年学校研修などの方式を通じて、実験区に 3,000 人余り教師に研修を受けさせた。2012 年吉林省撫松県と黒龍江省安達市に「同課異構」の形式の教員研修が行われており、2,000 人余りの教師が参加した。2009 年以来、学校も実験区小中学校の教師を東北師範大学附属学校など長春市の名門校に出向させて鍛えさせ、同時に大学教師が実験区中学の名誉校長に任じぜられ、校内研修、教育研究の推進と基礎教育の中でのいくつかの実際の問題の解決を助けている。学校は実験区で教育資源網を整備し、実験区の教師は東北師範大学の学生と同様の教育資源を利用でき、教育指導や教育研究に用いることで、自己の発展をはかっている。

第4章

中国の師範大学における教員養成改革

――質保障の視角から――

鄧 濤（DENG, Tao　東北師範大学）

1. はじめに

近年の中国社会において政治・経済・文化および教育が発展するにつれて、教員養成[1]の主要な課題[2]は量的な充足から質的な向上へと移行しつつある。

教員養成を打ち立て、質保障を担う重要な主体である師範大学の側から、教員養成改革のブームが起きている。こうした改革は、教員養成の質を向上させ、基礎教育[3]の発展に必要な高い素質を持つ専門的な教員の養成を目指している。

本章では、教員養成の質保障の視角から、中国における近年の師範大学の教員養成改革の取り組みを整理し、それらについての考察を加える。それとともに、中国における教員養成改革の具体的な状況を紹介し、どのように教員養成の全体を改革し、いかにして教員養成の質を確保するのかについての考察をすることを目的とする。

1　原文は「教師教育」。ただしこの章では入職前の養成教育に焦点づけられている記述が多いため、大半を「教員養成」と訳出している。
2　原文は「矛盾」。ここでは教員養成の量的充足と質的向上とが両立しがたい課題であることを含意している。
3　初等・中等教育。小学（6年）―初級中学（初中、3年）―高級中学（高中、3年）の計12年が基本。

88

２．師範大学の教員養成改革の取り組み

　教員養成の質保障は、教員養成の目標や位置づけ・学生募集・養成教育の
モデル・カリキュラムや教授法・教員集団・評価システムなど、それぞれ教
師教育全体の質に関わる一連のプロセスである。そして、中国における近年
の師範大学の教員養成改革もこうした方面から展開されている。

（１）養成目標の改革、卓越した教員の養成
　教員養成の目標とは、どのような教師を養成するべきかという問題に関わ
る。この問題をそれぞれの大学でどう位置づけるかに、教員養成教育の質と
水準の見込みが現れる。近年、中国社会が転換し、基礎教育の改革や発展が
進むにつれて、優れた資質を持つ教員への要請が強くなってきている。この
困難な課題に対して、学界と政府はどちらも教員養成のレベルアップを絶え
間なく要求している。このことは、中国政府が近年強く提唱している「卓越
した教員養成計画」に顕著である。2012 年 3 月 21 日、教育部 [4] は「高等
教育専門計画」という文書において初めて「卓越したエンジニア、医者、法
曹、教員などの養成教育計画を実施する」[i] と明確に示した。これは、それ
ぞれの師範大学が教員養成の目標を策定し、それに応じて調整や変革を行っ
ていく必要があるということを意味している。
　国レベルの卓越した人材養成計画に応じ、それぞれの師範大学は近年、急
ピッチで教員養成目標の改革を行っている。2012 年 5 月に福州市で開催さ
れた「第九回全国師範大学連合会議」で、安徽師範大学、哈爾浜（ハルビン）
師範大学、河南師範大学、湖南師範大学、江西師範大学がそれぞれの教員養
成改革の紹介を行っているが、その際「卓越した教員」の養成に努めること
をいずれも明確に示している。いわゆる「卓越」とは、非常に傑出している
という意味である。「質」という角度から見ると、これらの師範大学が口を
揃えて言う「卓越した教員」とは、全面的に資質の高い教員である。その「卓
越した教員」は高尚な職業品性、優雅な教員気質、健全な民主法治観念、完

4　中央政府の教育関係の部局。第 3 章脚注 7（68 頁）参照。

成した知識構造、抜群の専門能力、深い文化的素養と強い創造意欲を持つべきである、とされている。「卓越した教員」とは、非常に優秀な教育実践者、教育のよき師ないしは教育家というレベルのものである。未来の教育家がどのようなものであるかについて、それぞれの師範大学は養成目標で細かく記述している。たとえば、杭州師範大学は「人格第一、五育併挙[5]」の教師教育思想を基に、未来の教育家が持つべきものとして以下の八つを求めた。(1)人格が整っており、時とともに進んでいく精神を有すること、(2)遠大な理想と高い社会的責任感を有し、教育事業を深く愛すること、(3)強く堅い意志、大きな度量、および心を開いて協力する精神を有すること、(4)広い知識や視野を持ち、多角的な認識や問題解決の視角を有すること、(5)独立した理性的思考と健全な批判的思考の能力を有すること、(6)着実な専門能力の基礎と教授能力を有すること、(7)異文化理解と国際交流の能力を有すること、(8)生涯にわたって学習し、研究・発展していく能力を有すること[ii]、である。

　以上のように、中国の大学段階での教員養成目標の改革は以下二点の特徴を有する。第一に、教員資質への要請という面では、以前よりさらに全面的に、教員の教科専門の知識と教授能力に注目すると同時に、専門性の理念と師徳の重要さを強調し、教員の社会的責任感、批判し省察する能力、生涯にわたって学習する能力および自己を刷新していく能力を養成することを重視している。このことは「師範性」と「学術性」の統一を体現するとともに、時代の発展に応じた教員資質への新たな要請を体現し、国の教師専業標準[6]にある教師教育への要請にも応じたものとなっている。第二に、品位から見れば、各大学の教員養成目標の改革は単に「教えることができる」教員の養成から、「教えることが大好きで、教えることをよく理解し、教えることが上手で、よく教えられる」教員の養成へと変化し、そして「テキストを教え

5　「軍国民教育」「実利主義教育」「公民道徳教育」「世界観教育」「美学教育」の五つの教育作用を統一的に目指すべきとする思想。蔡元培が辛亥革命後に新中国の人材育成の目標として示した。

6　「教師専業標準」は 2012 年に教育部より公示され、幼稚園から高級中学に至る各段階の教師の資質能力に関しての国家の基本的な要請を示したもの。第 3 章（69 頁）参照。

7　「師範生」とは、師範大学等の「師範教育類」在籍者を指す。第 3 章脚注 3（65 頁）参照。

る教員」から「優秀教員」「教育家的な教員」の養成へと転換してきている。

（2）師範生[7]募集の改革、志望者の質の確保

　師範生の質が低下しつつある局面を打開し、教員養成の抜本的な質保障を行うべく、近年、師範大学は師範生募集の改革を行っている。たとえば浙江師範大学は「会考[8]、校考、高考[9]」三位一体の師範生募集改革を自主的に実施している。この三位一体モデルでは、高級中学卒業生はまず「会考」（統一の卒業試験）を受験し、その成績が一定の基準に達した生徒で、かつ浙江師範大学の指定する師範専攻を志望する者は、学校独自の師範生試験（「校考」。書類選考と面接）を受験し、最後は「高考」（全国統一の大学入学試験）を受験することになる。「高考」の結果が判明した後に、「校考」を受けた者の中から総合成績（「会考」20％・「校考」30％・「高考」50％）で点数の上位順に優秀な学生を入学登録させる。そこでは、受験生の「高考」の点数が一定の基準に達することは必ずしも要請されない[iii]。伝統的な師範生募集の方式に比べ、この新たな募集方式は面接試験を強化しており、師範大学としては師範専攻の学生として真に優秀で教職への志の高い高中卒業生を自主的に選抜することが可能になっている。師範生のもともとの資質を向上させることで、優れた資質を持つ基礎教育の教員養成の基礎固めを行っているのである。浙江省においては、浙江師範大学以外の多くの師範大学も類似の改革を実施している。たとえば、杭州師範大学は師範生募集に際して、「高考」の成績と面接試験の成績を合わせて選抜するように募集を改革している。この大学の規定では、師範生の選抜は「高考」の成績と面接試験の成績の二つの部分からなる。面接では主に学生の職業意識や志向、思想や思惟、知識や視野、コミュニケーション、趣味や嗜好など、資質を総合的に検討する[iv]。現在、この種の新たな師範生募集方式は全国の他地域の師範大学から注目されており、この方式に倣う師範大学も多くなってきている。

8　中等教育の修了（高級中学卒業）時に教育部が行う統一の卒業試験。

9　教育部が行う全国大学統一入試。旧称「全国普通高等学校招生入学考試」のため「高考」と略称される。毎年6～7月に行われる（中国の学年暦は9月に始まる）。ネーションワイドな大学入試という点では日本の大学入試センター試験に近いが、中国の場合は原則としてこの試験の成績で大学の合否が決まる（本文に言う「校考」は例外的）点で違いがある。

総括的に見れば、近年の大学段階での師範生募集のポイントは以下二点にある。第一に、入学者募集における各師範大学の自主的な権限を拡大し、大学と学生との相互理解・相互選択を通じて、各師範大学はそれぞれふさわしい応募者を採ることを確保している。第二に、面接試験を重視し、学生の教職への志と総合的な資質をあわせて入学者選抜を行っている。こうした改革が師範生への応募者の質を高め、優れた資質を持つ基礎教育の教員養成の基礎固めとなっていることは、それぞれの実践が証明するところである。

（3）教員養成モデルの改革、教師教育理論と実践の融合の促進
①「大学本位」の閉鎖的な教員養成を改革し、多方面が協働する新たな教員養成モデルを実施する

　中国の伝統的な「大学本位」の教員養成モデルには多くの欠点がある。教員養成が師範大学を主体に行われ、養成プロセスが師範大学の内部で完結されるがために、教員養成と基礎教育の実践におけるニーズとがずれてしまうということがあった。教員養成の質的向上のために、近年では、中国の多くの師範大学がこぞって新たな教員養成モデルを試行しつつある。全体的に見れば、それぞれの師範大学の手法は異なっているが、大学と、教員養成に関わる他機関との協働を重視し、教員養成の空間や範囲を拡げているという手法は共通している。

　教員養成モデル改革において、中国で早くから始められ、比較的影響が大きい取り組みは東北師範大学が行っている「U–G–S」[10] モデルである。いわゆる「U–G–S」モデルは、師範大学・地方政府・小中学校[11] の三者が目標を一致させ、責任を分有し、利益をシェアし、資源を有効活用するという原則に基づき、協働して小中学校教員の入職前の養成教育・入職時点での教育・在職研修を通じた系統的な活動を行う取り組みである。このモデルの利点は以下の点に求められる。

10　U-G-S とは大学（University）– 地方政府（Government）– 学校（School）の英語の頭文字。大学・地方政府・学校の三者連携を意味する。第 3 章（78 頁）参照。
11　小学・初級中学に加えて高級中学（日本の高等学校相当の後期中等教育機関）を指す。

1) U–G–S 教師教育新モデルは教師教育の一体化に重要な基盤を提供した。U–G–S のモデルによって、師範大学・地方政府・小中学校は以前のようにそれぞれの職務を司るのではなく、共同で教員の入職前育成、入職時の教育、入職後の研修の全部の実施過程に参加することとなった。

2) U–G–S モデルは学生の学習方法に変化をもたらした。学生の学習空間には大学の講義だけではなく、小中学校も含まれるようになった。師範生は小中学校に入り、実践をもとに学習し、小中学校文化の薫陶を受け、そして大学に戻ると、大学の学術文化の薫陶を受け、理論的な思惟で教育実践にあった問題を細かく見て省察する。このように省察を行えば、教師教育理論と実践を融合させて、師範生の専門的な能力を向上させることができる。

3) U–G–S モデルは地方政府の教育行政の効率を向上させた。このモデルは、師範大学の教育研究の優れたところと小中学校の教育実践の優れたところ、さらには地方政府行政の管理における優れたところを融合させた。これは地方政府、特に地方教育行政組織においては教師の専門性発展の行政的な効果を促進させ、地方の教育の発展の面において様々な取り組みを行うことが可能になった。実践面においては、U–G–S モデルの実施は師範生の実践能力を上げ、師範生が基礎教育を理解して注意を払うことを可能にし、さらには師範生たちが小中学校で教員になる志の基礎を高めることとなった。大学教師の側でも教育研究と教育実践を融合させることによって、実験地域の最前線の小中学校の総合資質を向上させ、基礎教育の質を大幅に高めることとなった。

東北師範大学のほかに、他の師範大学も同様の改革を行っている。たとえば、以下のような取り組みである。

1) 華中師範大学は無料教育師範生育成共同革新連合組織を創立した。その連合組織は、政府部門、大学、小中学校、研究機構、会社企業、興業協会 [12]、基金組織などから構成されている。この連合組織の中に、教師教育に関する知識や資源をシェアするシステムを導入し、連合組織内のすべての教育協同革新の参与者に共同の目標を持たせることに

よって、内在的な原動力を集約して、直接に交流し、共同して教師教育の質的向上に貢献するようになった[v]。

2) 西南大学は「四つの共同」の教師育成モデルを実施した。「校 – 校（協力学校・小中学校）」共同、「校 – 地（地方政府）」共同、「校 – 所（研究所）」共同、「校 – 国際」共同をもとに、多数の協力主体のもとの教師育成モデルを強調した[vi]。

3) 2009 年に江西師範大学は、南昌第一学校などの江西省内の百校の中学校と協力して「1 + 100」の教師教育協力共同体を建築した。さらには、協力共同体のメンバー学校が積極的に大学の教師育成に参加した。最前線の優秀な小中学校教員を江西師範大学の教師教育の兼職教師とし、師範生に教育実習の場所と環境を提供することで、師範生が実際の授業を経験して教育実践能力を高めることができるようになった。江西師範大学は自校の専門性を生かし、協力共同体メンバーの学校に研修プログラムを提供し、「名教師教壇」「教授作業場」「教員ネット訓練課程」などの科目を設立し、メンバーとなった各学校での名教師の育成や、教育課程や特色ある資源の構築を指導し、新任教師が行う「教師成長書類」[13] の整理をサポートし、小中学校教員の学歴の向上計画を設計してそれに応じた援助を提供している。同時に、江西師範大学は実験室、図書館、学校内のネットなどの教育資源を開放し、メンバーとなっている学校の小中学校教員と生徒が大学において教育研究を行うことを容易にした[vii]。

4) さらに、河南師範大学は 2010 年に同じような教師教育協力共同体を設立し、大学 – 中学校協力の教師教育モデルは中国の教師教育で次第に普及することとなった。

　実践面から見れば、多くの主体が協力して教師教育の新モデルを開発することは、多数の主体を教師教育に参加させ、小中学校文化と大学文化とがと

12　公益事業を行う法人的組織。
13　新任教師は見習いとして雇用され、一年後に正規身分となる。「教師成長書類（档案）」とは、この見習い身分の教師が研修として課せられるレポートのこと。

94

もに効果を発揮し、教師教育の理論と実践を融合させ、教師育成の質を向上
させることに寄与したと言える。

②学部－大学院一体化の師範生育成モデルの実施

　近年、中国師範大学の教師育成改革は、大学－小中学校協力共同体の創設
に加えて、師範生の学部－大学院一体化という形での改革も行われている。
華東師範大学はこの典型例を示している。この大学は国の無料教育師範生施
策をもとに、伝統の師範教育育成モデルを改革し、師範生の学部－大学院一
体化の育成モデルを実施している。

　国の無料教育師範生教育政策の要求に応じ、師範生は四年間の学士課程教
育を修了した後、大多数は母校で教育修士（碩士）学位を履修する。このこ
とは、大学が学士課程と教育修士の育成過程を一体化した系統的思考と高度
な設計ができることを意味し、同時に多種な役割――専門的な意思決定、反
省的実践、臨機応変な対応、人材育成等――を担える優秀な教員を育成でき
る。

　以上の考察に基づき、華東師範大学は「4＋N＋2.5」の学部大学院「一
体化」師範生育成モデルを構築した。この「4」は学部段階、「N」は卒業後
の就職段階、「2.5」は教育修士段階である。この学校の師範生を対象とした、
学部大学院一体化育成プランの実施はおおよそ以下のようになっている。

(1) 学部低学年の段階で、学生を文系と理系に分け、文系と理系の学科基礎
課程を勉強し、教育見学に参加する。学部中間段階に、学科専門課程のほか
に、学生は教育学、心理学などの授業を履修しなければならず、また、授業
実習にも参加する。学部高学年については、大学は多種な教師教育開拓類課
程[14]を開設し、授業実習を続ける。
(2) 学部卒業後、師範生は1年以上の教育授業実践を行ってから、教育修士
学位課程の授業を履修する。大学は師範生の教育修士段階において授業設計

---

14 「教師教育開拓類課程」系列には主に教育に関わる科目が置かれ（「学科最前線」が教科教育系、
　「教育最前線」が教職教育系）、「科学人文教養科目課程」系列にその他の専門科目群が置かれ
　る形を取っている。

書類の提出を要求し、学生自身の教育授業実践を総括してまとめる。

(3) 教育修士課程の前期に、授業における実践的な課題に応じて、教師教育理解に関する授業を履修する。そのうえで教育修士課程の中期に、それぞれの興味と実践のニーズに照らして、教師教育開拓類課程の学科最前線および教育最前線と、科学人文教養科目課程を履修する。そして教育修士課程の後期に、教育修士論文に取りかかり、師範生の実践自省能力と行動研究能力の育成を強化する。

　学部大学院一体化教師育成モデルの利点は、(1) 学生の学科知識学習に着眼するだけでなく、学生が複数の学科知識の勉強もすることとなり、学生の専門決定能力を高めることが可能であること、(2) 学生の専門知識の定着に着眼するだけではなく、学生が強い教職意識を持つようになり、学生の省察的実践能力を高めること、(3) 理論知識の勉強に着眼するだけではなく、学生が実践的能力を体験に基づいて把握することにもつながり、学生の臨機応変な教育実践能力を高めること、(4) 学生の専門基礎を着実に固めるだけではなく、学生が教育事業に全力を傾けるほどの高尚な教師道徳と職業的な情操を育てることにもつながり、学生の人材としての能力や道徳能力を高めること、などの諸点に求められる。

　現在、華東師範大学のほかに、東北師範大学など多くの教育部所管の師範大学も無料教育師範生を対象とした学部大学院一体化の育成モデルを採用している。この種の学部大学院一体化の教師育成モデルは教員の学歴を上げるだけではなく、教師育成の質も大幅に向上させることに違いないと見込まれる。

（4）実践性重視の教員養成カリキュラム改革

　教員養成の質を向上させ、初等教育改革と発展に適応する教師を養成するため、近年各師範大学は教師教育課程の改革と建設に力を入れ、それぞれ特徴がある教員養成のカリキュラム体系を完成させつつある。

①師範大学の教員養成カリキュラム改革の典型的な取り組み

　1) 華中師範大学

　　華中師範大学では「実践性へ導く」教師教育課程システムを打ち立てた。

「教えを楽しむ、教えが分かる、教えができる、教えに長ける」現代教師の人材養成を行うため、華中師範大学では 2007 年から実践的指導力を強化した教師教育課程の新しいシステムを作ることに力を入れている。これは、以下四点を骨子としている。

(1) 教師教育課程の勉強時間を明確に規定すること。華中師範大学では約一学年分の教師教育課程の勉強時間を求めている。これをもって、教師教育課程の全体勉強時間を確保し、それぞれの専門教育と合わせて教師教育課程を履修させることを実現した。学校は「専攻課程＋教師教育課程」（「3＋1」、即ち専攻課程合計約 3 学年＋教師教育課程約 1 学年）のモードで師範専門課程システムを設計する。

(2) 教師教育課程の単位数を規定し、教育実践に関する必要単位を増加させ、強化したこと。これは教師教育課程が実践性を重視する方向であることを表している。教師教育課程の必要単位は 28 単位であるが、うち教育理論は 18 単位、教育実践は 10 単位である。

(3) 実践に基づく教師教育課程の勉強方式を打ち立てること。華中師範大学は教師教育学院を成立させ、その下に師範生教師職業能力訓練部と教師職業能力テストセンターを設け、師範生を対象に教職技能訓練のプログラムを行うとともに、その達成水準のテストのシステムを実施に移している。これは学生の教育マネジメント能力を発展させ、学生の教育に関する基本技能を養成することにつながっている。学生はそれぞれに応じた教職技能訓練プログラムを完成させ、テストの水準を達成して初めて、それに応じた技能単位を取得し、教師教育課程を修了することができる。

(4) 実践経験に基づく教師教育者のチームを作り、教師教育課程の実施効果を挙げること。無料師範生を対象に「名教師から教わるプログラム」、「有名教師の指導プログラム」などを実施することを通じて小中学校に入って実践することを励ますシステムを作り、「短期実践学習」、「課外時間実践学習」、「教育実習実践学習」などの形で基礎教育の現場におもむき実践を行う。師範生は授業における問題や課題などについて小中学校の優秀な教師に聞き、基礎教育改革に精通し、小中学校の現場のニーズがわかるようになる。それと同時に学外の教学資源を開発し、100 名ぐらいの教育研究専門家や教育管理行政の専門家や小中学校の一流の教師たちを兼職教師として雇い、無料師範生に教学訓練と研修のプログラムを指導する[ix]。

第 4 章　　97

2) 西南大学

　西南大学では「3-433」専門能力訓練課程システムを作った。「師範生双専門[15]養成」・「師範生の教授能力の訓練強化」・「学科専門教育と教職専門教育との結合」の改革構想に基づき、西南大学では2007年度の師範生から養成教育のカリキュラムプランを調整し、「通識教育課程」「学科基礎課程」「学科専門課程」「教師専門課程」「実践教学部分」「自主創造革新的学習」の6つの部分からなる師範生養成カリキュラムを作った。

　この大学はまた、2009年度から教師専門能力訓練カリキュラムを取り入れ、「知行合一、能力根本」の能力訓練理念のもとで指導を行い、実践技能の養成を強化している。ここで新たに作られたのが「3-433」システムである。このシステムは「モジュール」「プログラム」「プロジェクト」の三層で構成され、それらは基礎能力訓練（4課程）、専門能力訓練（3課程）と総合運用能力訓練（3課程）の三種類を含み、それぞれの課程にはいくつかの訓練項目が組み込まれている。この「3-433」システムの実施を順調に行うべく、この大学では教師専門能力をもっぱら訓練する場である「師元楼」をつくり、この建物内に七つの教師専門能力訓練支援センターと三つの実験教学支援センター（学院レベル）を設けた。層（レベル）と類（カテゴリー）を区分し、相互に促進しあう師範生実践教学課程システムを形成することで、師範生の実践的な教学技能を大きく高めた。2011年の「東芝杯」[16]では、この学校の師範生は一挙に最高賞の「創造革新賞」を獲得した[x]。

3) 四川師範大学

　四川師範大学ではカリキュラムを立体交差橋の形に建て、それぞれの階段を進んでいくシステムを形成した。新しい専門的な教師教育課程システムを作るため、四川師範大学は「通識教育[17]課程」+「学科専門課程」+「教師教育課程」のカリキュラムの枠組みを改善し、「総合素質」-「専門能力」

15　「双専門」とは、主専攻（major）と副専攻（minor）をともに学ぶプログラムを指す。
16　東芝がスポンサーとなって行っている、師範大学学生を対象とした理科の教授技能を競うコンテスト。2010年以降、毎年一度開催されている。
17　日本で言う「一般教養」に相当する。第3章脚注15（75頁）参照。

-「教学能力」の養成道筋によって、カリキュラム改革を深化させた。この学校の教師教育カリキュラム改革の具体的な取り組みは以下のとおりである

　第一に、通識教育課程を強化し、師範生の総合素質を高めた。このための主な取り組みは以下の三点である。(1) 通識教育必修の課程を整え、師範生の基本素質を高める。「中国文化史」、「科学技術史」などの通識教育必修課程 15 科目を設置し、師範生の基本素質基礎を固める。(2) 通識教育選択科目の課程を整え、師範生の素質開拓を進める。人文社会科学類、自然科学類、美育類[18] など 3 種類の科目群に加え、教師教育課程、文学、理学、管理学など 12 種の課程の約 500 科目からなる素質教育開拓課程を設置し、師範生の個性の発展に適した環境を作る。(3) 教師素質特色課程を設置し、師範生の教師としての素養を培うことを促進する。この課程には「中小学校教師職業道徳規範」など 10 余りの特色ある科目を設置し、師範生の教師資質の培養を促進する。

　第二に学科専門課程を強化し、師範生の専門能力を高めた。主な取り組みは以下の三点である。(1) 専門課程システムを整え、師範生の専門基礎を固める。学科 – 専門 – 方向の階段式の構造によって、師範生学科の基礎課程、専門課程とそれぞれのモジュールを整え、師範生の専門能力を高めるために良い環境を作る。(2) 学科の最先端の発展に伴い、カリキュラムの内容を改革する。科目内容の更新や、特定のテーマに関わる科目の増設等の方法で、学科最先端の知識をカリキュラムに入れ、学科知識の系統と完全性を重視し、師範生の学術性・専門化の強化を重視する。40 余りの科目からなる学科専門課程は、国家優秀課程と四川省優秀課程として選ばれた。(3) 地域特色専門課程を増設し、師範生の対応能力を高める。「巴蜀[19] 文学と文化」、「巴蜀方言と民俗」など 50 余りの地域の特色に根ざす科目を設置した。師範生が四川を理解し、四川を知り、好きになることを促進し、地域社会に貢献する意識と能力を高める。

　第三に、教師教育課程を強化し、師範生の教学能力を高めた。主な取り

18　芸術及び体育。
19　「巴蜀」は四川省の別称。

組みは以下の四点である。(1) カリキュラム構成を改善し、教師教育課程システムを整える。西南大学は「教師教育基礎課程」8科目、「教師教育開拓課程」40科目余り、「教師教育実践課程」5科目、「基礎教育連携課程」20科目余り、「西部地域特色課程」20科目余り、「震災後再建特需課程[20]」約10科目を設置し、科学的かつ合理的な教師教育課程システムを形成した。(2) カリキュラムの構築を強化し、教師教育カリキュラムの質的向上を図る。西南大学は20余りの国家優秀課程、国家バイリンガル教学モデル課程、四川省優秀課程、西南地域師範院校教師教育共同享受課程を中心に教師教育カリキュラムの枠組みを作り上げている。(3) 学科教学[21]カリキュラムを建設し、師範生の学科教学能力を高める。学校は積極的に各師範専門の学科教学カリキュラム建設の強化を支持し、学科と教育の融合を進め、師範生の学科教学に関する知識(PCK)を広げ、師範生の教学実践知識を増加させた。(4) 被災地の再建特需に関する科目を増設し、師範生の対応能力を高める。学校は震災の被災地教育再建の需要によって、「災害リスク軽減と安全教育」などの科目を設置し、「中学生のメンタルカウンセリング」などの科目とともに、師範生が被災地の教育再建に関する需要に適応出来るよう、基礎を固めた[xi]。

② 教員養成カリキュラム改革の特徴と動向

以上例として挙げたいくつかの師範大学の教員養成カリキュラム改革の状況から見ると、近年の特徴と動向は以下のようにまとめられる。

1) カリキュラムの要素の面において、教師教育課程の割合を増やし、教学の実践的な課程に関する学習時間を延ばした。そのように教師教育課程と教学実習の単位の要求水準を上げ、大いに教師教育の「実践性」を示した。

2) カリキュラム構成の面では、通識教育課程、専門学科課程と教師教育課程の相対的なバランスを要件としている。

---

20 2008年5月の四川大地震の復興に関する科目群。
21 日本で言う「教科教育」に相当。

3) カリキュラム内容と質の面で、時代に即応したカリキュラムという現実的なねらいを強調している。
4) 教員養成カリキュラム改革においては各大学の自主性を発揮している。

　これらの改革の取り組みは教員養成の質的向上の基礎固めとなった。それゆえ、これらの改革の取り組みは国家の「教師教育課程標準」の要求を最初に実現させたものであると言える。

（5）教授法と教育環境の改革、養成教育の効果の向上
　高等教育改革の核心は教学改革である。近年、いくつかの師範大学はそれぞれの実状に応じて、教授法と教育環境の改善を行っている。

①実践的な教学を強化し、師範生の職業体験を増加する。
　浙江師範大学を例にみる。この大学は実践教学を強化することを通して、師範生の教育教学能力を高めている。主な取り組みは以下の通りである。(1) 実践教学の時間を延ばし、師範生の職業体験を増加させる。大学一年生の時から段階を分けて、教育実習を行う。そこでは小中学校の組織構成と運営方針を師範生に伝え、教師の責任と今後の仕事の環境を体験させる。(2) 試験合格制度を作って、伝統的な教授技能の基礎を固める。浙江師範大学では新入生の入学後、まず書法や標準中国語（普通話）など、伝統的な師範生の技能やコンピューターの基礎技能などについて実力テストを行う。テストの結果によって、学生は違うレベルで、違う種類の教学動作技能課程で学ぶこととなる。(3)「見習[22]、実習、研習」の三位一体の実践モデルを実施する。伝統的な見習と実習に基づいて、研修を増加させる。「研習」とは、実習校の教員の指導のもと、学生たちが実習の経験を交流したり、指導案やテキストを検討したり、各クラスでの授業の観察評価をしたりすることなどを通して、学校教学実習のプロセスで現れた様々な問題を理論的に反省と検討を行う授業である。(4) 実習基地の建設を強化し、実習校との協力構築の新形式

---

22 「見習」は観察実習、「研習」は研究実習を指す。

を探索する。大学は教員養成や、研究プロジェクトにおける提携、人的交流などの面で、実習校とさまざまな方面での協力を行い、ウィンウィン関係を実現する。同時に優秀的な小中学校の教師と大学教師の互いの交流を促進し、師範生の教育実習指導を強化する。今日、浙江師範大学は、浙江省内 130 箇所余りの小中学校と実践交流協定を取り交わして「基礎教育研究プロジェクト」を設け、実習校の教師たちに教育教学研究の基盤と経費を提供する。と同時に「農村教育振興計画」に基づいて農村教育実習に年間 100 万元を投入し、農村教育実習場の建設を強めている [xii]。

②就職前に支援教育を実施し、学生の教学実践能力を訓練する。

　海南師範大学を例にみる。この大学は入職前に教学技能強化訓練や教学技能コンテストなどの形式を通して、学生の勉強への情熱と促進させ、訓練への積極的参加を奨励している。このことを通じて実習生の教学レベルの要求水準を達成させることを保証している。インターンシップに関して、海南師範大学は 2010 年 10 月 11 日に海南省「双五百」人材工程プロジェクトを正式に開始した。毎年 500 名の優秀的な師範生を選抜して、海南省保亭など 11 箇所の少数民族と貧困地域の郷鎮[23] にある小中学校に二ヶ月のインターンシップを行わせ、教育の支援をさせると同時に、これらの地域の学校から 500 名の在職教師を交換として海南師範大学に送り、同じ時間の集中研修を受けることとしている [xiii]。

③現代情報技術を導入し、教学方式を多様的なものとする。

　華中師範大学を例にみる。この学校はデジタル化学習システムを建設し、新たに立体的な教学・学習環境を作って、教学多様化の改革を推進している。デジタル化学習システムは分散式（クラウド）の資源管理を繋げ、双方向的な学習空間と体験学習空間とを含む多様な学習空間の建設を通して、人材を育てる個性化環境を作っている。デジタル化学習システム建設の中核的な部分にはクラウドサービスプラットフォームに基づき、立体的なデジタル化学習環境を作っている【図 1】。

---

23 「郷」「鎮」は中国の最も小さい行政単位。日本の「村」相当。

図1 デジタル化学習港建設の肝心な部分

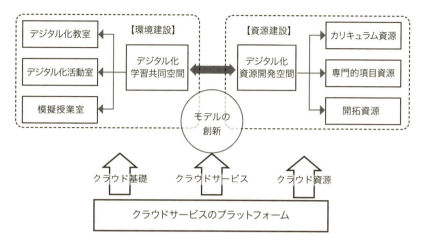

(華中師範大学「職業ガイドに基づく無料師範生人材養成モード探索と実践」
福州：第九回全国師範大学聯席会議発表資料・2012年による)

　これとともに多様かつ質の高い学習資源を開発し、環境建設と資源建設を基礎として教育教学のモデルの創新を行っている。
　華中師範大学はデジタル化学習システムの中で、これを専門とする教師の指導に基づく無料師範生の学習空間を革新的に作り出し、教室を中心とし、講義を主体とした従来の教師教育モードを一掃し、以下の三種類の新しい学習空間を作り出した。(1) デジタル化教室を代表とする双方向型教学空間は、昔の教師教育の中で教師が講義し、学生が受身で授業を受ける状況を変化させ、教師と生徒の交流を有効にするとともに、学生の知識の理解と利用を促進する。(2) デジタル化活動室を代表とする体験式学習に基づく小グループ活動空間は、様々な現実に近づく教育問題のシチュエーションを作って、学生たちに自ら体験させることを可能にしている。また各種の情報技術設備で解決の方案を探索する。(3) 模擬授業室（バーチャル教室）を代表とするクラウドサービスに基づくネットワーク化学習活動空間において、学生は教室の限られた空間から逃れて、広いネットワーク空間の中で、豊富な資源を使

用し、共通の関心を持つ教師や学生とコミュニケーションをとる[xiv]。

このデジタル化学習システムの実践のなかで、華中師範大学は以上三種の異なる種類の学習空間を結びつけて、無料師範生の教育と学習にこれまでと異なる新しい環境を提供した。また異なる種類の学習環境を整理する際に、無料師範生を対象として教師教育公共サービス体系の統合と集積の新しい道を模索しはじめている。

④師範生の学習共同体を作り、教学環境を改良する。

華東師範大学の書院を例にみる。近年の華東師範大学は一貫して優秀な教師と未来の教育家を育てる新しいモデルを探し求めている。この学校は中国古代書院制の特色と利点を汲み取るとともに[xv]、欧米の一流大学システムの管理モデルを学び、2007 年 9 月に無料師範生のための「孟憲承書院」[xvi] を建設した。目下、この書院には 2012 年入学と 2013 年入学の二つのコーホートの学生がおり、漢言語文学、英語、思想政治教育、歴史学、数学及び応用数学、物理学、化学、生物化学、地理科学、体育教育、音楽学、美術学の 12 専攻、総計 1,616 名の無料師範生が学んでいる。華東師範大学の学部教育改革のモデルケース、あるいは改革のブレイクスルーとして、書院は以下のように、革新的な人材育成モデルや学生管理業務などの面で試行的な取り組みを行っている。

1) 書院を建てる目的。孟憲承書院を建てる目的は、師範生に相対的に集中した勉強と生活環境を作り、異なる専門の師範生が一緒に住み、勉強して、専門の限界を超えることにある。こうすることで無料師範生の日常的な交流を強め、知らず知らずのうちに正しい教職への信念や価値観が構成され[xvii]、「適教、楽教、善教」の優秀教師や未来の教育家を育てる目標を実現することになる。

2) 書院の機能と運営方針。第一の方針は、運営の実体化を行うことである。2013 年 3 月、党による孟憲承書院の指導機関が正式に成立した。これは書院が全面的に実体化建設の階段に入ったことを示している。これとともに、第二の方針は、専門学部と分担して助けあうことである。書院は専門学部から独立した養成部門であり、この学校の各無料師範生は二重の身分を持つ。すなわち孟憲承書院の学生であるととも

に自分の所属する専攻の学生でもある。彼らの養成は書院と専攻学部が共にその責任を引き受ける。すなわち、第一の専門学習と学術発展は専攻学部が責任を取る。それ以外の学習生活と教員養成教育については主に書院が責任を持つ。このことからもわかるように、書院は学生のために学部と補いあうコミュニティ的な学習生活環境を作っている。専門学部と合理的に分業し、緊密に協力し、共同して師範生を育てる責任を引き受ける。

3) 書院は師範生の養成教育を重視する。師範生の人文・社会及び自然科学の基本素養を高め、師範生の学問的な視野を広げ、学科の最前線の理論と知識を学ぶため、孟憲承書院は無料師範生のために何科目かの通識講座課程を開設している。大学の各学科の有名教授がこれらの課程を担当する。

4) 書院は指導とサービス機能を強化している。師範生の指導を強化するため、孟憲承書院はチームによる指導教師制を施行している。人生発展指導教師、社会指導教師、学生指導教師、指導員など多くの教師によって指導チームが構成されている。この書院で人生発展指導教師を担当するのは、この大学の 12 の専門学部に所属する 32 名の教員たちである。師範生の成長のためのさまざまなニーズに着眼し、指導教師チームのメンバーは分業協力体制をとっている。人生発展指導教師は師範生の専門の学習やキャリア開発などについて指導し、社会指導教師（多くは豊富な経験を持つ優秀教師あるいは校長）は学生の教育教学技能などの指導を担当する。学生指導教師には高学年の優秀学生が 1：8 の割合で配置され、友達のように師範生の日常勉強と生活の指導を行う。指導員は常に師範生の生活区で仕事し、日々学生の個性に応じた指導とサービスを提供する。異なる専門学科の指導教師は学生と書院で親密に交流し、勉強、生活及び成長するための共同体を形成している。2014 年 5 月までに書院は人生発展指導教師活動を 448 回展開し、書院全体の学生に影響を及ぼしている[xviii]。また、書院は師範生の成長に全面的なサービスを提供している。このため、書院には学業指導事務室・行政事務室・学生事務室が置かれるとともに、党建センター・団建センター・教師技能センター・文化建設センター・科学創造センター・コミュニティサービスセンター、指導教師協力セ

ンター、職業生涯開発センター、社団発展センター、公益センターなどの十大センターが設立された。それゆえ、書院はすでに師範生の学習、生活及び成長の共同体となっていると言える。その書院の中で、異なる学科専門の指導教師と学生は交流しあい、励ましあい、共に成長している。

5) 書院は学生の自主管理を重視する。書院は主に、学部生の寮の第20棟「孟空間」を学生に自主管理させ、それを通して、コミュニティの成長空間を作っている。それとともに、学生たちは自主的に学業調査を行って学業診断報告を作成し、各種の学習チームを作って、友達との協力や指導を促進させる。これによって、教師の教学と学生の学習の双方の改良に積極的な影響が出ている。師範生の総合的な素養を高める目的を達成するため、学生リーダーシップ特訓、「教師暴走上海」[24]、教師と生徒の昼食会、微公益[25]など特色ある活動[xix]が開催されている。

全体的に見れば、中国の師範大学における近年の教員養成改革は多方面で行われている。教学の方式において理論と実践のバランスと融合を求めるだけではなく、教学の手段において現代情報技術を利用して教学方式を革新することを重視している。また書院を建てるなどの方法で師範生の学習共同体を構成し、人材育成の環境を改良している。これらの実践はすでに一応の成果を見せており、上述の教学改革の取り組みは様々な効果を示している。特に華東師範大学が師範生のために作った孟憲承書院は、無料師範生の師徳養成を重視し、教師と学生との交流を強め、自由開放的なコミュニティによる教育環境を創設し、師範生の教学技能発展への様々なサポートを提供するなどの取り組みで、中国の師範大学における教員養成モデル改革の偉大な試行となっている。これは教員養成の質を高めるために大いに役に立っており、それによって「適教、楽教、善教」の優秀な教師と未来の教育家を育てる目標を実現することが可能になると言える。

---

24 大学生が上海市内の他の大学でゲリラ的に教育実践を行うプログラム。http://mxcsy.ecnu.
  edu.cn/s/292/t/684/94/a2/info103586.htm
25 公への奉仕活動。

（6）教師教育チームの整備、教員養成の質的向上のための人的資源の基盤づくり

　教師教育チームの全体の構造とその水準は、教員養成の質に重要な影響を与える要素の一つである。したがって、近年の中国における師範大学の教員養成改革の重要な内容は教師教育チームの構成を強化することである。ここでは西北師範大学を例に説明を加える。この学校の教員養成改革の特色ある取り組みの一つは、教師教育者たちを巧みに統合し、教師教育人材チームを建設することである[xx]。

　かつては、中国の師範大学の中には二つの並行した教員グループが存在し、それぞれ研究と教学に従事していた。一つのグループは教育学院の教師陣で、彼らはもっぱら広い意味での「教育」の研究と教育に従事する。その一方、もう一つのグループは各専門学院の中の教科教育に関わる教員グループで、彼らは主に国語や数学、物理、化学、外国語など具体的な学科の教育方法研究と教学に従事している。両者は異なる組織に所属し、それぞれ分かれた役割を持っていた。師範生育成の視点から見れば、両者が分離していることによって教育学と教科教育法の教学は「二つの世界」となり、教員養成の質的向上を制約していたと言える。

　これに対し、西北師範大学は近年、国内で初めて学科に関わる教育組織の一部調整を行った。2006年に、この大学では国語の専門と教育課程論を文学院から教育学院に編入し、「国語教育研究所」を設立した。両者の「縁組」が双方の相補的発展を促進させるだけでなく、国語の教師の育成にもつながった。2007年から、同大学は学内の教師教育に関わる教員リソースの統合と再構築をさらに進め、学内の専門学院（学部）から17名の教科教育法の教員を教育学院に編入させた。これにより、この大学の教員養成カリキュラムの変化が始まり、教育学院に編入されてからの教科教育法の教員たちが師範生を対象に、従来は学ぶことができなかった「小課程」——たとえば、児童発展、学習心理学、カリキュラムスタンダード研究、心理カウンセリング、クラス管理など——を開設した。教員養成にかかわる伝統的な三つの課程である心理学・教育学・教授法もこれにともなって変化しはじめ、師範生の教育理論学習はもとの「広さ」を重視することから「深さ」に力を入れるようになった。教育理論学習の現実との緊密な対応や実用性を実現し、師範生がうまく教鞭をとれるように良質な理論の基礎を準備するようになった。

第4章　107

学内の教師教育チームを統合すると同時に、西北師範大学は「転換に立脚し、養成を重視し、積極的に導入する」という原則によって、毎年優秀な修士修了生を選抜して同大学の教員養成に関わる教学と研究を行わせ、それぞれの専門と教育専門の二重博士号を取らせている。2012年までに計6人の博士が選ばれ、課程教学と教科教育を専攻する修士課程の4人が選ばれた。教育学院には専任教師が79名おり、そのうち半数以上が師範教育類のカリキュラム開発および講義や教育実習指導、試験および総括に参与している[xxi]。

　西北師範大学は教師教育に関わる教員チームの統合を重視し、それによって教員養成カリキュラムも変化した。それは「教師教育課程標準」を実現するとともに、教員養成の質的向上を実現した。そうした一流の教師教育人材チーム建設を強化するやり方は、教員養成の質的向上のための人的資源の保障にも支えられている。現在、中国における多くの師範大学は西北師範大学の経験を参考に、質の高い教師教育チームを構築すべく全力で試行している。

（7）専門性の評価の実施、教員養成の内部質保障体系の構築

　教員養成の高い質を確保するために、近年いくつかの師範大学は人材育成の目標や、募集するコース、さらには教授学習の取り組みや教師教育チームの組織などを改革すると同時に、教師教育評価改革を重視している。一般的なやり方としては、師範大学は『教育部における普通高等学校[26]学士課程授業評価作業に関する意見』（教育部関于普通高等学校本科教学評価工作的意見、教高〔2011〕9号）に基づいて評価を実施し、教師教育の内部質保障システムを構築している。

　たとえば、陝西師範大学は2005年9月に「陝西師範大学専門評価プログラム」（以下「評価プログラム」）を策定した。「評価プログラム」では一級指標を五つ（教員チーム、教育の条件、専門の建設、教育管理、教学効果、人材育成品質）設定し、その下に2級指標15項、さらに主要な観点を40個設定している。この「評価プログラム」に則って三種類の組み合わせ（自己評価と専門家の評価の組み合わせ、定量的評価と定性的評価の組み合わせ、

---

26 「普通高等学校」とは高等教育機関（学士課程・準学士課程）を指す。日本で言う「大学」「短期大学」相当。

集合評価と実測評価の組み合わせ）によって評価を実施する。評価作業は、各専攻の自己評価、学務課評価、専門家グループの審査を経て、最終的に大学が批准するという順序で行う。専攻ごとの評価は学士課程（通常4年間）のプログラムに対して行い、評価結果は「優秀」「良」「合格」「不合格」の4種類に分かれている[xxii]。

　他の師範大学ではこれと似たような専門評価プログラムを実施するだけでなく、さらに評価結果による賞罰措置を取るよう求め、この専攻ごとの評価によって質を規定していく効果を充分に発揮させようとしているところもある。たとえば福建師範大学では2012年3月に策定した「福建師範大学本科の専門評価案」に以下のような規定がある。評価結果が「優秀」でかつ評価成績が上位にある各専攻に2万元を奨励金として授与する。そしてその専攻の申請した学士課程教育プロジェクト、教育改革プロジェクトなどを優先的に推薦する。評価結果が「不合格」の専攻に対しては、大学は1年後に再び専門家グループに評価させる。二回目の評価でも「不合格」を受けた専攻は学生募集を停止し、再評価を申請して通過するまでは新入生の募集はできなくなる。この間にその専攻は専門家グループの意見や提案を受けて、有効な対策をとって深く見直さなければならない。その評価の後3ヶ月内に対応措置の報告を提出し、評価後1年以内に改善効果報告を提出することになる。大学はその評価結果により、もう一度当該専攻の構造を調整し、さらに専門性発展の優れた競争システムを改善し、専門教育全体のレベルアップを図るというものである[xxiii]。

　こうした実践から見ると、それぞれの師範大学は専門評価を通じて師範専攻の構成に関する基本状況を把握するだけではなく、各専攻の組織に存在する問題と不足点をはっきりとし、各師範専攻の位置づけをさらに明確にしていると言える。これらの取り組みはすべて師範専攻の発展に堅実な基礎を打ち立てた。またそれだけではなく、師範大学は専門評価の実施を通して、教師教育のそれぞれの段階と全体の過程を監視範囲に入れ、それにより教師教育の質の内部構造を常に監視する内部質保障システムを構築している。それは教師教育の質を保障する有力な支えとなっている。

3．おわりに

　教員養成の質の向上はすぐにできるものではなく、長くて苦しい努力が必要である。今日までに、中国の師範大学は教師を育成する改革を続けているが、確実な成果としてあげられるのは以下の点である。

　第一に、師範大学の養成目標、学生募集、養成モデル、カリキュラムと教学、教師教育チーム、評価制度などの改革は、全体に中国における社会と教育の変化や、世界全体の発展に伴って発展してきた教師教育の根本的な法則に従って、中国の教師教育を主体としてリードする模範としての作用を発揮した。

　第二に、いくつかの師範大学の個性的な教師教育の改革措置は、国の教師教育政策の基礎の下で、各大学が自校の伝統や、現実の条件や未来への発展プランによって位置づけられるものであることを体現した。自主性を十分に発揮し、特色ある発展と革新的な発展を追求する。これらの取り組みは教員養成において力強い質的保障を提供する。

　もちろん、師範大学の教師教育改革には多くの不足がある。たとえば、一部の師範大学は、良質の進学予定者や良質の教師を欠き、学生の就職難や運営経費不足などに悩まされ、その改革に相当程度の困難が伴っている。そのため、政府がいかにして師範大学改革の過程で生じた苦境を克服する支援をし、師範大学がどのようにもっと積極的に教師教育改革を深く進めるかは、依然として引き続き重視する必要のある課題である。

【付記】
　本稿は 2014 年教育部人文社会科学研究基金プロジェクト「教員教育専門認証の国際比較と本土探索研究（プロジェクト番号:14YJA880013）シリーズの研究成果の一つである。

【注】

i　　中国人民共和国教育部：教育部「高等教育専門テーマ企画」の印刷分配についてのお
　　知らせ

ii　　王利琳：抜群の師範教育変革を求めて——杭州師範大学経亨頤学院学校運営のドキュ

メンタリー「N」。中国教育新聞、2013-7-2（8）。

iii 都市速新聞。浙江師範大学の募集初「三位一体」http://hzdaily.hangzhou.com.cn/dskb/html/2012-03/05/content_1230744.htm

iv 王利琳：抜群の師範教育変革を求めて──杭州師範大学経亨頤学院学校運営のドキュメンタリー「N」。中国教育新聞、2013-7-2（8）。

v 中国社会科学オンライン。無料師範生教育下での教師教育の新様式
http://news.hexun.com/2012-07-30/144149356.html

vi 宜賓学院「西南大学教師教育に関する考察」
http://www.yibinu.cn/web/news_view.aspx?id=2400&type=xykx

vii 江西省人民政府「全国初の教師教育協力共同体は南昌で成立する」http://www.jiangxi.gov.cn/dtxx/zwxx/200904/t20090414_121829.htm

viii 人民網「華東師範大学は無料師範生育成様式を革新する」
http://edu.people.com.cn/n/2014/0707/c1006-25246177.html
華東師範大学「積極的に師範生学部大学院一体化養成様式を探求し、優秀な教師と未来の教育家を育成する」、福州：第9回全国師範大学合同会議交流資料」、2012年。

ix 華中師範大学「華師探索「一本三化」新様式で「未来の教育家」を作る」http://career.ccnu.edu.cn/ccnujy/front/AShow/4_325.html

x 西南大学「協同革新体制システム、師範生課程改革を深化し、全面的に養成の質を高める」、西南大学「五強化四協同」教師教育内容発展深化の実践探索、福州：第九回全国師範大学聯席会議交流資料、2012年。

xi 周介銘．「「五維交差」職前養成体系を構築し、師範生養成の質を向上させる」。福州：第9回全国師範大学合同会議交流資料、2012年。

xii 浙江師範大学「教師教育改革を強化し、教師教育の質を高める」、福州：第9回全国師範大学聯席会議交流資料、2012年。

xiii 海南師範大学「挑戦、改革と探索：海南師範大学教師教育課程改革を展開する実践と思考」、福州：第9回全国師範大学聯席会議交流資料、2012年。

xiv 華中師範大学「職業ガイダンスに基づく無料師範生人材養成様式の探索と実践」、福州：第9回全国師範大学聯席会議交流資料、2012年。

xv 中国古代書院は「道徳教育を核心とする」「教師と生徒の親和」「自由開放の学術研究的雰囲気」「自由探索の精神」の四つを特色とする。穆暁莉・周偉「古代書院教育特色」『現代教育論従』2009（3）pp.94-96参照。

xvi 華東師範大学初任校長は孟憲承で、彼は昔「知恵の創獲、品性の陶冶、民族社会の発

展」という学校運営の思想を提起した。書院は彼の名前「孟憲承書院」と命名された。

xvii 「華中師範大学 書院で共同成長」http://www.sina.com.cn/gaokao/2008-04-25/104213628/.shtml

xviii 「孟憲承書院・簡潔な紹介」http://mxcsy.ecnu.edu.cn/s/292/t/684/p/1/c/9672/ist.htm

xix 注 xviii に同じ。

xx 甘粛省教育網「西北師範大学：教師教育体系と教師の人材養成様式の革新と「師範生無料教育改革」プロジェクトの進展状況」http://www.gsedu.cn/redzt/ganssjytzggzt/mianfsfs/2012/03/29/1332954492513.html

xxi 注 xx に同じ。

xxii 陝西師範大学陝西師範大学専門評価プラン　http://jwc.snnu.edu.cn/showgg.aspx?id=1446

xxiii 福建師範大学教育学院．福建師範大学学部専門学内評価プラン（正式版）http://est.fjnu.edu.cn/s/180/t/786/28/cc/info75980.htm

第 5 章

中国における校長の専門化過程と
質的保障に関わる課題

周彬（ZHOU, Bin　華東師範大学）

はじめに

　学校は一つの専門教育機構であり、学校を管理する校長は、学校教育の専門性に順応し、それを発揮させるだけでなく、専門的な管理をもって学校を牽引する必要がある。したがって、学校管理の成果を高めるだけでなく、学校教育の質を引き上げることもまた、校長専門化の非常に重要なテーマであり、また重要な問題でもある。校長は学校において行政決定権と資源配置権を持っており、学校管理の認識と判断の裁量により、必然的に学校全体の発展に質的な影響を及ぼす。校長は教育の「事件」に関わるべきか、それとも教育の「現象」に関わるべきか、「容易に管理できること」を優先すべきか、それとも「管理すべきこと」を優先させるべきか、「人」によって管理すべきか、それとも「制度」によって管理すべきか、これらの問いは決して複雑な選択でないように見えるが、校長の管理の専門の程度を試すものとなっている。誰もが専門的な校長になることを望んでおり、また自分の校長がより専門的であることを望んでいる。しかし、それらの望ましい願望の背後には、如何ともしがたい苦境がたくさんある。たとえば、校長は校長となる前に学科教学[1]の専門化をすでに終えているが、この専門を超えて学校管理という新たな専門に挑戦すべきかどうか。たとえ校長が専門を転換する勇気を持っていても、システムがその専門の転換に十分な機会と資源を準備しているだろうか。たとえば、校長専門化に関しての系統的な知識があるか、校長専門

1　「学科教学」はそれぞれの「教科の授業」に相当する。

化の過程についての科学的知見があるかなどの問題がある。校長たちが、本当に学科教学から学校管理に専門を転換したとしても、ふさわしい制度として彼らの専門化された学校管理能力を持続的に用いることが保証されているだろうか。これも問題である。

1. "専門化校長"へ向かう困難と苦境

　教育の仕事に従事する校長にとって、多数の教師の中から秀でて、教師集団のリーダーとなることは、確かに多くの教師の理想であり、校長自身の誇りでもある。しかし校長とは、決して優秀な「教師」の延長線上にあるのではなく、教師の「優秀さ」の延長でもない。任命または雇用を通して校長となるが、名実ともに専門の校長となるには、長い時間を要する。しかもこの道は特に厳しいと言えよう。なぜなら、任命または雇用されて校長になるのは、教師として任命・雇用されるのと同様であるからである。ここで任命され、雇用されるのは、言うなれば入学時の「入学通知書」であり、学業レベルに達して獲得する「卒業証書」ではない。校長の専門的な成長の現状からすると、校長任用前の研修、任用中の研修、それから様々な研修、影研修[2]、有名な校長による研修、著名な教育家による校長研修など、校長の専門的成長の支援システムはよく完備されているといえる。しかしこれらの研修や支援システムは校長の専門化に対するサポートの役割でしかなく、それらが本質的に「専門化された校長」を育成している否かは検討されるべきであり、実際、校長たちの専門化の程度については、必ずしも満足とは言えない状況にある。

　校長専門化の過程において、最も困難なのは「専門転換」にあると言える。「学科専門」から「教学専門」への転換、さらに「教学専門」から「管理専門」への転換に成功してこそ、校長専門化の道に入るといえる。校長は決して教師の第一の職業ではなく、校長はまず学科の教師をして、しかも学科の教師

2　非公式に行われる研修のこと。

をきっちりやってこそ、後に職業を転換する機会を得て、学校や教師を管理する校長となるのである。これは、校長が教師専門を行ってから、「教学専門」から「管理専門」へと転換し、ようやく校長専門化のルートに入るということである。校長の身分とは、「教師専門」と「校長経験」の簡単な積み重ねだけではない。多くの校長は校長になる前に、すでに学科の教師であり、しかも優秀な学科の教師である。つまり彼らは学科教学の領域で専門に長け、とても高度に専門化されており、多くの校長は学業を教えることを得意として教職を得ている。そこで、完全に異なる二つの考え方が生まれる。一つは、校長は学科教学の専門化においてすでに成功しており、その「教学専門」を要求したうえにさらに「校長専門」を求める。それゆえ前の専門の専門化レベルが高ければ高いほど、別の専門化への転換の難易度は自然と高くなるというものである。これとは逆の考え方として、校長は学科教学の専門を見事にできるのであれば、強力な専門化能力を持っているという見方もある。これは校長が専門化の道を歩み続けるならば、専門化された校長になることには問題ないということを間接的に証明している。

　実際、学科教師にとってみれば、学科教師の専門家レベルは、医者や弁護士の専門家レベルと比べるとやや低い。その重要な原因の一つとして、学科教学は一つの専門だけではなく、学科専門と教学専門の融合であるということが挙げられる。学科教師は、まず教える学科の専門化を経てから、さらに教学のプロセスにおいて次第に専門化していく。しかし多くの学科教師にとって、彼らの教える学科上の専門化は比較的順調であるが、学科専門化のプロセスにおいては教師になった以上、中途半端にならざるを得ず、本来ならば彼らは教える学科の専門化のプロセスを通して、教学上の専門化に転換できると思っているが、この転換こそが、大部分の学科教師の教学専門化過程における最大の障害となっている。最終的には学科専門から離れておらず、教学専門の道を歩んでいないことに気づく。校長にとって、彼らが優秀な学科教師になれるのは、「学科専門」から「教学専門」へと転換できたことにある。だとすれば、彼らはさらに「学科教学専門」から「学校管理専門」へと転換できるだろうか。学科専門から教学専門への転換においては、経験を積み重ねてはいるが、確かに「専門転換」が、多くの教師が教学専門化をあまり実現できていない一大障害であることは否定できない。しかし多くの校長にとって、学科教学専門から学校管理専門への転換は、学校管理専門化の

一大障害ではあるが、当然ながら、これは克服できない障害ではない。

　校長専門化の苦境は学校管理が、系統化された専門の知識体系と科学的に専門化されたプロセスとなっておらず、校長専門化は全ての校長の職業の専門家であり、校長個人の専門化ではないことにある。全ての校長職業が系統化された専門知識の積み上げとはなっておらず、科学的な専門化プロセスを形成していない状況で、校長個人の専門化に頼るのでは効果が上がらない。もしも一つの職業が個人の努力で、個人の経験の交流を通してのみで、その職業の最も高いレベルに達するのならば、その職業は専門化レベルに達していないことを証明している。日常の言葉で表すならば、これは一人の職人の職業であり、業界の専門ではない。

　そのため、校長専門化の必要性がここに存在する。しかし、その校長専門化の実行性は実際には大いに妨げられている。現在は系統化した学校管理の専門知識は形成されておらず、それ以上に科学的な専門化プロセスは形成されていない。学校管理は、典型的な学科を超えた専門であり、管理学の一つであるとともに教育学の一つでもあり、枝分かれの学科として主幹学科の中心知識を取り入れるとともに、主幹学科よりもさらに専門的であるべきである。どの学科の分化であれ、その主要目的は、単に主幹学科の知識を用いるのみではなく、主幹学科の知識を特定の領域の中でさらに専門的に、かつ精緻にすることであるといえる。

　現在の学校管理の知識から見れば、学校管理の特殊性と系統性に関する研究は相対的に少なく、現在形成されたカリキュラムの知識は管理学と教育学の簡単な積み重ねに集中している。学校管理知識の系統化の欠乏と専門性が弱いことに相応して、学校管理知識の教授プロセスも成熟しておらず、それゆえ校長たちの専門化プロセスはまだ科学的ではない。校長専門化の過程は方式方法上においては豊富で多彩に見えるが、校長専門化のレベルはこれらの豊富で多彩な過程ゆえに、けして楽観的になれる状況ではない。

2.「専門化校長」へと向かう主要な取り組み

　個人であっても、あるいは特定の業界であっても、専門化の過程は非常に

厳しく、また時間をかけて完成するものである。学校教育について言えば、教師の専門化はすでに非常に困難な過程である。事実、我々の教師専門化の認識は、医者や弁護士の認識程度とは大きく開きがある。教師専門の基礎の上に、より一層の深化と転換を要する校長の専門化はさらに難しいことであるといえる。困難ではあるけれども、教育行政部門・学校管理研究部門・校長本人も、校長専門化のプロセスから立ち止まってはいるわけではない。さまざまな試みと努力を行いながら、校長の専門化は、けして純粋な理論構想ではなく、すでに教育領域における一種の重要な実践活動となっている（褚宏啓、2007）。

　以下に、それぞれカリキュラム・研修方式・教師集団・管理構造の四つの方面から、現在の校長専門化の実践活動として採用している主な取り組みを挙げてみたい。

（1）カリキュラム

　校長の専門化はまだ模索段階にあるため、カリキュラムについては明確な規定があったにしても、どのようなカリキュラムが校長の専門化に最も有利であるかは論争の的となっている。現在、校長研修のカリキュラムの設置については、主に三つのカリキュラム思想の影響を受けている。一つ目は仕事分析であり、二つ目は学科本位であり、三つ目は行政規定である。

　仕事分析のカリキュラム思想を持つ研究者は、「校長の知識構造は、職業活動の内容よりも仕事任務の構造と対応していなければならない。校長の職業の役割及び関連する仕事の任務が校長研修カリキュラムを制定する直接根拠となる」としている（褚宏啓、2009）。校長に対する仕事の分析には、2種類の分析視点を含んでいる。すなわち、校長の仕事の役割と仕事内容である。M.Speck は、校長を異なる職業の役割とみなし、校長は教育者であり、リーダーであり、管理者の役割を担う、としている（Speck、1999）。そのため、彼らのためにそれぞれの役割に適応した知識と技能を提供するべきである、とした。台湾の学者である陳木金は、校長は校務発展、行政管理、教学リーダー、公共関係及び専門発展の5つの仕事任務の集成であり、彼らに5項目に適応した仕事の知識と技能を提供すべきだと主張した（陳木金、2001）。

　学科本位のカリキュラム思想を持つ研究者は、校長の主な仕事は学校管理

であり、学校管理は教育学・管理学と社会学の集成であるため、校長専門化の過程において、校長はこの三つの学科の関連する中心知識を学ぶ必要がある、としている。そこでは、課程と教学、学校管理学、教育行政学、学校徳育論等の学科が、当然ながら校長専門化の中心カリキュラムとされている（陳木金、2001）。

　行政規定のカリキュラム思想を持つ研究者は、校長は学校の精神（魂）であり、学校は学生の精神を形作る場所であるとし、校長の学校経営思想は必ず国家の中心価値観を保持し、社会発展の主流と動向に一致しなければならない、としている。そのため『中小学校校長研修規定』の中では、「中小学校の校長研修は、校長組織の素質教育の能力とレベル向上を重点に置かなければならない、としている。その主な内容としては、政治理論・思想道徳修養・教育政策法規・現代教育理論と実践、学校管理理論と実践、現代教育技術、現代科学技術と人文社会科学知識等の方面である」とされている（陳玉琨、2005）。

　以上の、どのカリキュラム思想も独自の価値があるが、これらの思想にはそれぞれ特有の欠陥もある。たとえば、仕事分析は往々にして「見える物事を解決」し、「人の成長を見ない」と言われる。また学科本位は、「知識の伝授を重視」し、「知識の応用を見落とし」ており、行政規定からの思想は、「教育の規範性を重視」し、「教育の柔軟性を見落とす」等の批判が挙げられている。このため、校長研修のカリキュラムにおいて、行政規定に則り、必修カリキュラムを学ばなければならないと同時に、学科本位によって学科カリキュラムを学ぶ必要があり、さらに仕事分析によって専門テーマのカリキュラムを研修する必要が出てくる。陳玉琨によれば、「現在の中国に最も欠けているのは、強い使命感を持った校長である。現在、校長研修を振り返ってみれば、ただ技術面・校長の専門知識のみに注目しているだけで全く足りていない。校長研修は、まず校長の専門精神を高めることを助けるべきである」としている（陳玉琨、2005）。校長の専門精神は簡単な管理技能に頼るのではなく、個別化の経験と行政化の規定により作られるものであり、系統的な専門知識と校長個人の系統専門知識に対する把握と抽出が必要とされる。そのため、もしこれらのカリキュラムが3種類のカリキュラム思想の内容全てを包含するならば、このようなカリキュラム体系は系統的であり、専門的であろう。しかし問題は、1990年より中国では統一の校長研修教材を使用

しているが、校長研修のカリキュラム体系は正式に立ちあがっていない。校長研修には多くの種類のカリキュラムがあるが、カリキュラム間の関係は整理されておらず、たとえば、学術化された「学校管理学」を開設すべきか、実践性のある「学校管理テーマ」にすべきか、単独で「鄧小平教育思想」を開設すべきか、学校道徳において「鄧小平教育思想」に関するテーマを増やすべきか、などの問題がある。現在の校長研修カリキュラムの全体像として、種類はすでに完備されているが、カリキュラム体系の形成と完成に関しては、更なる努力が必要であると言える。

（2）校長研修方式

　これらのことから、校長専門化は必要性に富んでいるが、実行の可能性に欠けているといえる。そのため校長研修方式は非常に多彩で、その研修方式の多様性によって、研修カリキュラムの系統性の不足を補おうとしている。

　校長専門化の過程において現在採用されている方式は、主に在職資格研修、在職校長向上研修、中堅校長高級研修である。在職資格研修は 300 授業時間を下回らないようにし、主に新任校長と副校長に対し、仕事の職責を履行するにあたり、必要な知識と技能を学ぶことを研修内容としている。在職校長向上研修は 5 年ごとに 240 授業時間を下回らないこととし、在職校長の知識と技能の更新を主として、管理経験交流と管理能力を引き上げる研修である。中堅校長高級研修は、学校教育教学の育成と専門家の管理研修である。

　理論上でははっきりと区別された三級の研修であるが、カリキュラム設置上及び研修資源の配置上において、任職、在職および高級を分けて立てるのは非常に困難であるといえる。どの研修機構であっても、どの研修教師であっても、最も良いカリキュラムを提供したいと考えている。しかしながら、教育学と管理学のカリキュラムは、自然科学のそれとは違い、明確な段階は存在しない。これ以外に、単一のカリキュラム研修では校長の専門化を達成できない。

　そこで、実践において豊富かつ多彩な研修方式が形成され、たとえば名校長基地や名校長研究室、影校長プロジェクト、名校長指導教官制、名校長研修班などがある。そのうち、名校長基地と名校長研究室は、教育行政部門または教育研修機構が卓越した校長もしくは有名校長の学校経営経験を教育資源として、その他の校長を招いて共に討論・研修・共有を行い、他の校長の

成長を促していくものである。影校長プロジェクトとは、我々がよく行う研修で、校長を名校長のいる学校においての研修に参加させ、名校長のもとで影校長として学校管理現場に参加し、体験し、校長の経営過程や経験を共有させるものである。名校長指導教官制とは、研修参加の校長に指導教官（主に学術教官と実践教官に分けられる）をつけ、研修の校長に定期あるいは不定期で学術と管理実践の指導を提供するものである。名校長研修班とは、地域に適応した潜在能力のある校長または次期校長を育てるもので、焦点を合わせた研修カリキュラムと研修資源を提供することに富み、彼らの長所を引き出し、短所を補うことを助けている。

　規範性のある資格研修から、高級研修へと引き上げ、個別性のある名校長研修班、影校長、校長指導教官制などが行われている。名校長研修班や影校長は専門知識の伝授に力を置き、校長指導教官制は管理経験の共有を重点に置いている。規範性と個別性のある研修方式を一緒に行うことで、専門知識が校長の素養を向上させ、また管理経験が校長の能力を引き上げることを望んでいる。ただ、中心知識または中心カリキュラムの基礎がない場合は、専門知識の伝授であれ、管理経験の共有であれ、校長専門化の促進に効果が大きく現れないことはこれまでに明らかになっている。

（3）教師集団

　校長の前身は、ほとんどが優秀な学科教師である。現在、校長に対する研修で必要なのは、研修カリキュラムに専門性があるかどうか、研修方式が科学的かどうかではなく、「校長を研修する教師」の選択と配置こそが大きな問題であるといえる。「中小学校校長研修規定」の中では、小中学校の校長研修実施機構の教師は、実践と専門を兼ね備えていることが規定されている。研修機構には比較的資質の高い、研修に適応した専門教師集団が必要となる。また、一定数量の校外専門学者や教育行政部門のリーダー、優秀な小中学校校長を兼職教師とすることなどの規定がある。実践中の各級各種の校長研修機構も、確かに専門と兼職を備えた方式を通して、校長研修の教師集団を形成している。

　しかも多くの研修機構は兼職教師を主とし、専門人員は主に研修の組織・管理・企画の作用においてのみで、具体的なカリキュラム研修の参画度はあまり高くない。兼職教師は、主に三つの方面から集められる。一つは、大学

または教育研究機構のうちの、教育理論と学校管理問題に対して深い研究をしている専門家である。二つ目は国家教育政策、地域教育発展傾向及び教育発展戦略問題を非常に熟知している教育行政官員である。三つめに、最先端の学校経営思想を把握し、学校管理経験の豊富で優秀な校長である。これと呼応して、現在の校長研修の人員分業が基本的に定められる。専門人員により、企画・管理と特定カリキュラムの授業があり、大学教授または研究専門家により学科知識類の授業を行ってもらい、教育行政官員に行政規定関係の授業を担当してもらい、第一線の優秀校長に実践テーマ類の授業を担当してもらう。このような教師集団は、有効的に異なる種類のカリキュラムの授業任務を解決しているように見えるが、兼職教師集団は、それぞれに意見を構えるという特徴がある。そのため異なる種類のカリキュラムを終えたとしても、校長専門化カリキュラムの系統的な統合からすれば、校長専門化プロセスの科学的な統合は終始、低いレベルに陥ってしまう。研修する教師にとっては、自分の話したい事柄または話せる事柄を話し、自分の任務を終えてしまう。しかし、研修を受ける校長にとっては、聞いた時は非常に感動し、帰ってから行動に移してみるが、そのなかで挫折すると動けなくなるという研修結果に陥る。校長の専門化は校長自身のことであり、他人は取って代えられないが、校長専門化を推進し、支えていく研修機構にとっては、専門化プロセスにある校長に対して、十分なサポートができているか、特に校長たちに対して方向性のある導きや、方法上の指導をする専門家の提供ができるかどうかが重要となる。

（4）管理構造

　校長専門化の必要性は意識されており、同時に校長専門化の問題の所在も意識されている。しかし、一体誰が全体的な校長の専門化という、この偉大かつ困難な事業を推進していくのだろうか。これは校長専門化と校長研修の管理構造の問題に関わってくる。

　「中小学校校長研修規定」によれば、国務院の教育行政部門は巨視的に全国の小中学校の校長研修を管理しており、「保障を制定し、中小学校校長の研修の関連規定や政策を規範化し、研修の総計画を制定及び組織実施し、研修教学の基本内容を作成し、組織を推薦し、教材を選定する。研修品質の評価体系を打ち立て、各省・自治区・直轄市の中小学校の校長研修を指導する」

とされ、一方、省・自治区・直轄市の教育行政部門は、所属地域の小中学校校長の研修を管理し、主な職責としては「所属地域の中小学校研修計画と付随政策を制定し、全面的に所属地域の中小学校の研修実施を担当し、検査と評価を行う」とされている。小中学校校長研修の任務担当は、「国務院の教育行政部門、あるいは省、自治区、直轄市の人民政府の教育行政部門の批准を経て、中小学校校長研修の任務を受け持つことが出来る、普通師範学校、教師研修学校、条件に符合する総合大学が担当する」とされている。

　小中学校の校長専門化と研修実践から見ると、確かにこれらは「管理と実施の分離」が見られる管理構造であり、問題は、けしてこの「規定」のように簡単ではない。なぜなら、中国の教育行政部門は国家政府部門と同じく4つの級（レベル）に分かれており、国家級・省級・市級・県級となっている。国家の教育部に、これらに相応する校長研修担当部門がない場合は（北京師範大学と華東師範大学の設立した小学校長研修センターと中学[3]校長研修センターも、主に直接教育部に関連する校長研修任務の研修機構を担当している）、各級ごとの教育行政部門と対応して、相応の校長研修機構が校長研修任務を担当する。このような管理構造は、二つの方面の問題を生みだす。一つは教育政策決定者が、問題現象から遠い場所にいることである。行政レベルまたは同級レベルの管理・実施の分離により、校長専門化のプロセスにおいて、政策決定者が問題現象から遠ざかり、具体的な問題に詳しい人が、行政の最も低いレベルにおいて、具体的な任務を担うだけということになる。

　彼らが具体的な問題を知るには、教育行政主管部門に対して、一つ一つ報告する必要がある。しかしその管理はマクロ的な権限に基づくものである。総体的な計画決定者からすれば、問題が発生している現場は非常に遠く、すぐさま具体的な情報を把握することが難しいといえる。もう一つには、校長専門化と研修に行政の色合いがはっきりと表れ、専門の特徴が薄れていることである。各級の教育行政部門は、校長専門化と研修のマクロ的な管理決定権を有しており、彼らは教育行政部門ではあるが、校長専門化の仕事に対して深く系統的な展開をすることは難しく、そこでこの仕事は終始、行政の任務となり、一つの専門テーマとして転化していくことが困難となっている。

3　日本の中・高等学校に相当

如何にして、問題の発見者と政策決定者との間に絶え間ない交流を保持し、この仕事の行政性と科学性を有機的に結合させ、管理構造を完備させていくかが重要な課題である。

3．校長専門化の制度保障の推進

　校長専門化のプロセスを推進するには、校長自らの努力も必要であるが、更に必要なのは、校長たちに系統的された専門カリキュラムと科学化された専門プロセスを提供することである。もし、校長個人の努力のみであれば、管理芸術と教育芸術に長けた校長となるだけであろう。これは少数の人のみの成果ではなく、系統化された専門カリキュラムと科学化された専門プロセスがあれば、必ず多くの専門化校長を育成することができるであろう。これこそが管理制度の力である。このため、政策決定と制度面から系統的に校長専門化プロセスにおいて存在する問題を考えることが必要で、更に大きな範囲と深い程度において問題を解決することが可能となる。以下にそれぞれ管理と実施の関係、校長研修と専門研究の関係、校長職権と管理能力の関係から、校長専門化の推進に対し、政策的な提案を提供したい。

（1）校長専門化は管理と実施上において徹底分離を実現し、研修任務と研修機構の市場における連結を実現する。

　現在の運営メカニズムによれば、校長の研修は教育行政部門の管理であり、具体的に校長研修任務を行うのは、国家あるいは省・市・自治区教育行政部門に批准された師範大学、教育学院、教師研修学校及び総合大学である。これは政策上、「管理と実施の分離」と理解できる。しかし、実際の過程において、国家教育行政部門は全国に設立された中学校長研修センターと小学校長研修センター以外に、その他の国家レベルの校長研修はすべて省・市・自治区の教育行政部門、あるいはその他の教育研修機構に委託をして実施している。各級の地方教育行政部門は、これと対応する同レベルの校長研修機構と、とりわけ密接な共生関係があり、これが省級の校長研修は原則上、その省の教育学院が担当し、市級の校長研修は本市の教育学院が担当し、県級の

校長研修はその県の教師研修学校が担当することを招いている。これらの良いところは、校長専門化と校長研修の管理においては有利ではあるが、その欠点も大きいと言える。

　主に二つの方面があるが、末端の校長研修機構が受ける研修任務が増えれば増えるほど、校長研修機構の研修能力が弱くなる。これは校長の育成と校長研修機構の資質的な逆転現象が起きているといえる。すなわち、当初校長を育成する機構は、師範大学附属か省の師範大学であったが、校長になってから再度受ける研修の機構は地方の教育学院ひいては県市の教師研修学校となっているのである。もう一つは、末端の校長研修機構になればなるほど、具体的な学校管理問題となることである。しかし、学校管理の具体的な問題解決および背後のメカニズムの認識に対しては最も欠けているのである。末端の校長研修組織と教育行政部門の緊密な関係のため、彼らは容易に地域での学校管理の具体的な課題を把握できる。しかし同時に、彼らは具体的な問題を仕事化し、学術化しないため、校長が解決できない問題は、研修機構においても解決できないということが起こる。

　したがって、校長専門化を管理上と実施上において徹底的に分離することを促し、各級教育行政部門から社会に向けて校長研修需要を発表し、全ての国家教育行政部門の批准を経た校長研修機構が自身の研修の特長をもとに、全国範囲の教育行政部門の発表した校長の研修任務を受け入れることである。すべての省・市・自治区教育行政部門の批准を経た校長研修機構が研修の特長と実力を活かして、本省・市・自治区範囲内の各級教育行政部門発表の校長研修任務を受け入れるようにする。一見すれば、各級の校長研修機構は"手に入れた"研修任務を失うようだが、実際は相応する校長研修任務は減少しておらず、却って市場化の方式により、どの校長研修機構にも自らの研修特長と実力に相応した研修任務を見つけることができる。校長研修任務を打ち出した各級の教育行政部門は、任務発表上において、校長専門化あるいは校長研修が解決すべき問題と完成する任務をさらに明確にすることができる。校長研修をさらに焦点化させ、これと呼応して各級の校長研修機構が受け入れる研修任務が、それぞれの機構の特長と実力の一致した研修任務である。このような形で校長研修と校長専門化の品質を高める試みも行われている。

（２）校長研修機構と研究プロジェクトの有機的な結合を促進し、カリキュラム開発と研修プロジェクトの密接なつながりを実現する。

　現在、校長専門化の最も大きな問題は系統化した専門知識、科学的な専門プロセスの欠如にある。なぜこのような現状にあるかというと、校長研修市場が分化されておらず、これと対応している校長研修機構も専門分業されていないからである。どの校長研修機構も、すべての校長専門化の任務を終えなければならず、そこで校長専門化の関連活動に終わってしまい、一見すれば豊富かつ多彩であっても、実際の専門化程度は十分ではなく、研修効果もいまひとつよくないのである。校長研修任務と研修機構の市場化との結合を実現する過程において、校長研修機構の研修特長と研修実力が中心競争力となるが、研修特長と研修実力はどこから来るのだろうか。これは、各校長研修機構の学校管理問題に対する深い研究程度によってであり、当然まだ研究が不十分であり、能力をもって深く研究した成果を校長専門化と校長研修の関連カリキュラムに転化していかねばならない。そのため、校長研修機構の研究内容と研究項目を詳しく見ると、この校長研修機構の研究特長がどんなものであるか、校長へ研修する際のカリキュラム特長が何であるかのおおよそがわかる。目下の校長研修にあっては、校長研修機構があらゆる方面の校長研修任務を担当するため、校長専門発展カリキュラムにおける、すべての問題を展開して研究することはできない。この状況のもとで、校長研修機構が提供するカリキュラムは伝統的な管理理論、教育学理論と社会学理論の簡単なまとめでしかなく、または教育行政部門のリーダーによる、国家教育政策内容あるいは教育発展傾向についての理解や、優秀校長の学校管理経験となり、学校管理の具体的な問題に対する深い研究と、研究成果のカリキュラム化には乏しい状態にある。校長研修機構が、研究特長とカリキュラム特長によって校長研修任務を担うのであれば、県級の教師研修学校であったとしても、もし彼らが学校管理のある具体的な問題に対し深く研究をするならば、おそらく各省・市・自治区ないし全国の各級教育行政管理部門発表の校長研修任務を引き付けることができるだろう。したがって、どの県級の教師研修学校であっても、学校管理上の具体的な問題を研究し、カリキュラム化することができるといえる。系統化された校長専門化の知識体系は、けして一つの機関あるいは個人が構想するものではなく、各研修機構の具体的な学校管理問題の研究があってこそ、この知識体系と校長専門化プロセスがより完全

となる。

（3）校長任用と校長資質の有機的な融合を推進し、校長の学校管理能力上と管理権利上の相対的な結合を実現する。

　系統化した学校管理知識を形成するには、科学的な校長専門化プロセスを形成する必要がある。次に、校長もしくは校長になることを期待している教師が必要となり、十分な意志をもって専門化の知識を学び、専門化のプロセスを経験する必要がある。校長という職位を学校管理の専門職位とし、優秀教師の行政官位と見ないことである。これによって学校管理能力を備えた人が、校長職を担うことを選択し、学校管理業績によって既に職位にある校長を評価することができる。優秀教師から校長へ、これは専門転換の過程であり、ただの身分の転換を指すのではない。もし校長を一つの官位と見るならば、教師が教師から校長への「身分転換」を完成しても、「専門転換」ができない、あるいはしたくない場合は学校の発展を妨げ、自身も優秀教師の前途を犠牲にしてしまうことになる。このため、校長研究機構においては、校長資格能力研修または類似した研修項目を増設する必要がある。これはけして校長になる、または既に校長となった人に対しての研修ではなく、学校管理に携わって興味を持つ人に提供するにふさわしい研修である。研修課程においては彼らの知識と能力を増やし、校長という職位職責とは一体何かを理解させ、彼らが「教学専門上持続的に発展」し、「学校管理において専門転換する」間において正確な選択ができるようサポートする。これと同時に、教育行政部門が校長を選択・任用する際に、選抜対象の管理能力と管理素養に焦点化して考査を行えるようにし、教育行政部門が教師群の中からどのような基準で校長を登用するのか、この基準がさらに明確となれば、校長になろうという興味を持つ教師たちをこの方向へ努力させることができ、在任の校長たちの専門発展上においても進歩を続けることができるであろう。

【参考文献】

　Speck M. The Principalship, Prentice2H all Inc.1999. p.33, p.51, p.69

　褚宏啓「校長の専門化に向けて」（走向校長専業化）『教育研究』2007 年 (1)

　褚宏啓「小中学校長養成課程の改革への道筋」（中小学校長培訓課程的改革路径）『教師

教育研究』2009 年 (11)

陳木金『学校領導研究』高等教育出版社 , 2001

陳玉琨「校長の専門化と校長養成」(校長専業化与校長培訓)『教育発展研究』2005 年 (9)

第 6 章

中国の大学における校長研修

——北京師範大学の取り組みを中心に——

高 益民（GAO, Yimin　北京師範大学）

はじめに

　教育改革が急速に推進しつつある中国において、教員の質をいかに向上さ
せ、なかでも校長をはじめとする学校経営者や教育行政部門の行政官をはじ
めとする教育管理者の質をいかに高めるかは重要な課題である。とりわけ、
法は十分に整備されておらず、人的要素が大きく働く中国の教育現場におい
て、比較的大きな権限を持つ校長や公務員は、教育改革の推進において無視
できないだけではなく、むしろ重要な役割を果たすべき教育指導者的存在で
ある。

　教育指導者とりわけ校長の研修は従来主として、現職（in-service）の教
員研修の専門機関である「教育学院」[1]などで行われていたが、現在、就職
前（pre-service）の教員養成を担当する師範大学や一般の総合大学も積極
的に参入するようになった。特に師範大学は教員養成や教育研究の基盤があ
り、校長研修において大きな役割を果たしている。

　しかしながら、就職前の教員養成は師範大学の大学教育の重要な部分とし
て、長年の経験が積み重なっており、十分に制度化されているなかである
程度安定した状態を保ちつつ質的向上を追及していることに対して、現職
の校長研修は、師範大学にとって歴史が浅く、国のスタンダードも曖昧であ
ることもあり、それぞれ独自の取り組みで質的向上を模索する傾向が強い。
2010 年以来、国家レベルの教員研修プロジェクト（「国培計画」）に従い、

1　ここでの「教育学院」とは地方の教育行政府が設置するもの。大学の教育研究組織とは異なる。

師範大学は研修の計画や効果等について国に報告し、国のチェックを受ける義務があるという意味で、校長研修にも外部質的保証がされるようになった。この点では、地方政府が関与する校長研修も類似している。しかし、各大学が独自に展開する国のプロジェクトに属しない校長研修は、むしろ大学の経営活動や社会貢献活動の一部として、自己責任で質向上を図り、研修を受ける側から評価されている。総じていえば、校長研修は大学にとって独自色の強い分野である。

師範大学のトップともいうべき北京師範大学も同様に、国から委託された校長研修も独自に展開する校長研修も行っている。前者の典型例は北京師範大学で設置された「教育部小学校長研修センター」（小学校長培訓中心）の校長研修であり、後者は北京師範大学教育学部の創設した「教育家書院」の取り組みの例がある。

本章は、中国の大学における校長研修の基本的背景を整理したうえで、こうした北京師範大学の事例を中心に、校長研修における質的向上への取り組みや大学の独自色を考察することを目的とする。

1．中国の大学における校長研修の基本的背景

中国の大学が校長研修に深く関与し、それを大々的に展開するのは21世紀になってからのことであるが、それまで長年にわたりさまざまな事情を背景にその関与度を増してきたといえる。

中国共産党は従来、幹部養成を大切にしている。毛沢東が「政治路線が決まってから、幹部は決定的な要素になる」[i]と強調しているように、幹部養成は政策と同様に、中国共産党の重要な関心事である。従来、実践の場で幹部に試練を与える以外、中国の幹部研修は基本的に中国共産党が設置した「党校」系統や政府機関が設置した「行政学院」や「幹部学院」などの機関で、独占的かつ閉鎖的に行われてきた。これらの機関は教育法によって規定される教育機関ではないが、幹部の研修において大きな役割を果たしている。しかし、各領域における中堅的役割を果たしている人材はすでに狭い意味の「幹部」を超えており、新しい知の拡張も著しく、従来の研修機関では新し

いニーズに応えられなくなった。中国共産党中央委員会は『幹部の教育・研修に関する条例（試行）』(2006) のなかで、「党校」、「行政学院」、「幹部学院」を幹部研修の主要な機関としつつ、「高等教育機関」や「科学研究機関」も自身の優勢を発揮し、幹部の教育・研修を担ってもよいとしている（第28条）[ii]。また、『2013年〜2017年にかける全国幹部の教育・研修計画』は、前述の2006年の『条例（試行）』にある教育・研修の対象を「幹部全体であるが、県の課長レベル以上の共産党や政府の幹部が中心である」[iii] ことから、「党と政府の幹部」（各地方の執行部、公務員）、「企業経営管理者」、「専門職・技術者」、「若手幹部」、「末端組織の幹部」まで拡大した[iv]。それを背景に、知の生産や創造を主たる使命とした大学は幹部研修に貢献しなければならない時代が到来し、2010年3月から、中央政府各官庁の局長レベルの幹部研修も大学に開放されるようになった。

　ただ、教育領域において、小中学校のスクールリーダーや教育委員会の公務員は、「幹部」として取り扱われる意識が希薄なためか、あるいは「専門職」とされる意識が強いためか、早くから大学に委託されていた。1980年、当時の国家教育委員会（現「教育部」）は「教育工作会議」と「全国師範教育工作会議」を召集し、1980年8月に「小中学校現職教員の研修の強化に関する意見」という通達を公表した。廃校となった教育行政学院は「中央教育行政学院」という名称で再開され、校長を含めた教員の研修が再出発した。1982年10月に、国務院は教育部の「教育学院建設の強化のための若干の課題に関する暫定規定」を批准し、省や市レベルの「教育学院」に現職の教員や「教育行政幹部」の研修を委ねた。1986年になってから、元国家教育委員会は北京師範大学、華東師範大学、華中師範大学、東北師範大学、西南師範大学[2]、陝西師範大学という6校の師範大学で教育管理幹部研修センターをつくり、各地域の校長研修をそれぞれ担当させ、全国的にネットワークを形成させた[v]。そのうち、華東師範大学のセンターは「教育部中学校長研修センター」(1989)、北京師範大学のセンターは「教育部小学校長研修センター」(2000) に発展した。2013年、2年ほどの準備を経て、「教育部幼稚園長研修センター」が東北師範大学でも設置された。つまるところ、師範大

2　のち2005年に西南農業大学と合併して現在は西南大学。第3章脚注4（66頁）参照。

【表1】校長・教育幹部の研修に関する主要な通達・計画等

年度	通達・計画等
1989	小中学校研修の強化に関する国家教育委員会の意見
1990	小中学校の現職研修の展開に関する国家教育委員会の若干の意見
1991	全国小中学校長の適任条件と職務要求（試行）
1992	全国小中学校長陣の全体的整備に関する意見
1995	「第9期五か年計画」期間における全国小中学校長研修に関する指導的意見
1999	小中学校長研修に関する規定
2001	全国教育幹部「第10期五か年計画」
2002	小中学校長研修の更なる強化と改善のための意見
2007	全国教育領域の幹部研修「第11期五か年計画」
2010	教育領域における大規模な幹部研修の更なる展開に関する中国共産党教育部党組の実施意見
2013	義務教育学校校長専業標準
2013	小中学校長研修の更なる強化に関する教育部の意見
2013	全国教育領域幹部研修計画（2013-2017）
2013	全国教育領域財務管理幹部研究実施案（2014-2017）

学はすでに30年ほど前から校長研修に深く関与するようになったわけである。

　それにしても、校長研修の規模拡大はやはり21世紀になってからのことである。【表1】に示した中の1989年の『小中学校研修の強化に関する国家教育委員会の意見』は「改革・開放」以来、初めての校長研修に関する網羅的政策であり[vi]、それ以来、教育改革の推進に伴い、校長研修の重要性はますます強調され、校長研修も大々的に全国で展開されるようになった。興味深いことに、2001年に一時使われた「教育幹部」という言葉は上述の中国共産党中央の『条例（試行）』（2006年）が公布されて以後、再び「教育領域幹部」（中国語「教育系統幹部」）に変わって復活し、校長等のスクールリーダーや教育公務員も幹部の範疇に入るというニュアンスがうかがわれる。

　校長研修の展開は教育改革の推進と深く関わっており、特に国務院の直接的な関与の下で策定された『国家中長期教育改革・発展の計画綱要（2010-2020）』の発布はその中で重要な背景の一つとなっている。同じ年に、『教育領域における大規模な幹部研修の更なる展開に関する中国共産党教育部党組

の実施意見』が公表されると同時に、教育部と財政部による「小中学校教員国家レベル研修計画」[3](略称「国培計画」）も策定された。2014年にさらに「校長研修国培計画」（以前も「国培計画」の一部分として校長研修の内容が入っていた）が打ち出されている。

　当然、校長研修への大学の参入は、教師教育のシステム変容や高等教育の激変とも深くかかわっている。

　従来、中国の教師教育は少なくとも次の三点において、諸外国と異なっていた。第一に、「教員養成は大学で」という原則で教員養成を完全に高等教育機関に任せる先進諸国と違い、中国の教員養成は高等教育機関だけではなく、中等教育機関[4]でも行われていた。第二に、高等教育レベルの教員養成をみても、教員養成を総合大学にも委ねる先進諸国と違い、中国の教員養成は基本的に単独に設置された「師範大学」、「師範学院」と「高等師範専科学校」（短期大学レベル）で行われ、総合大学は基本的に教員養成から排除されていた。第三に、教員養成大学を含めた様々な高等教育機関が現職教員の研修に参画している先進諸国と違い、中国の教員研修には教員養成の高等教育機関が関与できず、基本的に「教育学院」（基本的に短期大学レベル）と「教師進修学校」（基本的に高等学校レベル）に委ねられており、教員養成機関と教員研修機関が、はっきりした境界線で分けられていた。

　しかし、こうした師範教育は、激しい社会変動のなかで著しい変化を見せている。まず、「中等師範学校」の廃止により、教師教育が高等教育に収束していくという「高度化」が起きている。また、師範大学が総合化する一方で、総合大学が逆に教員養成に参画できるという「開放化」が起きている。教員養成機関と教員研修機関との連携が見られ、両方の機能も相互に浸透し、いわゆる「一体化」も進んでいる。こうしたなかで、教師教育への一般大学の参入や教員研修への師範大学の参入ができるようになった。その原因として、教員の質を高めるという視点から、従来の師範大学は基本的に小中学校の教科（数学、物理、化学、生物、地理、中国語、歴史、外国語等）を想定して

3　原語は「中小学教師国家級培訓計画」。
4　中等教育レベルの「中等師範学校」（小学校教員の養成機関）、「幼児師範学校」（幼稚園教員の養成機関）等を指す。

134

学部や学科を設置し、学問分野が比較的に狭く、学問研究の基盤も脆弱であり、日進月歩の科学技術の先端から離れているのではないかとの批判がある。また総合大学や理工系大学のように産学連携によって大量に外部資金を得ることも困難であり、施設・設備の老朽化や優秀な教員の誘致難などの問題も深刻であることから、総合大学に教員養成や教員研修の門戸を開放せざるをえない状況になった。こうして、2003年に80校の非師範系高等教育機関が教師教育に参入する宣言を発表したことを契機に、教員養成の閉鎖制が打破された[vii]。また、就職前の教員養成機関と現職の教員研修機関との分断に関しては、従来は理論研究や体系化した専門知識の伝達の面ではしっかりしている大学が教育現場の動きや問題をすばやく把握できない一方、教員研修機関としての教育学院は学校現場の事情をよりよく把握しており、課題解決に優れる側面があるが、更なる高度な理論で教育現象を分析する力が弱いと指摘されている。こうして、相互補完のために、師範大学と教育学院は互いに役割分担を拡大し、両者の境界線が徐々に曖昧になりつつある。

　さらに、「師範教育」から「教師教育」への転換は高等教育の市場化とも絡んでいる。従来の計画経済体制下に置かれた大学は、政府の下位の実施部門であり、両者は完全に垂直な関係にあった。こうした硬直した関係を変えるために、中央教育行政部門の過大な権限を次第に削減し、地方や各大学の権限を拡大させるようになった。しかし、大幅な裁量権を与えられた高等教育機関は、資金面等において政府依存体制を脱却し、自らのイニシアティブで社会から資源を獲得しなければならなくなった。1999年、中央政府がそれまでの規模安定策を募集拡大策に突然転換させたことを背景に、大学進学ブームが起こり、学生をどんどん受け入れるように、政府は各大学に多くの自由裁量を与え、規制緩和をさらに進めざるを得なくなった。一方、大学にとって、豊かな顧客源は資金源をも意味しており、新しい教育モデルを模索する促進要因でもある。たとえば、本来教員研修を本務とした教育学院が教員養成を行ったり、一般の大学として様々な学科を設けて大学教育を実施したりすることができるようになったのも、大衆化や市場化の要因があるからである。

　以上のように、校長研修は、中国共産党の幹部教育研修政策、中国の教師教育改革と高等教育改革などの要因が複合化した背景の中で、大学において行われるようになった。

2. 「教育部小学校長研修センター」の校長研修

　前述のように、1980年代の初頭に教育部が北京師範大学で設置した教育幹部研修センター（「教育部華北教育管理幹部培訓中心」）は、2000年に「教育部小学校長研修センター」として中心機能の転換をさせられた。教育部からすると、機能転換というのは、華北地域にとどまらず全国的にも役割を果たすことと、小学校の校長研修に専念することであろう。

　1980年代、北京師範大学は華北地域の教育管理幹部研修センターづくりという教育部の要請に対応するために、教育管理学院という大学内組織を設置した。教育管理学院は、教育学部（当時「教育系」）など学内から教員を異動させ、学外からも教員を吸収することに基づいて成立し、学内の大学院教育を担当しつつ、研修センターを担った。2000年「教育部小学校長研修センター」が成立した後も、同様なシステムで運営された。2009年、学内の組織改造によって教育管理学院は全て「教育学部」に吸収されるようになり、所属している教員はそれぞれの専門分野によって教育学部の下位機構である「教育管理学院」、「高等教育研究所」、「教育経済研究所」などの機関に配属されるようになった。こうして、従来の教育管理学院の教員が「教育部小学校長研修センター」の講師を兼任する状況は解消されるようになった。そのため、教育学部は職員しかいない部局の「培訓学院」をつくり、「教育部小学校長研修センター」の研修業務を充てた。「教育部小学校長研修センター」の研修や他の研修を行う際に、「培訓学院」は教育学部の教員をはじめ、学内外から講師を招聘して研修を展開する形になった。（学内外から講師を招聘することは従来も行ったが、教育管理学院の教員は研修センターを兼務することが義務化されることもあり、実際講師の主体は教育管理学院の教員であった）。

　【表2】に示されているように、研修センターは国家レベルの研修計画（「国培計画」）の一部として小学校長を中心に研修活動を行っている。しかし、こうした研修活動にも独自色がある。その理由は、国家レベルのプロジェクトは大きな枠組みがあるが、具体的には請負制で各研修機関に委託することにある。各研修機関は独自に勘案したプランを提出し、教育部はそれをプロジェクトの趣旨や要求に合致するかどうかを審査して受託機関を指定する。

【表2】教育部小学校長研修センターの研修プログラム（2000.5–2014.7）

プロジェクト名	研修プログラム名	実施期間	研修回数	研修者数
小学校長研修	全国千名中堅校長研修	2000年	4	200
	全国小学校長高級研修班	2002年–2014年	59	3897
	西部・東北地域農村地域小学校長研修班	2006年–2009年	4	240
	中部・西部地域農村小学校長研修班	2010年–2013年	4	288
	湖北省小学校長高級研修班	2011年	1	80
	全国小学中堅校長高級研究班	2001年–2003年	1	29
	全国小学優秀校長高級研究班	2009年–2013年	5	154
幼稚園長研修	全国幼稚園長高級研修	2009年–2014年	12	749
農村校長助力	農村校長助力小学校長研修センター研修班	2013年–2014年	2	94
特別支援学校長研修	全国特別支援学校長高級研修班	2004年–2013年	7	384
トレーナー研修	全国小中学校研修管理者研修班	2006年–2013年	8	486
小学校長出国研修	小学校長出国研修	2002年–2006年 2010年–2013年	9	155
辺境・西部地域研修	新疆小学中堅校長研修班	2010年–2011年	2	170
	チベット小学中堅校長研修班	2010年–2011年	2	170
	青海小学中堅校長研修班	2011年	1	101
視学官研修	全国教育視学官研修班	2000年–2004年	4	362
外国資金助成による支部県レベル局長研修	教育部外資弁公室西部県レベル教育局長研修班	2004年、2006年	2	112
教育部所属職員研修	教育部所属青年幹部研修	2009年	1	22
香港校長研修	香港小学校長研修班	2001年–2010年 2012年–2014年	14	401
	香港教育界小中学校長・教師訪問団	2002年–2005年 2010年	5	137
マカオ校長・教員研修	マカオ校長、副校長、主任等学校管理者研修班	2002年–2007年	7	169
台湾校長・教員研修	台湾校長・教師研修	2010年–2014年	5	419
合計			159	8819

出典：教育部小学校長培訓中心「教育部小学校長培訓中心成立以来培訓統計」。

　結局、各機関は自分が提出する案に基づいて校長研修を行う。また、【表2】に示されているように、小学校校長研修以外の国のさまざまな研修プロジェクトも担当している。なかには、教育部の職員研修や香港・マカオ・台湾の教員研修も委託業務として受け負っている。

　また、国に提出された総括報告によれば、この他に、研修センターは独自の研修活動も行っている。たとえば、2012年までに、「優秀校長学校経営思想シンポジウム」（主催・共同主催で計7回、参加者数は700人）、地方からの委託研修（たとえば、湖北省の中学校・高等学校教員研修）、校長フォー

【表3】「教育部小学校長研修センター高級研究班の研修四段階

研修段階	研修期間	研修日数	時間数
第一段階	6 月 3 日-23 日	21 日	124 時間
第二段階	10 月 10 日-23 日	14 日	96 時間
第三段階	3 月 17 日-30 日	14 日	96 時間
第四段階	5 月 12 日-18 日	7 日	40 時間

出典：教育部小学校長培訓中心簡介
http://www.cea.bnu.edu.cn/about.fo?method=content&nid=289&colum
nid=10

【表4】「教育部小学校長研修センター」高級研究班の講義（例）

テーマ	講　義	時間数
わが国の基礎教育改革の背景とこれからの方向性	中国教育に対する WTO 加盟の影響	4
	グローバル化と国際政治情勢	4
	科学教育強国戦略における基礎教育の目標	8
	20 世紀における世界の教育改革	4
	20 世紀における中国基礎教育改革の経験と教訓	8
	わが国の基礎教育改革と発展の政策課題	4
現代教育管理の新しい進展	学校の戦略管理の学校変革	4
	スクールベースド経営	4
	学校におけるヒューマンリソースマネジメント	8
	学校のコスト収益分析	8
	学校経営診断	4
	学校経営における法的問題	4
わが国の基礎教育改革の課題	基礎教育と「新しい基礎教育実験」	4
	小学校カリキュラム改革の構想	8
	学校カリキュラムの開発と管理	4
	授業モデルの変革と授業評価	4
	授業における現代教育技術の応用	4
	学生の心の健康教育と学校カウンセリング	4
	小学校の道徳教育	8
教育研究	研究課題の選択と論証	4
	研究方法の運用	8
	研究における電子資源の運用	8
	小中学校の研究成果の事例分析	4

出典：教育部小学校長培訓中心簡介
http://www.cea.bnu.edu.cn/about.fo?method=content&nid=289&column
id=10

ラム（たとえば、中国小学校校長大会 3 回、小学校教育国際シンポジウム、「内地―香港小中学校フォーラム」、「教育的実践を進める優秀校長フォーラム」20 回など、参加者は 7,000 人余）、ユニセフのプロジェクトなども積極的に展開している [viii]。

　研修センターの研修方式は、講義、セミナー、ワークショップ、学校視察などいろいろあるが、これらを組み合わせて総合的に実施することが多い。ここでは、最もレベルの高い「全国中堅校長高級研究班」の取り組みを事例として説明したい。「全国中堅校長高級研究班」（以下「高級研究班」）は「全国小中学校千名中堅校長研修計画」の一部として、すでに実績をあげた中堅の校長を対象に、さらなる研修によって教育家的存在として全国の小学校教育において指導的役割を果たす人物を養成することを目標としている。高級研究班は 1 年（毎年 6 月から翌年 5 月。2 ヶ月の集中研修と 10 ヶ月の在職独学からなる）を単位にして研修活動を展開する。集中研修は研修センターで、四段階に分かれ計 358 時間行われる（【表 3】参照）。

　研修者の「理論学習」は講義を中心に四段階の集中研修において行われる。（内容の例については【表 4】参照）また、研修者は様々なシンポジウムや座談会に参加する。こうした対話的な検討活動は教育行政官、教育学者、メディア、海外の研究者を招聘して行われる。さらに、研修者には中国大陸の学校視察や香港訪問・外国訪問の機会を設けている。

　高級研究班に参加する研修者には、研究する義務が課される。研修センターはすべての研修者にそのニーズに応じて第一段階で指導教員を指定する。研修者と指導教員は第二段階の 10 月までに、双方の相談に基づいて研究課題や研究計画をたてる。10 月には研修者は研究課題と研究計画について発表し、指導委員会の指導を受けて、それを最終的に確定する。研究テーマが確定した研修者は、指導教員の個別指導を受けつつ、在職独学をして研究を進める。

　研修者は、第二段階か第三段階において、講演会等を通して、自分の学校経営に関する理念や経験を発表しなければならない。さらに、以上の研究活動、交流活動などに基づいて、研修者は指導教員の指導の下で本の原稿を執筆する。

　以上の事例でわかるように、教育部から委託された校長研修はだいたい二分できる。一つは僻地や貧困地域への支援プログラムであり、もう一つは選

抜された優秀な校長の研修である（もちろん、研修資源が限られており、校長が多いなかで僻地や貧困地域の校長も地方の推薦・選抜が必要である）。これは、教育部は研修センターの研修活動を全国の各関係機関に手本として提示することを狙い、各地においても校長研修を展開させることを希望している。また、こうした研修で、教育家といわれるほどの中核的教育指導者を学校現場に多く送り出すという教育部の思惑も物語っている。

3．北京師範大学教育学部「教育家書院」の取り組み

　教育部の研修センターにおいても、トップダウン式だけではなく、各大学の独自の取り組みを行っていることは前述どおりであるが、それと同時に、研修センター以外の部局や学部（たとえば継続教育学院、教育学部など）においても、独自の校長研修が展開されている。ここで紹介したいのは、北京師範大学教育学部が創設した「教育家書院」の取り組みである[ix]。

　教育家書院は2010年4月に成立し、文字通りに「教育家」という卓越した教育指導者を養成することを目標に作られたものである。「教育家」が必要だという声がずっと前からあったが、当時の温家宝総理の提唱で社会から大きな関心を集めた。中国の教育に問題が山積しているにもかかわらず解決策をなかなか見いだせない原因の一つとして、教育行政や学校経営に携わる教育指導者が官僚制のもとで変質してしまっていることがあり、理論・理念・原則に基づいて長い視野を持ち、教育を深く理解し、子どもを愛する教育指導者が不足しているという認識から、温家宝総理は「傑出した教育家が輩出することを期待する」ことや、「教育家に学校運営をしていただきたい」という意思を2006年から幾度となく表明してきた。さらに、『国家中長期教育改革・発展計画綱要（2010-2020）』は当時策定中であり、学校を「教育家に託すべきだ」という意見も寄せられている。これは、校長や教師が毎日多忙な授業に没頭し、煩雑な学校事務に振り回されている状況では深刻な教育問題から脱出できないことを憂慮する人が温家宝総理だけではなく、社会にも多く存在していることを物語っている。結局、翌年公表された『国家中長期教育改革・発展計画綱要（2010-2020）』は「教育家が学校運営をする

ことを提唱する。有利な条件をつくり、教師や校長が実践の場で大胆に探索し、教育思想・教育モデル・教育方法を作り出し、個性のある教育や経営をすること奨励し、多くの教育家を養成する」という文言が盛り込まれている[x]。

　こうした背景のなかで、北京師範大学教育学部は教育家書院の創設に踏み出した。教育家書院は、「教育家を発見・育成する基地として、優れた教員が成長する揺籃、優れた教員が国内外の交流を行うプラットフォーム、教育家の学問的郷里を目指している」と表明しており、「創造的、個性のある教育家」を養成することを目標としている。ただ、「教育家」を卓越した教育指導者と認めつつも、夢想的な存在ではなく、「教育家」の概念を現実的に捉えたほうがよいと教育家書院は考えている。書院長の顧明遠教授（中国教育学会長）は成立式典において、こう語っている。「教育家を神秘的に捉えないほうがよい。あまりにも高くて、厳格に見なくてもよい。実は、教育を愛し、長年にわたって教育に身を投じ、優れた成果をあげ、教育を研究し、自分の教育思想や先進的理念を持ち、自分の教育特色が形成できて、教育界で一定の影響力のある者は、みな教育家といえるだろう」と[xi]。顧明遠教授はスピーチのなかで以下のようなニュアンスを説明した。つまり、まず、教育家をプラトン、ソクラテス、コメニウス、ルソー、デューイのような大家をイメージしないこと。それから、小学校の教員として活躍して全国的に影響力をもった霍懋征先生[xii]のような方を、現代中国で活躍していた教育家としてイメージしてほしい。第三に、こうした校長は、教育能力や学校経営能力を現場で発揮できるだけではなく、理論を創出し、教育思想において大きな影響力をもつ。顧明遠教授の明瞭な説明によって、「教育家書院」の問題意識やその目標が明らかになっている。教育家書院は校長研修を主たる機能としながらも、現場の優れた校長の知見を大学での教員養成にも生かし、学士課程教育や大学院教育にも貢献していただくという思惑から、またトレーナーとトレーニー（研修を受ける側）の間で上下関係を排除するという意味で、研修に来る校長を一律に「兼職研究員」と称する。成立からいままで、「教育家書院」は3回にわたり「兼職研究員」を募集しており、総勢30名が集まっている。

　それに対して、トレーナー側も「研究員」と称するが、「客員研究員」と「協力研究員」と二通りがある。客員研究員は全国的に著名な教育家や教育学者であり、講演会や共同研究を通して校長研修に参画する。協力研究員は北京

師範大学教育学部の教員であり、日常的な研修を担当する。研究員の選抜や招聘等は名門大学や研究機関の研究者 16 名（うちコロンビア大学、香港中文大学 1 名ずつ）、小中学校名門校の校長 5 名、名門幼稚園の園長 1 名からなる学術委員会が行っている。

　教育家書院の研修方式は、従来の講義型も取っているが、内容が具体的な教育実践ないし教育それ自体を越えている。【表5】で示されているように、講師は北京師範大学の教授に限らず、全国から招聘され、研究分野も多岐にわたっている。教育それ自体を超えるような研修内容を入れることは、教育家書院の教育課題に対する分析や教育家に対する理解とかかわっている。書院長顧明遠教授は教育家書院の成立式典において「私は従来、優秀な教師がさらに向上しようとするには、学校の教科書ばかりに目を向けることや、教育理論ばかりを勉強することはいけないと思う。もっと重要なのは、全面的に資質を向上させ、教育家の気質を醸成することだ。教育というものは、科学でもあれば、芸術でもある。芸術に悟りが必要であると同じように、教育も悟りが必要だ。悟りはどこから来るだろう。全面的な資質からだ。北京師範大学は先生方の全面的資質の向上のための条件を提供する。」と語っていた

【表5】2013 年度「教育家書院」の講義

講師	所属	テーマ
蕭 放	北京師範大学文学院	中国の民俗文化について
褚宏啓	北京師範大学教育学部	教育発展方式の転換と校長の思考法の改善
李 猛	北京大学哲学系	ロビンソンと現代世界
顧明遠	北京師範大学教育学部	第三次産業革命と教育改革
李 康	北京大学社会学系	大学の知識人——学生本位に基づいて
杜 霞	北京師範大学教育学部	映画の中の教育
陳嘉映	首都師範大学哲学系	哲学とはなにか
石鴎	首都師範大学教育科学学院	中国における教科書の発展史
Ference Marton	(スウェーデン)ヨーテボリ大学	変異授業論
朱小蔓	北京師範大学教育学部	感情教育について
賀淑曼	中国人材研究会	エリート教育について
陳建翔	北京師範大学教育学部	ヘラクレイトスと老子の間を生きる
王揚宗	中国科学院自然科学史研究所	ジョゼフ・ニーダム氏の難問から銭学森氏の問い
姜添輝	台南大学	落ちこぼれに関する社会学的分析

出典：http://jyjsy.bnu.edu.cn/html/7/s1/c/101.htm

[xiii]。これまでの4年間、教育家書院は在院中の兼職研究員を大学の様々な教育活動・研究活動に参加するように奨励するほか、講義を計69回催している。講義といっても少人数の研修者のためディスカッション等をかなり入れており、実質的にはセミナーやワークショップのようなものになっている。

　また、研修の参加者が少人数で有力な校長であるゆえに、教育家書院は従来の受講の方式だけではなく、さまざまな方法をとることが容易になっており、講義以外の様々な活動を展開している。一つは、学校視察である。学校視察は、教育家書院が研修を受ける兼職研究員を引率してモデル校を視察することや、協力研究員が兼職研究員を校長とする学校を視察し、現場で指導することや、兼職研究員同士がお互いの学校を視察するなどのパターンがある。なかには、2011年5月、教育家書院は兼職研究員を引率してアメリカのコネチカット州で1週間の交流活動を行ったこともある。コネチカット州のMontville学区やPine Pointという私立校を訪問し、Fairfield学区とWestbrook学区で実習をしている。

　教育家書院は従来の一方通行的な研修モデルを克服するために、「講会[xiv]キャンプ」を2回試みた。1回目は、教育科学出版社『人民教育』と共催で、2013年12月に2日間で行われた。講会キャンプは講演会4回、授業展示5回、講会3回が含まれている密度の高いスケジュールであった。講会キャンプのテーマは「兪正強と彼の友人：小学校数学の種子授業の展示と検討」である。兼職研究員の兪正強は浙江省金華市のある小学校の校長で、数学の特級教師でもあり、十分な生活経験を数学の初期学習に導入する授業を「種子授業」と名づけて提唱している。講会キャンプにおいて、彼は講演会を2回開き、数学の授業も披露した。彼の授業に基づいた講会は、「講会人」と呼ばれる基調報告者は4人とも数学特級教師であり、コメンテーターは3人とも数学教育界の大物である。講会は「種子授業」の意味や展開についてディスカッションをし、300人ほど参加し、大きな反響を呼んでいる。2回目の「講会キャンプ」は2014年4月に寧波市小中学校教員研修センターと共催で2日間開かれた。前回の経験に基づいた2回目のキャンプも数学教育を中心に検討され、参加者が600人ほどの盛会であった。

　教育家書院は優秀な校長を養成すると宣言しているが、研修で教育家が現れるという幼稚なことはもちろん想定していない。教育家書院の常務副院長の郭華教授は「教育家書院は教育家を集める集散地ではない。または、高級

第6章　143

クラブや加工工場でもない。教育家でない人はここに来て、書院を出たとき
に顔に教育家の印をつけられ、もう自分が教育家だというところではない。
教育家による学校運営や教育家書院といった面でも、途上にある状態であ
る。」[xv] つまり、高い理想や方向性を目指して努力し続けることが教育家書
院の自覚である。

おわりに

　北京師範大学における校長研修は何を意味するであろうか。まず、もちろ
ん、中国における校長研修のニーズが非常に高まっていることを反映してい
る。教育部の研修センターはともかく、教育学部も「研修学院」以外に「教
育家書院」で大々的に校長研修を展開することは、校長研修への高まってい
る需要に対応するためにほかならない。

　第二に、北京師範大学の取り組みは校長研修の質向上を追及するいわゆる
高度化の傾向を物語っている。当然、就職前の教員養成も優秀な教員を養
成することが大事であり、「高度化」も進んでいる。たとえば北京師範大学
は、学部4年に加えて大学院2年のプログラム（4+2プログラム）を模索し、
大学院教育によって従来より質の高い教員を養成することに努めている。他
の大学においても、より優秀な教員を養成することで努力している。しかし、
まず最低限の基準に達し、教員免許が取得できるほどの新人教員の養成に重
きを置くことは、教員養成大学でよく見られることである。逆に、教員が教
職のキャリアで生涯をかけて成長していく観点から、教員の質向上は現職研
修に委ねなければならない側面がある。それゆえに、校長を含めた現職教員
の質向上は最低限というより、最高の水準を追及する意識が強い。教育部小
学校長研修センターも教育家書院も「教育家」という言葉を使っているよう
に、北京師範大学は従来の通常の校長研修を一段高く超越することによって、
卓越した校長を養成するという高尚な理想をもっている。講義に慣れてきた
大学人がさまざまな研修方法を試みることは、研修を受ける側の優秀さやさ
らなる高い目標によって促されている。

　第三に、こうした校長研修の高度化は就職前（pre-service）の教員養成

のように制度の束縛を受けずに、また高等教育の市場化で自由に模索できたことを示している。研修に対する現場の要請が非常に多様であり、制度化的対応はできないだけではなく、むしろ望ましくないことである。全国的な研修テーマをみれば、教科を中心にするものもあれば、学級経営、道徳教育、学校運営など多岐にわたっている。校長研修だけでも、校長の教養を高める研修、新しい授業形態への理解を含める研修、チームづくりや学校文化の醸成および広報などの経営能力を高める研修、教育理論を刷新する研修、ICTなどの情報技術を習得するための研修など、時代の変化に応じてよく変動している。たとえ制度的に研修の時間数などを定めても、研修方式や研修内容は随時調整しなければならない。それに関連して、校長を含めた現職教員の研修は多様なニーズがあるゆえに、市場化に頼るしかない側面がある。大学の収入になることは、より多くの顧客を獲得するためにあらゆる資源を動員して研修の質を高める原動力の一つであることが否定できない。逆に各地方の教育委員会や学校も多くの研修供給源を評価・峻別し、安くて質の高いところに校長や教員を送ることができる。これは、校長研修の質保証の市場化メカニズムである。

　徐々にではあるが、校長を含めた現職教員の研修は大学における教員養成の質向上に寄与している。一つは、教育部の研修センターでも教育家書院でも募集してきた優秀な校長に大学での講演会を開くことを要求しており、また、個人の意志に基づいて大学院生の指導を頼んでいる。これは、理論中心で現場の状況を知らない大学人による教師教育を補完する役割を果たしている。また、多くの大学人自身も校長研修に携わることによって、現場の事情をよく知るようになり、空理虚論から脱出する意識や能力が高まっており、それを学士課程教育や大学院教育に生かすことで、教員養成の質的向上にも貢献している。さらに、優秀校長との関係を深めることで、学生の教育実習、インターシップの機会をより多く確保し、教育現場での調査・研究活動を容易にすることも可能になった。

　一方、前にも触れたように、北京師範大学の校長研修は、同じような条件が整備される大学が少数に限られているので、大いに普及させることは容易ではない。まず、北京師範大学は名門校ブランド効果があるほかに、教育分野において大勢の著名な教育学者を抱えることも研修者をひきつける有利な要因の一つである。また、学内だけではなく全国的に有名な研究者、行政官、

校長を講師として招聘し、全国各地ないし外国での視察をアレンジすること
ができることも大きな優勢である。特に、北京師範大学は近年、校長の研究
活動を指導するだけではなく、研究成果の発表にも大きな力を注いでいる。
ジャーナリズム界や出版界と豊かなパイプをもっている北京師範大学は優秀
な校長が貴重な経験や思想を本や論文にまとめることを奨励し、ジャーナル
や出版社を研修活動に参画してもらうことによって、校長たちへの理解を深
め、またはジャーナルや出版社と著者の間で仲介役としてそれらを上梓する
ことを容易にしている。これは、貴重な経験を積み上げ、高尚な理念や深い
思想をもつ校長にとって、とても大事なことである。当然、なかなか現場か
らの声が聞こえない教育界にとっても有益であろう。

　これから大学人は校長研修に関する研究を深めていかなければならない。
その理由としてたとえば、多様化しているニーズに応えるために研修内容や
研修方法を入念に配慮する必要がある。今のところ、貧困地域や農村地域の
校長研修はまだ救済的な性格が残り、教育改革を進める政府の真意は何か、
沿海地域や都市部はそのように改革を実施しているのか、それを説明できる
理論は何かなどを十分に校長に周知させることが重要である。また新任校長
研修や、教育部の公布した「義務教育学校の校長基準」にあわせる形の校長
研修は基準に従う通常の研修である。全国的に見れば「教育家」という優秀
な校長を対象にする研修はむしろ多少異質であり、理論的洞察力、研究能力、
理念・思想の表現力の向上への需要が高い。そのためそれぞれのニーズに応
じて校長研修を工夫する必要がある。しかし、共通しているのはいかなる研
修も校長を支援する手段の一つに過ぎず、それぞれのニーズに合わせる研修
こそが効果的であろう。

【注】

i　『毛沢東選集』第二巻（第二版）、人民出版社、1991年、536頁。

ii　人民網「干部教育培訓工作条例（試行）」（2006-03-30）、http://theory.people.com.
　　cn/GB/41038/4252286.html

iii　人民網「干部教育培訓工作条例（試行）」（2006-03-30）、http://theory.people.com.
　　cn/GB/41038/4252285.html

iv　共産党員網「中共中央印発『2013–2017年全国幹部教育培訓規画』」（2013-09-30）、

http://news.12371.cn/2013/09/30/ARTI1380505665344243.shtml

v 呉暁東『改革開放 30 年来我国中小学校校長培訓研究』(湖南師範大学修士学位論文)、2009 年、24–25 頁。

vi 盧乃桂、陳霜葉、鄭玉蓮「中国校長培訓政策的延続与変革 (1989–2009)」、『清華大学教育研究』第 31 巻第 5 期、2010 年 10 月、95–96 頁。

vii 万明剛「師範院校的転型与教師教育培養模式探索」、『西北師大学報』(社会科学版)、2004 年第 6 期 98 頁。

viii 教育部小学校長培訓中心『教育部小学校校長培訓中心培訓基地建設総結報告』、2012 年 11 月。

ix 教育家書院の取り組みについて、当該書院のウェブサイトは豊富な情報を提供している。この部分の説明もこのウェブサイトに基づいたものが多い。http://jyjsy.bnu. edu.cn/html/7/s1/index.htm

x 国家中長期教育改革和発展規画綱要 (2010-2020)、http://www.moe.gov.cn/pub- licfiles/business/htmlfiles/moe/moe_838/201008/93704.html

xi 顧明遠「在教育家書院成立大会上的講話」、『教師教育研究』第 22 巻第 4 期 (2010 年 7 月)、3 頁。

xii 霍懋征 (1921–2010)、1943 年に北京師範大学数学系を卒業したのち、北京師範大学第二附属小学校 (現北京第二実験小学校) の教員になる。1956 年に全国の最初の特級教師の一人に選ばれ、「愛情なしでは教育はない」の信念で小学校教育に励み、全国から尊敬を集めている。

xiii 顧明遠「在教育家書院成立大会上的講話」、『教師教育研究』第 22 巻第 4 期 (2010 年 7 月)、3 頁。

xiv 「講会」はもともと経典を教えたり、経典について論弁したりする仏教僧侶の集会であったが、古代の「書院」に集団学習活動として継承され、清の半ばまで続いた。南宋のときに「会講」、明の時代に「講会」が現れ、一人の教員が前で講義する「昇堂講学」(現在の講演会に相当するもの) と違い、会講か講会の場合は、複数の先生が前でそれぞれの持論を展開し、常に弁論することを特徴とする (やり方は、現在の学会シンポジウムと相当するものである)。ただ、会講が不定期に行われることに対し、講会は定期的に行われていた。しかし、会講でも講会でも、書院以外にも広く広報し、大勢の外部の人の参加を誘うことが共通であった。

xv 林静「追求教育真諦的精神家園——写在北京師範大学教育家書院成立三週年之際」、『中国教師』2013 年 9 月上半月版、4–5 頁。

第 7 章

中国における教師教育者の養成と研修
―― 東北師範大学の実践を事例として ――

饒 従満 （RAO, Congman　東北師範大学）

李 広平 （LI, Guangping　東北師範大学）

陳 欣　 （CHEN, Xin　東北師範大学）

高 文財 （GAO, Wencai　東北師範大学）

秦 春生 （QIN, Chunsheng　東北師範大学）

１．教師教育者とその発展：特徴的な課題

　教師教育の一連の系統の中で、教師教育者は重要な役割を果たしている。Korthagen, Loughran and Lunenber[1] は教師教育者と医学部教授の差異を例にして、教師教育者の役割の特徴を分析している。「教師教育者は師範生[1] を助け、教育についての知識を与える役割だけではなく、自らの教えを通じて教師の役割の模範を示すものである。この点に教師教育者の役割の独自性があり、医学についての知識を教える医学部教授とは異なる。医師の教育において医学部教授たちは、実際の職業実践のために模範を示す役割を負うものではない。教師教育者は学生を教育するが、医学部教授は学生を治療しない。教師教育者は、意図的に、あるいは無意図的に、指導法の知識を教えるだけではなく、実際に学生を教える」。換言すれば、教師教育者が師範生に与える影響は全体的であり、単に指導に関する知識を提供することで師範生に影響を与えるだけでなく、彼らは自らの教授プロセスやその方法を通じて師範生たちに潜在的な影響をも与える。

1　師範教育類に在学する大学生を指す。第３章脚注３（65頁）参照。

教師教育者はこのように大切な役割を担うが、教師教育者に関する学術分野の研究は不足している。Lanier and Little[ii] は「教師教育において、教師の教師たち——その様子・行動・思考など——は完全に無視されている。さらに、研究者も教師教育者たちがどのような存在なのかを確認できない」と述べている。その理由としては、教師教育者の養成および研修に関する実践が欠乏していることと大いに関係があることが挙げられている。多くの研究者が指摘しているように、教師教育者はほとんど教師教育者としての正式な養成教育を受けておらず、その専門性の発展という方面においても、専門的なサポートを得ている者は少ない[iii]。この現象は世界中において一般的であり、中国もまた同様である[iv]。

　1980 年代および 1990 年代以降の教師教育改革の深化に伴って、教師教育の質的向上のために教師教育者が重要な作用を果たすことが認識されはじめた。教師教育者という存在が初めて人々の視野に入り、かつてない注目を浴びるようになっている[v]。こうした背景のもと、東北師範大学は 2007 年度から教師教育者の入職前の養成と現職研修の探究を開始した。

　東北師範大学による教師教育者の入職前養成および現職研修の探究を紹介する前に、本章のキーコンセプトであるところの「教師教育者」について説明する必要があろう。「教師教育者」とはその名が示すように「先生の先生」である。そこには、入職前の教員養成に参画する教師と現職教師に教育指導を提供する教師の双方が含まれ、また大学で入職前の教員養成と現職教師研修に参加する大学教師（大学ベースの教師教育者）、および幼稚園や小中学校で雇用される前の教員養成や現職教師研修に参加する幼稚園・小中学校教師（学校ベースの教師教育者）の双方が含まれる。しかし、本章の目的に照らし、ここでの「教師教育者」とは、大学において入職前の教員養成と現職研修に参加する大学ベースの教師教育者とする。

　1990 年代以前、中国ではどちらかというと独立的かつ完全な師範大学制度を構築していた。「師範生の養成が唯一の目的である師範大学にあって、大学教師たちはさまざまな専門の背景を持って教育活動に従事しており、教師教育がいかなるものであるかを理解しないままに、自分の教育の対象とする学生たちを教師に育てて教師にすることが明確な任務と目的であるとしてきた。この意味で、伝統的な師範大学にいる教師はすべて教師教育者ではあるが、誰も教師教育者として特別の資質を持って師範生の養成に重点を置い

第 7 章　　149

ているわけではない」[vi]。 1990年代中期に師範大学が総合大学化した後に、「教師教育者とは誰か」というかつては問題とされなかった問題が生じてきたのである。その原因は「もともと教師教育に関連があるそれぞれの専門分野は、単に教師教育に限ることなく、それぞれの分野で発展するものである。教師教育というのは数多ある各専門分野の中の一つの分野でしかない。それゆえに教師教育は必然的に各専門分野を持つ大学教師たちの視野から離れることとなった。実際には、師範大学の教師たちはそれぞれに師範生の成長に関心を払っており、その成長の全体に関心を払う教師もいるものの、部分的にしか払わない教師もいる」[vii]ことにある。 東北師範大学は教育部直属の大学[2]の一つであり、1950年から1990年代まではもっぱら教師を養成する師範大学でありつづけた。1990年代の中頃から総合化の過程が始まり、2005年の時点では、東北師範大学の師範教育類の教育組織は全体の専攻の数のうち四分の一であり、師範生は学部生の三分の一になっている。総合化の進行にともなって、一部の教師、特に教師教育とあまり関係がない専門分野の教師たちは、自らを教師教育者と認めることはなくなっている。それゆえ、師範大学における教師教育者の概念をさらに広げて説明する必要がある。

本章では、師範大学の教師教育者を広義のそれと狭義のそれの二つのグループに分けることとする。広義の教師教育者グループとは、師範大学の全ての教師を指す。狭義の教師教育者グループとは、師範大学の中で教育専攻と各教科のカリキュラムや教育方法を担う教師を指す。

師範大学のすべての教師を教師教育者と考えるのには、二つの理由がある。一つは、教師教育と関係がない科目を専門とする教師とても大学の一般教育授業を担う可能性があり、その教師自身に意図はないにせよ、実際に師範生の養成に参加するからである。もう一つは、師範教育類がある学院[3]の中では、教師はそれぞれの専門科目の授業を担うだけでなく、師範生の教育実習を指導する任務を担う可能性が高い（各学院の教科教育を担う教師は、現状においては教育実習の指導を充分に行うには不足している）からである。こ

2　中国の師範大学のうち、教育部（中央政府）が直轄するのは北京師範大学、華東師範大学、東北師範大学、華中師範大学、陝西師範大学、西南大学の6校。第3章脚注4（66頁）参照。
3　中国の大学における教育・研究組織の単位。日本の「学部」「研究科」相当。第3章脚注16（76頁）参照。

うした理由により、中国の現在の教師教育の実状に照らせば、教師教育者を狭義のグループに限定すべきではない。中国の大部分の大学の教師教育システムは欧米の大学の教師教育システムと異なっているのである。

　以上のような教師教育者の把握に基づき、以下の本章では東北師範大学の広義の教師教育者の入職前養成と狭義の教師教育者の現職教育についての実践の探究について述べる。

２．広義の教師教育者の入職前養成
——東北師範大学大学院の探究を例に

　Blume は「教師は自分が実際に受けた授業のやり方で教え、自分が教えを受けた授業のやり方で教えるのではない」[viii] と述べた。時として、教師教育者の指導プロセスと方法が師範生に与える影響は教師教育者の知識が与えるそれよりも強い。それゆえ、教師教育者自身の教授能力[4]は大切である。しかしながら、師範生が指導法を模倣するのは狭義の教師教育者のそれらに限定されるものではなく、師範生の教育・指導に参画したすべての大学教師は模倣される対象になりえる。それゆえ、大学教師の教授能力を保証する重要性は言うまでもなく明らかである。

　大学教師の教授能力を高めるため、東北師範大学の大学院では 2007 年から博士課程の中で、博士の教授能力養成を探究してきている[ix]。

（1）背景
　東北師範大学が博士課程教育の中で教授能力養成を探究した前提には、主に以下のような認識がある。

4　原語は「教学能力」。大学で実際に授業を行う指導能力を指す。以下本章においては、博士課程学生を対象とした取り組みに関しても、「教授能力」という訳語を充てている。

①博士課程学生の教授能力養成は高等教育の質的向上の需要に適う。

　中国の高等教育は改革開放を体験した後、特に 1998 年以降に急速な発展を遂げ、大衆化の段階に入った。現在およびこれからの長い将来にわたって、中国の高等教育は規模を着実に拡大させると同時に、継続的に教育の質を向上させていく必要がある。なぜなら、高等教育は持続的かつ健全な発展を達成することを基本的な前提条件としているからである。近年、高等教育の質的向上のための核心的な改革が全国規模で積極的に行われている。高等教育の資的向上においてカギとなるのは、大学の教師である。具体的な教育活動をとり行う者として、大学教師の教授能力は人材養成の質に直接的な影響を及ぼす。大学教師の能力の中で、教授能力は大学の授業に最も重要な影響を及ぼす要素であり、その教育の質を評価する試金石である。教育部の『高等教育全体の質的向上のための若干の意見』（教育部関于全面提高高等教育質量的若干意見）の中の第 27 項は教師の業務水準の向上と教授能力の改善の必要性を明確に指摘している。

②博士課程学生の教授能力養成は博士の就職競争力を高める。

　今中国の大学における博士課程卒業生の就職先を見ると、特に師範大学の博士課程卒業者の就職先は大学が中心となっており、教育や研究を担うことが多い。東北師範大学における 2006–2010 年の博士卒業生は大部分が大学での就職を選んでいる（【表 1】参照）。近年、政府と社会からの大学教育の質的改善への要求圧力は日に日に強くなっている。大学で新しい教師を募集する時には、まず教授能力が重点的に考えられるようになった。新たに教師を雇う側では、新たに入職する博士の教授能力にますます疑問を呈すようになっている。曰く「豊富な知識を持っているが、学生に上手に指導できない」「高い思考能力を持っているが、その思考を学生に明確に表現できていない」「教育に対する高い熱意を持っているが、学生たちとうまくコミュニケーションできない」等々。

　こうした状況下で、東北師範大学の博士課程では博士が卒業後に必要とされる教授能力のトレーニングを充分に提供できてはいない。博士課程の学生たちは主に大学で働くことに興味がありながらも、授業準備をあまりしないでよいという考え方がある一方で、博士課程の教育においては教授能力の養成は無視され、研究能力を向上させることにもっぱら注意が払われている。

【表1】東北師範大学博士修了生の就職状況（2006-2010年度）単位：%

年度	高等教育機関	党・政府組織	企業・事業体 （高等教育機関以外）	その他
2006	98.03	0.66	0.99	0.33
2007	79.31	6.90	9.66	4.13
2008	67.08	3.73	9.93	19.26
2009	60.92	3.45	26.43	9.20
2010	63.58	0.58	28.91	6.93

出典：東北師範大学就職指導センターのデータによる

博士という者は大学でよく研究して、よい論文を書くことが大切であり、教授能力は機が熟せば自然に成就すると考えられている[x]。こうした状況は、博士卒業者の就職競争力や、社会的な役割の面では明らかに不利である。博士は将来的には大学で就職するので、自らの研究能力に加えて、他の人たちに知識と研究成果を分け与える能力が必要である。

③博士課程学生の教授能力養成は大学院教育の国際動向に適う。

　研究能力の養成を重視するだけの大学院教育は今の社会の発展に適応しておらず、大学院生の教授能力の養成を重視することは博士課程教育における国際動向になっている。米国は、1993年という早い時点で、博士課程教育における将来の大学教師養成プログラムの実施を提案している。その目的は、学術専門職に入る博士たちの準備を完全にできるようにすることにある[xi]。2005年に全米大学院協会が発表したレポートでは、博士課程教育の中で教授能力の育成を今後に強化していくことを強調している。日本の大学では1999年からFD制度を実施しており、その目的は大学が教師たちの教授能力に対する注意を強く喚起すること、および大学教師の専門性発展に関する意識を確立し、教師の教授能力を高めることにある。日本のFD制度の実施の過程においては大学院教育と大学教師の入職前養成との関係が注目されており、未来の大学教師の質的向上についての研究の中で、多くの大学では大学院生の段階でFDの準備教育（プレFD）が必要だと捉えられ、大学教師になる可能性がある修士課程・博士課程の大学院生に計画的な準備教育と訓練を提供することが課題とされている[xii]。

第7章　　153

（2）取り組み

　2007 年 9 月から、東北師範大学の大学院博士課程では新しい養成プログラムを開始した。この新しい養成プログラムは、博士課程においては一貫して科学的な研究がなされることを確認し、その研究能力の養成を強化すると同時に、将来的に大学教育に従事する志を持つ博士たちに大学における教授能力の育成のためのトレーニングを提供するものである。このプログラムは博士課程の大学院生に「大学教師の職能発達」の選択授業を提供するとともに、博士課程の大学院生に助教として研修の機会を提供するものである。

　東北師範大学の博士課程における教授能力育成のトレーニングの全体的な設計は、理論と実践の融合という考え方に立って、博士が基本的な技能を獲得するよう努めるとともに、より体系的な教授能力育成の訓練を受けるというものである。理論と実践の融合は「大学教師の職能発達」の授業が理論に偏し、博士助教のプログラムが実践に偏するというのではなく双方が一体化し、かつそれぞれのプログラムの内部で実現されている。

①「大学教師の職能発達」の授業の設置

　東北師範大学の大学院は教師教育研究院に委託して「大学教師の職能発達」のカリキュラム開発を行うとともにその教育にあたるチームを組織し、カリキュラムの目標・内容・教育方法・評価方法などについての詳しい検討を行った。そして「大学教師の職能発達」の基本的なカリキュラム構成を策定させた。検討を経て策定された「大学教師の職能発達」の授業目標は以下のとおりである。

(1) 履修者は、高等教育の目的・機能・使命・特性および国際的な高等教育開発の目的を理解できるようになる。

(2) 履修者は、大学のカリキュラムおよび高等教育の基礎理論および国際的な発展の動向を理解できるようになる。

(3) 履修者は、大学教育の基本的な進め方を理解し、大学の授業における教授技術と教育方法を把握できるようになる。

(4) 履修者は、著名な大学教師の教授能力とその発展のプロセスを知り、自らの職能成長の意識を養うとともにその能力を育成できるようになる。

【表 2】 2012 年秋学期「大学教師の職能発達」の授業内容とスケジュール

回数	日付	授業内容
1	2012.9.6	科目紹介
2	2012.9.13	高等教育の発展の趨勢と焦点課題
3	2012.9.20	大学教師の職能発達
4	2012.9.27	国際的な視野から見た高等教育のカリキュラム
5	2012.10.11	優秀な大学教師の授業観察（学内／文科・理科）
6	2012.10.11	優秀な大学教師の授業観察（学内／文科・理科）
7	2012.10.18	優秀な大学教師の授業観察（国際的に有名な教師、ビデオ）
8	2012.10.25	優秀な大学教師の授業観察（全国的に有名な教師、ビデオ）
9	2012.11.1	大クラスの授業準備と指導計画
10	2012.11.8	小グループによるマイクロティーチング
11	2012.11.15	小グループによるマイクロティーチング
12	2012.11.22	小グループによるマイクロティーチング
13	2012.11.29	ゼミの準備と実施
14	2012.12.6	小グループによるマイクロティーチング
15	2012.12.13	小グループによるマイクロティーチング
16	2012.12.20	小グループによるマイクロティーチング
17	2012.12.27	優秀な教師と質の高い授業

(5) 履修者は、大学教育に対する関心を深め、大学教育を研究し、大学生
を発展させる意識と能力を高めるようになる。

　上記の目標に基づき、以下のようないくつかのモジュールとして授業内容
が設計されている。
　(1) 高等教育理論
　　この「高等教育理論」の内容には、高等教育の目的や特徴、大学教師の
責任と使命、大学教師の職能発達の方法などが含まれる。この内容は博士
課程学生がそれぞれの限られた専門分野から離れ、自らの専門を高等教育
の全体的な背景から捉える思考を身につけるとともに、教育問題に対する
多様な視点と批判的思考を身につけるものである。
　(2) 大学教育のプロセスと方法
　　ここでは、大学の授業の基本的な進め方やカリキュラムのモデル、講
義やゼミなどのさまざまな形式の授業の準備と実施などを学ぶ。このモ
ジュールの目的は、博士課程学生が大学の授業の基本的な進め方や、実際
の授業方法を理解できるようにすることにある。

(3) 大学教育の観察と分析

　学内・国内・海外の著名な大学教師の授業（あるいはビデオ）を観察し
て学びあうとともに、授業観察をもとに分析を行う。この目的の一つは、
博士課程学生が優秀な教師の経験に学ぶことによって、自らの大学教師と
しての出発点において高い位置に立つとともに職能発達の高い目標を確立
することにある。もう一つの目的は、優秀な教師の教育経験に理性的かつ
批判的態度を持って対し、単にその授業を真似するだけではなく、ビデオ
などで学びあい検討する際に、方法や内容の善し悪しに関しての分析と評
価を含めるようにすることである。

(4) マイクロティーチングもしくは模擬授業

　博士課程学生をいくつかのグループに分け、各グループに一名の指導教
師がついて、マイクロティーチング教室において模擬授業を行う。その目
的は、博士課程学生たちが学んだ理論や知識を実際に実践の中で使うこと
を通じて、大学教育の理解が深化される一方、基本的な教授能力について
のトレーニングの機会を得ることにある。

　以上の内容は、これを担当する教師チームによって毎学期の学生の特性や
ニーズに基づいて適切に調整されているが、しかしながら上記のような基本
的な内容の枠組みは維持されている。このような授業目標と内容から見ると、
「大学教師の職能発達」の授業は全体として視野を広げ、基礎を固め、有名
な教師の授業を知り、教授スキルを身につけるものであり、実施にあたって
は理論と実践の融合が重視されるとともに、国際的な視野を踏まえて国内の
特徴を捉えるものとしてデザインされていると言える。

②博士助教制度の実施

　博士助教制度は多くの国で広がりつつある。たとえば、米国の大学院教育
の中では、早い時期から大学院生を助教とする制度が実施されており、大学
院生助教の教授能力の発展が重視されている。博士課程の学生たちはこの制
度を通じて将来の大学教師としての教授技術を把握し、教育能力を高め、教
育経験を積み重ねるようになっている[xiii]。中国において博士助教制度はま
だ流行していないが、2008年から東北師範大学では博士助教制度を実施し
て、毎年いくつか助教が受け持つ場面を設置して、博士課程学生が大学教師

と協力して学部の授業を進行させることとしている。

　東北師範大学の博士助教制度は、博士課程学生が援助を受ける手段となっているのみならず、博士課程学生の教授能力を育成する重要な段階となっている。博士助教制度によって博士課程学生の教授能力を育成する目標を達成するため、東北師範大学は博士助教制度に関する規定を作成している。この規定では、博士課程学生が助教の仕事を申込む際の前提として、「大学教師の職能発達」を登録して合格することが要件とされている。この要件ゆえに、学部生が博士課程学生の指導する授業の実験マウスとなることが回避され、学部教育の質も保たれるとともに、博士助教の仕事の有効性や持続可能性も担保されることになる。

　博士助教制度の規定に基づき、博士助教の仕事には以下のようないくつかの段階が含まれている。

　(1) 事前研修

　助教の仕事を申込む博士課程学生は「大学教師の職能発達」を登録して合格し、その後に助教雇用学院の審査と事前研修を経てそれぞれの持ち場につく。事前研修の内容は、大学の博士助教制度の規定についての紹介、博士助教経験者の紹介、学部生の授業を担当する教師の経験の紹介などである。この事前研修は主に助教雇用学院が担当する。

　(2) 教育見学

　博士課程学生は雇用された後に助教となり、学部授業を担当する教師がその博士助教の指導教師となる。博士課程学生は指導教師の授業を最低10回は聴講しなければならず、かつその聴講の後に教育見学レポートを書かなければならない。教育見学レポートを書かせる目的は、博士課程学生の教育見学が大ざっぱに表面だけを見るところに止めず、見たこと聞いたことを深く捉える思考を促進させることにある。

　(3) 実践授業

　教育見学と必要な教育準備を通じて、指導教師が博士課程生徒の教授能力を認めたのち、博士助教は学部生を対象とした授業で実際に授業活動を行う。規定に基づき、博士助教は学部生に対して8時間の理論に関する授業を行う。授業の質を保つため、指導教師は博士助教の授業準備から実践まで、助教につきっきりで指導を行うとともに、授業後には授業を評価し、授業の優れて

いる点と欠点とを指摘することが求められている。

　(4) 総括と反省

　博士課程学生は助教としての活動が終わった後、総括と反省についてレポートを出さなければならない。レポートの主な内容は、自分の教育理念を明らかにすること、教師としての職能発達にとっての博士助教制度の具体的な作用をはっきり述べること、自分の職能発達についての課題の所在を明らかにすること、自らの今後の職能発達の方向性を計画すること、などである。このレポートを要求する目的は、博士助教が自分の教育実践と職能発達を充分に省察し、自己反省の意識と習慣を培うことにある。

（3）効果

　数年の実践を通じて、東北師範大学の博士課程学生の教授能力育成は効果を挙げてきている。東北師範大学大学院の統計によれば、2009–2012 年の間に「大学教師の職能発達」を登録し、博士助教を担った者の数は【表 3】のようになっている。

　「大学教師の職能発達」の授業チームと大学院は、各学期末に授業と博士助教制度の効果に関しての調査を行っている。2012 年の末に「大学教師の職能発達」に登録した学生を調査対象として半構造的アンケートを行っている（対象学生数 73、有効回答数 73）。「大学教師の職能発達」の授業計画に満足と答えている博士課程学生は 93.1%、「大学教師の職能発達」の授業は大学教育の基本理論を理解するうえで多大な効果があると思っている博士課程学生は 82.2% に達している。博士課程学生は一般に、この授業は自分の教育に関する知識の不足を補うのみならず、自分の大学教育への認識を高めるものだと捉えている。

　同時に 2012 年の末に、博士助教を対象として半構造的アンケートを行った（対象数 50、有効回答数 50）。77.3% の博士課程学生は助教の仕事が今後の大学教師としての仕事に大きな作用を及ぼしていると答えている。たとえば、教育科学学院のある博士課程学生は「助教の仕事は、多角的に問題を思考する習慣を養い、大学教育全体への新しい認識を養い、それまでに自分の学んだ専門知識の理解を深め、将来就職するうえでの大きな助けとなっている」と述べている。

　ただし、ここで指摘しておくべきは、東北師範大学は博士課程学生の教授

【表3】 2009-2012 年「大学教師の職能発達」登録者と助教博士課程学生数

年度	2009 年	2010 年	2011 年	2012 年
「大学教師専門発展」登録者数	26	93	80	77
助教を担う博士課程学生数	63	33	33	33

能力の養成を探究してはいるものの、広義の教師教育者の入職前の養成教育
に限って効果を出しているというだけであり、専門的な教師教育者の養成を
行って、教師教育者の専門職基準に沿って進めているというわけではないと
いうことである。しかしながら、理論と実践の融合という理念に基づいて、「大
学教師の職能発達」の授業と博士助教制度を主な内容として大学教師の教授
能力養成のモデルを打ち立てたことは、専門的な教師教育者の養成に一つの
見通しを開くものであろう。

3．狭義の教師教育者の現職教育
──東北師範大学教師教育研究院の試みを例に

　教師教育改革を不断に推進させることに伴って、無料師範生制度[5]が6校
の教育部直属の師範大学で実施されており、教師教育の質を常に高めること
を保障している。東北師範大学では、教師教育の質的向上のために、2009
年から教師教育者の現職教育を重要課題とみなして取り組みを行っている。
　東北師範大学における教師教育者の現職研修は、主に狭義の教師教育者、
特にカリキュラムと教授理論に関する教育や研究に関わる教師たち（以下「教
科教育教師」と言う）に特化させている。周知の通り、小中学校の優秀な教
師としては、何を教えるか（教科専門知識）だけではなく、如何にして教え
るか（教育知識）を理解していなくてはならない。そして、教師の専門的な
知識の基礎は、教科専門知識と教育知識に追加されたものではなく、両者の

5　師範教育類の学生の一部について、授業料を免除すること。第3章脚注3（65頁）参照。

相互作用と融合の中にある。教師教育の科目群[6]として、教育に関する科目群や教科専門の科目群のほか、カリキュラムと教授理論の科目群も一つ設置されている。この科目群の主な機能は、教科知識と教育知識の間の相互の融合を促進し、教師の核心的なコンピテンシーを発揮させることにある。したがって、教師教育の質を高め、基礎教育[7]を担う専門的な教師を養成するためには、この科目群の教授とそれを担う教師集団の編成を重視する必要がある。教科教育教師の全体的な能力水準は、教師教育者全体の専門性を著すものであり、教師教育の質を大きく決定づけるものである。

　この知識経済時代[8]には、教師教育者および他のすべての専門家は一様に、生涯にわたっての継続的な学びと職能発達が必要である。特に教師教育者の専門的な養成教育の体系は確立されていないので、教師教育者の現職研修がよりいっそう必要とされてくるのである。

（1）背景

　教科教育の科目群が教師教育において重要な地位を示しているのとは対照的に、教科教育の教師集団の質については非常に厄介な現実問題がある。2009 年、劉小強は「中国教育報（新聞）」に「教師教育は教科教育の科目群とその教師の質の建設を緊急に必要とする」[xiv] という一文を発表し、中国の大学における教科教育教師の質に関わる厄介な状況の分析と、教師集団に関わる主な課題を提示している。

　第一：数的な不足

　　教育部直属のある師範大学では、師範生と教科教育教師の割合において深刻な不均衡が生じており、師範教育類の 15 専攻のうち、化学・生物・数学など以外の専攻における教科教育教師は全て不足している状況にある。たとえば、中国語中国文学の専攻には 200 人以上の学生がいるが、

6　言語は「課程」。ただし系統性のあるカリキュラムというよりは、むしろ学士課程のカリキュラムに配置された科目のグループを指している。
7　日本で言う「普通教育」に相当。初等・中等教育段階ですべての子どもが共通に学ぶべき基層的かつ普遍的な教育を意味する。
8　日本語で言う「知識基盤社会」に相当。

教科教育教師はたったの2人である。いくつかの師範教育類の専攻には、教科教育教師はほとんどいない。

第二：質的水準の低さ

　二種類の知識[9]を融合させ仲介する者となるべく、教科教育教師の知識、能力、資質がさらに高まることが必要である。彼らは既に教科に関する高い専門性を持っているが、それのみならず教育に関する優れた専門性を持つ必要がある。すなわち特定の理論的な知識を持つだけでなく、基礎教育の実践に精通している必要がある。しかしながら、現在の中国における教科教育教師たちの実際の状況としてはその質は高いとは言えず、教科教育の科目群において実際に求められていることとの間には一定の距離がある。楊企亮[xv]によると、現在の中国における教科教育教師たちは以下に述べるようないくつかの種類の人たちで構成されている。　第一にもともと教科専門の教育に従事していた教師たちで研究の方向や関心が変化した者、第二に小学校で働いて豊富な実務経験を持っている教師で後に大学に移った者、第三に長い間にわたって教科教育を専門として大学において主に基礎教育を担当している者、第四に教科教育を専門とする大学院の出身者、等である。一般的に言って、第一のグループは教科の専門性に優れているが、教育の専門性が弱い。教科教育教師たちは教科専門の教師たちの中で、研究面でできの悪い人という印象を与える。第二のグループの、基礎教育における豊富な実務経験のある教師たちについては、現状において、その教育や学生指導は学生たちにたいへん人気がある。しかし、理論を欠いた「実践的」教師というラベルがつきまとい、彼らに学術研究面での承認を与えることは困難である。第三、第四のグループは、教科教育についての深い理論的な知識を持っているものの、基礎教育における実務経験の不足のために、教育の現実から離れると捉えられている。

第三：地位の低下

　教科教育教師の量的不足と質の低さを招く基本的な原因は教科教育教師の大学教師の中での地位が低いことにある。多くの場合、教科教育教師は教育専門と教科専門の「狭間」や、高等教育と基礎教育の「狭間」や、教

9　教育知識と教科知識を指す。

育理論と各専門教科の実践との「狭間」に自らの生存の場を持っている[xvi]。このような状況は、一方で教科教育教師の熱意と意欲に影響し、もう一方で教科教育教師たちの専門性の開発を限定することにもなる。

　劉小強が描いた教科教育教師たちの困難な状況は東北師範大学にもあてはまる。まず、量的な不足が著しい問題となっている。2009 年に、東北師範大学では、中学校[10] 教師を養成する 13 の専攻に、1500 名以上の学生を募ったが、教科教育教師はたった 30 人ほどである。その教科教育教師たちは学部教育や実践指導を担当するほかに、大学院においてはカリキュラムと教授理論に関する学術研究型のコースに加えて大量の教育碩士課程[11] の学生たちの実践指導も担当している。これらの仕事に疲れ果てて自らの専門性を発展させることができない。次いで、実際の基礎教育から離れることの問題もある。教科教育教師の大部分は基礎教育で仕事をする経験が欠けたままに大学のキャンパスに閉じこもっており、基礎教育に深入りすることを好まず、基礎教育に奉仕したいという思いが強くないために、自ら教授する学問と基礎教育との結合ができていない。それゆえ学生に歓迎されない。第三の問題として、教育研究のレベルの低さがある。教科教育教師の多くによって行われている研究は、基本的には証拠を欠き、研究を「している」というよりはむしろ文章を「書いている」と言える。高いレベルの科学的研究を行う能力が弱く、高いレベルの研究論文は比較的少ない。第四の問題として、教科教育教師たちが疎外されているため、士気が高くないことが挙げられる。それぞれの専門分野の学院に分散して所属する教科教育教師は、それぞれの教科に帰属しており、学術的な身分はしばしば二つの学科（教育学科とその他の学科）の間で揺れ動くことになる。そして彼らの評価が具体的な教科専門に帰属して行われる際には、自分の教科専門の学科での研究は「弱勢」であるがゆえに、その学院における学科の設置や教務運営の主流とはならない。逆に彼らと教育学科との関係で評価が行われる際には、同様の理由によって教

10　日本で言う中学校（初級中学）および高等学校（高級中学）の双方を指す。
11　修士レベルの専門職学位を与えるプログラム。学術学位である「教育学碩士」とは区別された「教育碩士」学位が与えられる。日本の教職大学院相当。

育学科の「中心」にはならない。地位における疎外は教科教育教師たちの感覚を減退させ、その専門性の発展の意欲を不足させることになる。

（2）取り組み

　独立して閉鎖的な師範教育が行われていた時代には、師範大学は全学的に教師教育を行っていた。しかし、開放化され、総合化された背景の下では、師範大学が全学的に教師教育を行うことは不可能である。それゆえ、教師の資質向上のためには、大学の内部に教師教育のための新たな組織体制を設け、学内外の教師教育に関するリソースを整える必要がある。

　世紀が代わった頃から、教師教育を提供する大学、特に師範大学はすべて積極的にその内部での教師教育の組織体制の改革を検討している。その改革の内容はおおよそ以下のとおりである。

　第一の種類は「教育学院＋各専門学院」体制である。新しい教育学院を設立して、それまでの教育学科の教師たちと、他の学院の教科教育教師たちを全てその教育学院に包括する。教育学院では、すべての教科に関わる教科教育関連科目群と教育関連科目群の教育を担当し、関連する各専門学院は教科専門の教育のみを担当する。この改革の路線は欧米の教育学院（school of education）的なものの一種である。第二の種類は「教師教育学院＋各専門学院」体制である。この体制の下では、各専門学院はそれぞれの教科専門の科目群を担当し、新たに設立された教師教育学院が教科教育関連科目群と教師教育関連科目群を担当する。教育科学学院は教師教育から離れ、教育科学研究に専念する。第三の種類は、「教育（科学）学院＋教師教育学院＋各専門学院」体制である。この体制下では、もともとの教育（科学）学院は全学共通の教育関連科目群を担当し、新たに設立された教師教育学院がそれぞれの教科教育関連科目群を担当し、他の各専門学院は教科専門科目のみを担当する。

　こうした一連の改革とは別に、東北師範大学は伝統的な教師教育体制[xvii]を維持すると同時に、2009 年 1 月に教師教育研究院（以下単に「研究院」）を設立して、教育担当副学長を院長に任命している。研究院は主に三つの機能を持っており、その第一は全学的な教師教育研究の推進、第二は大学の教師たち特に教科教育教師の集団を建設すること、そして第三は大学の教務處[12]と協力して、師範生の教育実習および教師教育革新東北実験区の教師の現

職研修の業務を行うこと、である。

　研究院は単に管理の機能を持つだけではなく研究機構でもあるという点で、多くの大学の教師教育学院とは異なっており、各専門学院に分散された教科教育教師の人事に関することはこの研究院の統一管理の中には入らない。このことの理由は二つある。その第一は、教科教育教師たちには教育学科の素養が必要であるのみならず、教科専門の滋養からも離れてはいけないということがある。教科教育教師たちがその関連する専門学院から離れてしまうと、彼らと教科専門の関連が薄くなり、彼らの教科専門の素養を向上させるうえで影響がある。第二には、教科教育教師たちの補充が比較的難しいため、短期的に教科教育教師たちに研究院が依存すると、教師教育、特に師範生の教育実習指導が満足にできないということがある。しかも教育碩士課程の院生が量的に増え、特に 2012 年以降は毎年 1,200 名の無料師範生たちが大学に戻って教育碩士の専門職学位課程を受けることになっているので、もともと不足している教科教育教師たちはさらに過酷なことになる。教科教育教師たちがそれぞれの専門学院から離れてしまうということは、各専門学院と教師教育の間に発生した紐帯を切り離すという意味を帯びることとなり、豊かな教育経験と教師教育への強い興味を持つ教師たちが教師教育、特に師範生の教育実習や学位論文指導に参加するうえで不利な影響がある。

　それぞれの教科教育教師たちの人事に関することが依然として各専門学院に残っており、教科教育教師たちを管理する主体は各専門学院に属しているが、研究院は二つの面から教科教育教師の発展にとって重要な作用を及ぼしている。その第一は教科教育教師の地位の定立を推進し、計画的に教科教育教師を補充し、一定の規模を形成するとともにその組織を安定させ、基礎教育を熟知する教師集団を形成することである。そして第二には、教師教育者の現職研修を推進することである。

　研究院は主に以下のようないくつかの手段を用いて教師教育者の現職研修を推進している。

12　中国の大学において、学部教育のマネジメント（カリキュラムの企画立案運営、授業や履修・成績の管理等）を行う全学的な部署。事務職員と教員とが共同する形で運営されている。日本の大学でいう「教務課」と「教務委員会」を合わせたような組織である。

①プロジェクトの資金援助
　——研究を通じて教師教育者の専門性の発展を援助する

　研究院は 2009 年に教師教育研究基金を設立して、教師教育者の発展のための教育研究の支援を開始した。教育研究の援助を通じて、高いレベルでの教師教育の研究成果が出ることを期待する一方、教師教育者たちが研究を通じて自身の専門性の発展を実現することをも他方で期待したものである。大学教師の専門性の発展にとって研究は最も重要なルートだからである。

　研究基金の設立目的を達成させるために、研究院は資金援助の優先順位について以下のようないくつかの原則を定めている。

　(1) 実証に基づく研究を優先的に支援

　この要求は、教師が明確な研究課題と科学的な研究方法を持って研究を行うことを導くためのものである。そのような研究は、価値ある研究成果を出すとともに、教師の専門性の発展にも役立つ。

　(2) グループによる共同研究を優先的に支援

　特に異なる専門分野の教師間、教科教育教師と教育科学学院の教師の間、および大学教師と小中学校の協力研究を優先する。この要求は、教師教育者の相互協力および交流のプラットフォーム[13] を築き、教師教育者相互の協力と交流の中でそれぞれの長所を取り入れて自らの短所を補い、共に発展していくためのものである。

　(3) 教師教育分野の実際的課題の解決を目的とした研究を優先的に支援

　この要求は、教師教育者の研究と学校自身による教師教育実践との結び付きを導くためのものである。この研究には学校での教師教育実践に理論的支持と技術指導を提供することが期待される一方で、教師教育者には研究を通じて自分自身の教授能力を高めることが期待されている。

　2014 年 6 月までに、教師教育研究院は教師教育者の研究プロジェクトを支えるため 600 万元以上を投入している。2009 年に発足したプロジェクトで資金援助の対象となった課題は 23 件あるが、そのうち重点プロジェクト

13　原語は「平台」。共通の広場、という程度の意味。

である3件にはそれぞれ30万元、その他の一般的なプロジェクト20件にはそれぞれ3万元を援助している。

②パートナーシップ
——教師教育者が基礎教育に深く入ることを推進し、基礎教育を理解し研究する

　前述のとおり、中国の他の大学と同じく、東北師範大学の教師教育者も基礎教育の実践をよく知らないという問題がある。それゆえ、教師教育者がどのように基礎教育に深く入り、基礎教育の実践を理解し研究をしていくように導けるかを検討し、推進していくことが東北師範大学の重点課題である。

　2007年12月から、東北師範大学は東北三省の教育庁[14]と協議を行い、「師範大学（U）－地方政府（G）－小中学校（S）」の三者が協力して教師教育を発展させていく「U–G–S」モデルの探索を開始した。「U–G–S」モデルの探索の意図するところは、師範大学・地方政府・小中学校が共同で「教師教育創新東北実験区」を建てることである。教師教育協力共同体を打ち立てるに際しては、理論と実践の有機的な融合による教師の入職前養成のモデル、教師の研修・教師の発展・学校改革が有機的に結びついた教師の現職教育のモデル、そして教育研究と教育実践の緊密な結びつきによる教師教育の発展モデルを探索している。「U–G–S」モデルを探索する一つの目的は、大学の教師教育者が基礎教育に深く入って調査研究を行うよう導くことを推進し、中国の基礎教育の実際を理解するとともに、中国の基礎教育における実際の課題を研究解決し、そうした取り組みのプロセスを基礎にして自分自身の専門性の発展を実現させることにある。2009年に教師教育研究院が成立した後、U–G–Sのパートナーの協力によって教師教育者が基礎教育に深く入り、基礎教育を理解したうえで調査研究を行うことを積極的に推進している。主な取り組みは以下の二つである。

　第一に、大学の教師教育者たちが教育実習の指導をするなかで基礎教育を理解し、研究することの推進である。U–G–Sの共同協議に基づき、東北師範大学は毎年の師範生たちを二ヶ月間実験区に送って教育実習を行わせ、また大学の指導教師を派遣して実習校の教師と共同して実習生の指導を行って

14　省レベルの地方教育行政を司る部局。

いる。このことの目的は、一つには教育実習の質を確保することであるが、同時に大学の教師教育者が基礎教育に深く入ることを推進し、基礎教育の実践への理解を深めることにある。二ヶ月にわたって実習生とともに実習校で生活するなかで、大学からやってきた教師教育者は実習生の実習の状況を理解するだけではなく、実習校や実験区の他の学校における学校管理や教師たちの授業や生徒たちの状況を観察することができ、基礎教育を理解するよい機会となっている。

　第二の目的は、大学の教師教育者が基礎教育へのサービスを提供しながら基礎教育を理解し、研究することを推進することにある。U–G–Sの共同協議に基づき、教育実習をサポートする実験区への師範大学からの返礼として、大学教師は実験区の教師たちに現職教育を行う義務があるとされている。大学が実験区の小中学校の教師たちに現職教育を提供するのは単なる返礼というだけではなく、実験区の教師たちに現職教育を行うなかで大学の教師教育者たちの専門性の発展と有機的に結びつけていこうとする試みでもある。大学の教師教育者が基礎教育に深く入ることはそれを理解する重要な契機であり、目標が明確で効果に富んだ現職教育を提供するためには、教師教育者たちは基礎教育の教師のニーズをよく知ることが必須である。そのため、大学の指導教師が実習指導の期間中に実習校および実験区内の学校の教師たちに講座を開き、実習校の教師たちの校内研修等の教育研究に参加し指導することを大学は積極的に奨励している。そのほか、研究院は実験区の教育局[15]や実習校と積極的に意見交換や合意形成を行い、大学の教師教育者は実験区の学校や教師進修学校[16]で名誉校長の職務を担うなど、教師教育者が基礎教育と緊密でかつ安定した関係の橋梁を構築している。今のところ、6名の大学教師が実験区の学校や教師進修学校で名誉校長を担ったり、地域の教育学会の名誉会長を担ったりしている。

15　県レベルの地方教育行政を司る部局。行政単位の「県」については第3章脚注9（70頁）参照。
16　現職教員の研修を担う県レベルの機関。第6章132頁参照。

③セミナー研修
——教師教育者の発展に専門的なサポートを提供する

　教師教育者は他の大学教師と同様に、専門性を発展させるなかで多種多様な技術的問題に遭遇し、専門的なサポートが必要となることがある。教師教育者たちの現状に鑑みて、研究院は以下のような取り組みを行っている。

　第一に挙げられるのが、教師教育者の研究能力の向上を主旨としたシンポジウムとセミナーである。研究院はプロジェクト課題を順調に進め、教師教育者の研究を通じての研究能力の向上を促すべく、それぞれのプロジェクト課題についての報告審査会・課題報告会・研究進捗報告会（毎年少なくとも1回）・総括報告会などをいくつかの段階を通じて要求し、各プロジェクトのリーダーが代表となって公開発表を行うこととしている。研究院は、それぞれのプロジェクト課題に関係する専門家に会議への参加を呼びかけ、それぞれの課題に対して具体的な意見と提案を出し、会議に参加する教師たちの興味関心を促進するようにしている。報告審査会や課題報告会などの研究会は、教師教育者の相互間での自由な交流が行えるプラットフォームとしての発展も意図されている。ここに挙げた各種の会議のほか、研究院は積極的に国内外の学術交流を推進しており、国内外の学者が訪問した機会を充分に活用してシンポジウムやセミナーを開催し、教師教育者たちに積極的に参加して学術的な視野を広げるよう呼びかけている。

　第二に挙げられるのが、教師教育者の教育指導能力の向上を主旨とした研修会である。限られた時間内での実習生の実習の質を確保するため、東北師範大学は教育実習の指導を重視し、実習校に対して経験がある教師をだしてもらうほかに、実習校に大学の指導教師を派遣（各実習校に大学から15〜20名の実習生と、1名の指導教師を派遣）し、実習校の教師とともに実習生の全てのプロセスにおける指導を行う。このような意味で、毎年大学から実習校へは60〜70名の教師が派遣され、そのかなりの部分は教科教育教師ではない。実習指導の質を確保するため、研究院は教務處と協力して教育実習の前に教育実習指導研修会を開催している。大学から教育実習についての必須事項および教育実習の指導上の注意事項などを説明する以外は、一般的には豊かな実践経験がある教師に呼びかけて彼らの経験やそこで体得したことを分かち合うことが主な内容である。教育実習が終わった後に教育実習の総括表彰会を実施して優れた実績があった教師に年間奨励賞を授与して教

育実習指導へのさらなる意欲と熱意を引き起こす一方で、その年度の教育実習経験を総括して問題点を省察するとともに、優秀な教師たちに上述の研究会で彼らの経験を話してもらい、参加者全員で共有することにしている。

（3）効果

研究院と大学の教務處や各専門学院の共同での取り組みを通じて、教師教育者たちの建設における効果が現れてきている。まず、教科教育教師の人数は2009年の30人から2014年の50人に増加している。もっと重要なのは、研究院が行った教師教育者の現職教育についての上述のような取り組みを通じて、教師教育者にいくつかの方面で変化が現れたことである。

その第一は、教育問題を研究する意識と能力が強まり、研究の雰囲気が深まったことである。まず現れたのが、現在の研究者の問題意識と方法意識がさらに強まったことで、次いで現在の教師教育者たちの自信が次第に強まったことで省レベル以上の研究プロジェクトを申請して獲得したり、国内外の有名な学術雑誌に掲載された論文の数が増えたりしている。第二の変化は、基礎教育を理解してこれと結び付こうとする意識と能力が強まったことである。以前は、多くの大学教師は基礎教育と結び付いてこれを理解することを負担であると見なしていたが、今は教育実習の指導や研修などを通じて以前より基礎教育を熟知するようになった。教師教育者たちは中国の基礎教育の実践における生き生きとした授業に触れてそのプランを大学の授業で使うようになり、大学の授業がより新鮮で、師範生のニーズにより適うものとなって、師範生の間での人気も上昇した。加えて基礎教育の生き生きとした授業はますます多くの研究材料を教師教育者たちに提供することになった。実際に基礎教育の実践のよい部分の理解やつながりが強く体得されるので、ますます多くの教師教育者たちが心から基礎教育に深く入り、基礎教育とつながることを願うようになった。第三の変化としては、研究院が自由交流のプラットフォームを作ったことで、教師教育者たち、特に教科教育教師たちが多くの方面の関心や支援を感じて疎外感から脱するのみならず、視野が広がり、以前よりも仕事や発展への願いが強まったことがある。

にもかかわらず指摘しておくべきは、プロジェクトの資金援助やパートナーシップ、さらには専門的なサポートなどの手段は教師教育者の専門性の発展にとって必要ではあるが、実際にはまだ不充分だということである。教

師教育者の専門性発展をさらに推進するために、教師教育者、中でも特に教科教育教師の特性にふさわしい評価制度を完備することが求められよう。

4．結論

　教師教育者は教師教育の鍵を握る重要な作用を持っているため、彼らの入職前の養成教育は当然のことながら重視される。これまで教師教育者の教育については教師の教育のようには充分な注意を得てはいなかったものの、徐々に人々の視野に入り始めている。

　東北師範大学が近年、教師教育者集団の構築に際して直面している問題は、中国の他の大学に共通するところが多い。しかしその共通の問題に向き合う解決のルートは、他の大学とは異なっている。これは一つには各大学の状況が異なっていることによるもので、もう一つにはそれぞれの大学の追求する発展の方向性が異なっていることによるものである。したがって、東北師範大学の探索が全中国を代表することはできず、中国の近年における教師教育者の教育に関する改革の探索の一例を示しているだけである。

　総じて言えば、中国の教師教育者についての入職前の養成と現職教育は始まったばかりの段階であり、まだ専門化された体系を形成していない。教師教育者の入職前養成と現職教育について完備した体系を打ち立てるには、多くの基礎的な仕事をする必要がある。たとえば(1) 教師教育者の専業標準を作り、誰が教師教育者であるか、教師教育者に求められる専門的な資質は何かをさらに明確にする、(2) 教師教育の開放化と中国の国情にふさわしい教師教育組織体制を大学内で完備させ、教師教育者の教育についての責任主体を明確にする、(3) 博士課程教育の中に「教師教育者教育」専攻を設置し、専門的な教師教育者養成を展開する、(4) 師範専攻の教師教育者、特に教科教育教師の人数に最低の要件を設定し、その特性に合う評価制度を制定する、等々のことである。これらの仕事は、一日にしてなるものではない。政府が制度の全体設計を行い、そのうえで各大学がそれぞれの創造性を発揮することが求められる。

170

【注】

i   Korthagen, F. A. J., Loughran, J., & Lunenberg, M. Teaching Teachers: Studies into the Expertise of Teacher Educators. *Teaching and Teacher Education,* 21(2), 2005, 107–115.

ii   Lanier, J., & Little, J. Research in Teacher Education. M. C. Wittrock (Ed.), *Handbook of Research on Teaching.* New York: Macmillan. 1986, pp.527–569.

iii Lunenberg, M., Fred Korthagen, F. & Swennen, A. The Teacher Educator as a Role Model. *Teaching and Teacher Education* 23, 2007, pp.586–601.

iv   入職前の教師の養成について、中国における修士課程の教育は主にカリキュラムなどの専門を中心として、小中学校の教師たちやカリキュラムの研究者の養成を主な目標としており、教師教育者の養成を目標とする専門はない。現職教育についても、多くの地方政府や大学が入職教育あるいは在職教育などの取り組みを行っているが、教師教育者を専門的にサポートする計画はない。

v   一部の教師教育者が発起し、他の者が積極的に応じる形での「自己研究」の運動としては最も目立つ動向である。

vi   李学農「教師教育者論」『現在教師教育』2008、1 (1)、47–50 頁。

vii 前掲注 vi に同じ。

viii Blume, R. Humanizing Teacher Education. *PHI Delta Kappan,* 52, 1971, pp.411–415.

ix   詳しくは以下の文献を参照されたい。高文財・秦春生・饒従満「博士の教授能力向上の考え方と取り組み——東北師範大学博士課程教育改革を例に——」(博士生教学能力提升的思路与挙措——以東北師範大学博士生教育改革為例——)『学位与研究生教育研究』2013、(4)、20–24 頁。

x   聶永成「近年の大学教師の職業準備に関する考察」(対当前高校教師職業準備的反思)『中国研究生』2007、(4)、4–5 頁。

xi   張英麗「アメリカの博士課程教育における将来的な教員資質の養成計画および我が国への啓示」(美国博士生教育中的未来師資質培訓計画及対我国的啓示)『学位与研究生教育研究』2007、(6)、58–63 頁。

xii 孟凡麗「日本が促進する大学教師の専門性発展を促進する FD 制度およびその啓示」(日本促進大学教師専業発展的 FD 制度及其啓示)『高等教育研究』2007、(3)、58–62 頁。

xiii 屈書潔「大学院生の助教としての能力の養成——アメリカの大学の経験」(培養研究

生助教的教学能力：美国大学的経験）『学位与研究生教育』2004、(7)、61-64 頁。

xiv 劉小強「教師教育は教科教育の科目群とその教師の質の建設を緊急に必要とする」（教師教育亟需学科教学類課程与師資建設）『中国教育報』2009 年 12 月 25 日 W05 版。

xv 楊啓亮「反省と再構築：教科教育論の改造」（反思与重構：学科教育論改造）『高等教育研究』2000、(5)、68-71 頁。

xvi 史暉「『私』は何を捨て何に従うか──師範大学の教科教育教師の生きる困難」（"我" 将何去何従──高師院校学科教学論教師的生存困境）『教師教育研究』2009、(4)、18-21 頁

xvii 教育科学学院（2012 年に「教育学部」に改編）が全学共同の教育関連科目群の教育を担当し、各専門学院は教科専門および教科教育に関連する科目群を担当し、教科教育の教師たちは各専門学院における日常の管理運営に帰属する。

第8章

韓国における教員の能力向上方案

崔 浚烈（CHOI, Joon-Yul　公州大学校）

1．序論

　教育において教員の重要性はいくら強調しても強調し過ぎることはない。教育を成功裏に遂行するのに、優秀な教員の能力と情熱的な努力が重要であるからである。韓国教育部と教育庁は優秀な教員を確保し、彼・彼女らの能力を向上させるために多様な努力を傾注している。

　教育部は教員養成機関を厳格に管理し、評価して、優秀な予備教員[1]を養成するようにした。教育庁は養成された教員を厳格に選抜し、評価して、彼・彼女らの能力を向上させるようにした。

　教育部は優秀な教員を養成するために、養成機関を評価してきた。教員養成機関評価は1991年から始まり、4年〜7年の周期で3回に亘って施行された。2010年から施行された第3期評価からは評価基準に達しない養成機関の養成機能を廃止したり、学生定員を50％まで縮小する強制的な措置を執っている（教育科学技術部・韓国教育開発院、2010）。

　教育庁は養成された予備教員を厳格に選抜し、優秀な教員が現場で学生たちを教えられるようにし、現場に採用された教員がより情熱的に学生を指導できるように、教員能力開発評価という新しい教員評価制度を導入し適用している。

　教育部と教育庁が教員の能力を向上させるために施行している教員養成機

1　韓国では将来教員（教師）になる、教育大学校や師範大学などに通う学生を予備教員や予備教師というように呼ぶ。

関評価は、權東澤（クォン・ドンテック）教授が次章で議論しているので、ここでは教育庁で教員の能力を開発するために努力している教員採用と教員評価を中心に考察する。

2. 教員採用を通じた能力向上

　教員採用は大学で養成した予備教師が学校で学生を教え、指導するように選抜する過程である。優秀な教員を養成する大学の課程も重要だが、学校で学生を情熱的に指導できる優秀教員を選抜する過程も重要だ。優秀な教員を採用するためには、適正な数の教員が養成されなければならず、養成された予備教員が一定比率以上、採用されなければならない。韓国の教員の養成と採用現況、養成された教員の採用過程を通して、教員採用を通じた教員の能力向上方案を調べてみる。

（1）教員養成と採用の現況
①幼稚園
　幼稚園教師は専門大学[2]と大学校[3]で養成される。専門大学は2〜3年の短期教育課程であり、大学校は4年の大学課程である。幼稚園教師養成の規模を見れば、【表1】のとおり、養成機関は全体で181校であり、大学校が81校、専門大学が100校である。養成学科は合計200個の学科があり、大学校が89個の学科、専門大学が111個の学科を有している。2013年度の入学定員を見れば、定員は14,065名であり、このうち専門大学の定員が

2　日本の短期大学や専門学校に該当する。
3　韓国では総合大学 university を大学校と称し、日本における学部にあたる department や faculty は大学と称する。したがって、師範大学とは日本の大学組織体系から言えば、師範学部と訳すのが実態通りであるが、以下、原文を直訳したまま表記する。例を挙げれば、後述する梨花女子大学校の場合、梨花女子大学校師範大学となる。なお、韓国の師範大学は全て総合大学、すなわち大学校の中にあり、つまり属しており、単科大学としては存在していない。教育大学は済州大学校に統合された済州教育大学校を除けば、10個の教育大学は全て単科大学（college）である。但し、にもかかわらず大学校と称している（例：ソウル教育大学校）。

【表 1】 幼稚園教師養成機関の入学定員の推移（2010 年 –2013 年）

（単位：校、名）

区分 大学	設立別	機関数	学科数	学年度別定員			
				13 年度	12 年度	11 年度	10 年度
大学校	国　立	13	14	354	268	270	275
	公　立	1	1	20	20	20	20
	放送通信大	1	1	2,700	2,700	2,700	2,700
	私　立	65	71	2,771	1,977	2,120	2,154
	私立産業大	1	2	90	120	120	120
	小　　計	81	89	5,935	5,085	5,230	5,269
専門大学	国　立	2	2	100	110	110	110
	私　立	98	109	8,030	7,996	8,193	8,234
	小　　計	100	111	8,130	8,106	8,303	8,344
総計	国　立	16	17	3,154	3,078	3,080	3,085
	公　立	1	1	20	20	20	20
	私　立	164	182	10,891	10,093	10,433	10,508
	合　　計	181	200	14,065	13,191	13,533	13,613

資料：教育部（2013）。2013 教員養成機関の現況。

【表 2】 年度別幼稚園教員の入学定員対比新規採用の現況

（単位：名、%）

年度		入学定員（名）	新規採用(名)[1]	採用率（%）[2]
2010	国公立	3,105	248	7.99
	私　立	10,508	9,216	87.70
	小　計	13,613	9,464	69.52
2011	国公立	3,100	164	5.29
	私　立	10,433	9,931	95.19
	小　計	13,533	10,095	74.60
2012	国公立	3,098	278	8.97
	私　立	10,093	11,189	110.86
	小　計	13,191	11,467	86.93
2013	国公立	3,174	284	8.95
	私　立	10,891	11,976	109.96
	小　計	14,065	12,260	87.17

注 1）新規採用は初めて採用される数値で卒業生、浪人生、離職者の新規採用が含まれたため卒業生の採用率とは一致しない。

注 2）採用率は卒業生のうち採用された学生数の割合で算定するべきであるが、統計資料の限界から入学定員と新規採用教員の比で算定したので、比率が実際の採用率と差がある。また、国公立大学の卒業生だけが国公立の幼稚園に採用されたり、私立大学の卒業生だけが私立の幼稚園に採用されるのではないため、あくまで参考値である。便宜上、国公立と私立の幼稚園に採用される現況を把握するために、これを区分して算出した。但し、国公立と私立を合わせた小計の年度別採用率には問題がない。

資料：教育部・韓国教育開発院（2010-2013）。教育統計年報。

8.130 名で全体定員の 57.8% を占めている。大学校の定員は 5,935 名で、このうち私立大学が 2,771 名を、放送通信大学が 2,700 名を養成している。国立大学や公立大学で養成する幼稚園教師数は 374 名で、全体入学定員の 3% 程度である。

幼稚園教師は大学校より専門大学で、国・公立より私立で数多く養成されており、教員養成の数も 2012 年まで縮小したが、2013 年に 874 名増員された。これは幼稚園課程が国の政策の影響を受け、義務化されるのに伴う追加の教員需要への対策と思われる。

養成された幼稚園教師の採用現況を見れば、【表2】の通りである。2012 年以降、養成教員の 85% 以上が採用されており、主に採用される機関は私立である。私立幼稚園が多く、私立幼稚園の退職者が多く、毎年新規採用される教師が多いからである。2013 年の場合、4,637 名が退職しており、新規採用 11,976 名の 38.7% に達する。

（2）初等学校[4]

初等学校の教員養成は国立大学を中心に行われている。11 個の国立教育大学と韓国教員大学校の初等教育科、梨花女子大学校初等教育科（私立）において、毎年 4,000 余名の教員が養成されており、彼・彼女らの大部分が初等教師として採用される（【表3】参照）。【表4】は、入学定員と新規採用教員数の比率を算定し、【表5】は、卒業生の採用率を算定した。入学定員と新規教員採用の比率は 120–130% 程度である。一方、卒業生の採用率は 2009 年が 80.93% である。このように比率に違いが生じるのは、初等学生の減少で教員の採用定員が減るにつれて入学定員を縮小したためである。入学定員は大幅に減少したが、採用定員は大幅に減らなかったために、入学定員に比較すれば採用率は高い。だが、卒業生の比率に比較すれば、採用率は 80% 程度である。

初等学校養成機関は梨花女子大学校を除けば、全て国立である。国立であるので、政府の政策によって入学定員を調整する。政府は近年、初等学生数が大きく減少するにしたがって、初等教員養成の規模を縮小している。2010 年度の入学定員が 4,795 名であったが、2013 年度には 3,848 名であり、

4　日本の小学校に該当する。

1,000 名近くの入学定員が縮小された。

　入学定員の縮小は初等予備教師の採用率を高め、採用率の向上は優秀な新入生を誘致することに繋がる。初等教員養成機関は入学定員を調整することによって、優秀な教員を誘致し、教員の資質を育成する。併せて、採用機関

【表3】初等学校教師養成機関の入学定員の推移（2010 年 –2013 年）

（単位：校、名）

区分 大学	設立別	機関数	学科数	学年度別定員			
				13 年度	12 年度	11 年度	10 年度
大学校	国 立	12	12	3,809	3,809	4,297	4,755
	私 立	1	1	39	39	40	40
	合 計	13	13	3,848	3,848	4,337	4,795

資料：教育部（2013）。2013 教員養成機関の現況。

【表4】年度別初等学校教員の入学定員対比、新規採用の現況

（単位：名、%）

年度		入学定員（名）	新規採用（名）	採用率（%）
2010	国 公 立	4,755	4,701	98.86
	私 立	40	91	227.50
	小 計	4,795	4,702	99.94
2011	国 公 立	4,297	5,296	123.25
	私 立	40	72	180.00
	小 計	4,337	5,368	123.77
2012	国 公 立	3,809	6,010	157.78
	私 立	39	61	156.41
	小 計	3,848	6,071	157.77
2013	国 公 立	3,809	6,318	165.87
	私 立	39	65	166.67
	小 計	3,848	6,383	165.88

資料：教育部・韓国教育開発院（2010-2013）。教育統計年報。

【表5】年度別初等学校教員の養成（新規卒業生）と採用の現況

（単位：名、%）

年度	養成（人）	採用（人）	採用率（%）
2000	10,339	5,590	54.07
2005	6,378	6,585	103.25
2009	5,596	4,529	80.93

資料：キム・ガプソン、・チョン・ミギョン、キム・ドギ（2012）。2011 経済発展モジュール化事業：韓国教員養成教育の成功戦略。教育科学技術部・韓国教育開発院 p.20。

である教育庁は卒業生の採用を 70 〜 80% に止め、養成される全ての予備教師を採用はせず、選抜して採用することによって、教師としての資質を備えて、能力を具備しうるようにしている。

（3）中等学校[5]

中等教員養成機関は多様である。初等学校教員養成機関は 1 つの私立大学を除き、全て国立大学であり、初等教員は選定された 13 の機関以外では養成できないようにしている。一方、中等教員養成は国立、私立、師範系、非師範系など、条件が具備された全ての機関で養成できるように許容している。この結果、養成機関の数が多く、養成される予備教員の数も需要に比べて過剰となっている。

中等教員養成機関の数を見れば、【表 6】の通り、師範系が 105 校、非師範系が 264 校であり、養成学科の数は師範系が 526、非師範系が 4,179 である。養成する学生数を見れば、師範系の 2013 年入学定員は 14,457 名で、非師範系の入学定員は 25,670 名である。これを合わせれば 40,127 名となる。このうち 12% 程度の 4,699 名が教員として採用されている（【表7】参照）。

中等教員養成課程は多様で養成人員が多いため、優秀な教員を養成するためには養成機関を整備しなければならないという主張を、多くの学者と官僚たちは行っている。過剰な教員養成は採用率を低下させ、採用率の低下は優秀な予備教員を誘致できず、教員の質を低下させる要因として作用している。優秀な教員を誘致するために、中等教員養成定員を縮小しなければならないにもかかわらず、養成定員を縮小できない理由は私立大学にある。私立大学の定員を国家が任意に調整できず、需要に応じた養成定員を管理できなくなっているからである。

このような困難を克服して教員養成定員を縮小しようとする努力が、教員養成機関評価である。評価によって一定水準に達しない養成機関の定員を縮小したり、養成機能を廃止するようにしている。

中等教員養成課程で入学定員を調整し、教員の資質を育成できる方法は制限的であるために、採用過程で優秀な教員を選抜するように努力している。需要に比べて過剰な教員が養成されるので、これら予備教員のうちで優秀な

5　3 年課程の中学校および 3 年課程の高校を指す。

教員を選抜するよう、体系的な選抜過程を踏むようにしている。このことに関しては、次の節で議論する。

（2）教員採用過程

　教員の採用は教育長の権限である。全国の 16 市・道教育長は教育庁別に所要人員を算定し、自主的に教員を選抜することができる。自主的に教員

【表6】中等学校教師養成機関の入学定員の推移（2010 年 –2013 年）

（単位：校、名）

大学 区分		設立別		機関数	学科数	学年度別定員			
						13 年度	12 年度	11 年度	10 年度
師範系	師範大学	国	立	15	206	4,133	4,135	4,144	4,169
		公	立	1	8	118	118	118	20
		私	立	30	208	6,824	6,929	7,013	7,013
		小	計	46	422	11,075	11,182	11,275	11,202
	一般大学教育科	国	立	7	10	250	250	235	235
		私	立	51	92	3,042	3,097	3,251	3,281
		私立産業大		1	2	90	120	120	120
		小	計	59	104	3,382	3,467	3,606	3,636
	小計	国	立	22	216	4,383	4,385	4,379	4,404
		公	立	1	8	118	118	118	20
		私	立	82	302	9,956	10,146	10,384	10,414
		合	計	105	526	14,457	14,649	14,881	14,838
非師範系	一般大学教職課程	国	立	29	735	2,652	2,652	2,970	3,597
		公	立	1	13	80	80	80	170
		私	立	124	1,895	8,724	8,724	9,992	10,825
		私立産業大		2	11	56	56	56	63
		小	計	156	2,654	11,512	11,512	13,098	14,655
	教育大学院	国	立	23	505	4,742	4,797	5,199	5,335
		公	立	2	28	252	252	252	257
		私	立	83	992	9,164	9,564	11,028	11,597
		小	計	108	1,525	14,158	14,613	16,479	17,189
	小計	国	立	52	1,240	7,394	7,449	8,169	8,932
		公	立	3	41	332	332	332	427
		私	立	209	2,898	17,944	18,344	21,076	22,485
		合	計	264	4,179	25,670	26,125	29,577	31,844
総計		国	立	74	1,456	11,777	11,834	12,548	13,336
		公	立	4	49	450	450	450	447
		私	立	291	3,200	27,900	28,490	31,460	32,899
		合	計	369	4,705	40,127	40,774	44,458	46,682

資料：教育部（2013）。2013 教員養成機関の現況。

【表7】年度別中等学校教員の入学定員と採用の現況

(単位：名、%)

年度		入学定員（名）	新規採用（名）	採用率（%）
2010	国公立	13,783	3,218	23.35
	私立	32,899	1,068	3.23
	小計	46,682	4,281	9.17
2011	国公立	12,998	2,761	21.24
	私立	31,460	943	3.00
	小計	44,458	3,704	8.33
2012	国公立	12,284	3,342	27.21
	私立	28,490	910	3.19
	小計	40,774	4,252	10.43
2013	国公立	12,227	3,674	30.05
	私立	27,900	1,025	3.67
	小計	40,127	4,699	11.71

資料：教育部・韓国教育開発院（2010-2013）。教育統計年報。

を選抜することができるにもかかわらず、優秀な教員を選抜する手続きや方法が複雑で難しいので、選抜過程の一部を韓国教育課程評価院に委任し、共同で選抜している。韓国教育課程評価院で選抜する1次試験は論述試験で、教育庁で評価する2次試験は模擬授業および面接である。

　韓国教育課程評価院で選抜する1次試験は、幼稚園および初等学校と中等学校に分けられる。幼稚園と初等学校試験は教職論述と教育課程[6]で、中等学校試験は教育学と専攻（専門科目）の試験が行われる。教職論述と教育学は全ての教育学に関連した内容で、教育学の全領域を1つの質問項目論述型で評価する。幼稚園と初等学校の教育課程の試験は16〜22個ある質問項目の記入型と叙述型で評価し、中等学校の専攻は専攻Aと専攻Bの各領域に分けられ、教科領域の能力を評価する教科内容学と、教科内容を学習に適用する能力を問う教科教育学を評価する。評価配点は幼稚園と初等学校は教職論述20点、教育課程80点で、中等学校は教育学20点、専攻A40点、専攻B40点の合計100点である。1次評価で募集定員の150%を選抜する。韓国教育課程評価院は全国17の教育庁全ての志願者の教育学と専攻の知的能力を評価し、選抜する（韓国教育課程評価院、2014）。

6　日本の学習指導要領に該当する。

韓国教育課程評価院が選抜して教育庁に通知すると、教育庁ではこれを対象に2次試験を実施する。2次試験は教職適性の深層面接、教授学習指導案の作成、授業能力の評価である。児童生徒を指導できる心と姿勢、授業できる能力を中心に評価し選抜する。初等学校の場合、全ての予備教師に英語面接を課して、英語授業の実践能力を評価する。

　韓国教育課程評価院と教育庁が客観的で厳格な過程を経て、教員を選抜するため、この基準に到達するように予備教員は徹底的に準備して能力を高めるために努力する。

3. 現職教員評価を通じた能力向上

　教員養成機関は優秀な予備教員が教職に就けるように入学定員を調整し、韓国教育課程評価院と教育庁は厳格な選抜過程を経て、優秀な教員の採用を行えるようにする。これらの過程は優秀な教員が教職に就くようにする過程であり、教員として採用された後にも教員の資質を育成するよう、多様な努力を行う必要がある。教員が採用された後に教員の資質を育成するように促進する方法が教員評価である。

　学校での教員評価は勤務成績評定と教員能力開発評価で行われている。勤務成績評定は個人の勤務実績、職務遂行能力および勤務遂行態度を評価し、人事に反映する評価であり、教員能力開発評価は教員の専門性の伸長を通じて、学校の教育力を高め、公教育を強化するための評価である。これら教員評価の内容を具体的に調べてみる。

（1）勤務成績評定

　勤務成績評定は1年間勤務した成績を評価することで、個人の勤務実績、職務遂行能力および勤務遂行態度などを評価する。勤務成績評定は教頭・奨学士[7]および教育研究士[8]と教師の評定が異なる。

　教頭・奨学士および教育研究士の勤務成績評定は毎年12月31日を基準に評定が行われ、彼・彼女らが評定対象期間に遂行した業務実績に対して、自己実績評価報告書を作成する。自己実績評価報告書には学生指導、生活指

導、教育研究、担当業務別に推進目標と推進実績を記載するようにしている。評定者と確認者は自己実績評価報告書を基に評価を実施する。教頭の評定者は校長であり、奨学士と教育研究士の評定者は直属の上官になる。確認者は評価した結果を確認する者としての上級機関の長であり、確認者が確認をする時には勤務成績評定確認委員会の審議を経なければならない。評定者と確認者の評価比率はそれぞれ 50% であり、評価結果は秀 30%、優 40%、美20%、良 10%、に強制配分されている（イム・ヨンギ、チェ・ジュルリョル、2014: 356–359）。

　教師の勤務成績評定は教頭と同じく 12 月 31 日を基準に評定し、自己実績評価書に基づいて教頭と校長が評価する。教頭が評定者、校長が確認者となる。教師の勤務評定で教頭と異なる点は多面評価にある。多面評価とは評価対象者の勤務実績・勤務遂行能力および勤務遂行態度を良く知る同僚教師のうち 3 名以上で構成し、遂行する評価である。多面評価者は勤務成績確認者である校長が構成する。多面評価の比率は 30% であり、これを全体点数に合算して、教師の勤務成績を評定し、評定結果は秀 30%、優 40%、美20%、良 10% に強制配分されている。多面評価の内容は教育者としての品性、公職者としての姿勢、学生指導、生活指導、教育研究および担当業務である（イム・ヨンギ、チェ・ジュルリョル、2014, pp.359–361）。

（2）教員能力開発評価

　教員能力開発評価は自身の教育活動を客観的に省察し、自らの能力と必要に基づいてオーダーメード型（それぞれに適した）研修を受けることによって、専門性を伸ばし学生たちに良質の教育を提供するために導入された教員評価である（教育部、2014）。評価期間の業績を評価し、人事に反映する勤務成績評定とは目的が異なる。

　教員能力開発評価は 2005 年にモデル校の運営を始め、2010 年に全国の

7　「奨学士」とは現場教育実践を推進するために教育目標・教材研究・学生指導法など教育に関する全ての条件と領域を対象にし、指導・助言する業務を遂行する教育行政職員。教職の特殊性に照らして管理行政職とは分離した教育専門職として、教育委員会、教育研究員、市・郡教育庁などに所属している。

8　「教育研究士」とは教育行政、市・道教育行政、学校教育現場で解決しなければならない教育問題に対する調査研究、教育資料の収集・製作・普及、教員の現職教育、教育研究物の編集・発刊などの業務を受け持っている教育専門職員である。

学校に拡大した。評価は同僚教員評価、学生満足度調査、父兄満足度調査を通して行われており、毎年9月から11月までの3ヶ月間に亘って行われている。評価に校長と教頭が参加せず、学生と父兄の参加が特色である。需要者である学生と父兄を参加させる教員評価である。

評価対象は校長と教頭、首席教師、一般教師、養護教師、保健教師、栄養教師、司書教師、専門相談教師であり、契約制教師も含まれる。評価参加者は同僚教員評価の場合、校長・教頭のうち1名以上、首席教師（または、部長教師）1名以上、同僚教師を含め、5名以上である。学生満足度調査は初等学校1～3学年を除く、全ての学生の80%以上の参加を勧奨する。父兄満足度調査は1学校単位当たり父兄50%以上が参加するように勧奨する。評価内容は校長・教頭、首席教師、一般教師、非教科教師などにより異なる。一般教師の場合、授業準備、授業実践、評価および活用、個人生活指導、社会生活指導などを評価する。評価は5段階の評定尺度と自由叙述式で行われている。

評価結果は多様に活用される。父兄には家庭通信文を通じて知らせ、父兄総会で報告し、学校ホームページに掲載して周知するようにする。教員は評価結果によりオーダーメード型研修を受けなければならない。優秀な評価を受けた教員は1年間の学習研究年研修（サバティカル）を享受できるが、低い評価を受けた教員は短期60時間もしくは長期6ヶ月の能力向上研修を受けなければならない。これら以外の全ての教員は5時間以上の自律研修をしなければならない。

教員能力開発評価は教員の個人別能力を評価し、水準に合う多様なオーダーメード型研修を実施するために導入された制度である。教員の個人別能力を評価し、不足した部分を補完して専門性を伸長させることは教員の基本業務であり、責任といえる。そうであるが故に教員の能力開発評価とオーダーメード型専門性の開発は、非常に重要な教員の責務である。このような重要性にもかかわらず、教員能力開発評価は専門的な評価になっていない。教員の不足した部分を診断して評価することを学生と父兄の満足度に依存するのは、教員の専門性を大きく傷つけることとになる。教員の能力を正確に判断し補完して向上させるためには、専門家中心の評価が行われる必要性が大きい。

（3）勤務成績評定と教員能力開発評価

韓国で教員の資質を開発し専門性を向上させるために、勤務成績評定と教員能力開発評価を活用している。二つの方法のいずれもが教員の勤務能力を評価し、改善するための評価である。それにもかかわらず、全く別途に評価が行われている。勤務成績評定は人事管理のために、教員能力開発評価は個人の能力開発のために、評価が行われているのである。

　評価は個人が遂行した業務の全ての領域を総合的に評価し、優秀な部分、不足した部分を把握することである。このような過程を通じて優秀な部分を発展させ、不十分な部分は補完することが評価の基本である。このような評価が単に昇進と勤務地移動などの人事管理のために、個人の能力開発だけのために、行われている。同一な目的の評価を分離し、二重に施行することによって評価の機能を達成できず、評価の二重性、評価間の相反と葛藤を引き起こしている。

　教員を評価する過程で、学生と父兄の意見を取りまとめることは必要であり、これらの意見を勤務成績評定に反映することはできる。ところが教員の能力を分析し、不足な部分を補完する評価に、学生と父兄の満足度を反映することは教員評価の根本を傷つけることになる。

　韓国の教員の能力を向上させるために実行されている教員能力開発評価は、教員の資質を開発するために明らかに必要とされ、発展しなければならない方案である。このためには勤務成績評定と統合し、教員の専門性に合った評価方案が考案されなければならない。

4．結語

　韓国の教員の能力向上方案として教員養成と採用の現況、教員評価方案を調べてみた。優秀な教員を誘致し、能力を開発することは教育発展のために極めて重要な課題である。韓国では優秀な教員を誘致するために、教員養成機関の入学定員を調節し、養成機関を評価して入学定員を縮小している。教育庁は養成された教員のうちで優秀な教員を採用するために厳格な選抜過程を適用しており、採用された教員の能力も開発し発展させるために教員能力開発評価を実施している。

優秀な予備教員を確保して養成する過程で適用される入学定員管理は、非常に重要だ。適正な採用が保障された時、優秀な教員が教職に入門しようとする。教員養成機関の入学定員を良く管理し、優秀な予備教員を誘致した事例が初等学校教員養成機関である教育大学校である。一方、養成機関の定員管理が上手ではない事例が中等教員養成機関である。教員養成機関の評価を通じて、定員管理をしようとする方案が教員養成評価である。これら評価機関の努力如何により教員養成機関の力量が強化され、優秀な教員が誘致・養成されるであろう。

　併せて、現職教員の能力を開発するために施行されている評価が、教員能力開発評価である。教員の能力を開発して優秀な教師になることは重要である。このような重要性にもかかわらず、教員の能力を開発するために導入された評価方法や過程は、教員能力開発の目的に及ばないでいる。教員能力開発の目的を達成できる専門的な評価と能力開発が必要である。

【参考文献】

　教育改革委員会『世界化・情報化時代を主導する新教育体制樹立のための教育改革方案Ⅲ』（第 4 次大統領報告書）、1996 年

　教育科学技術部・韓国教育開発院『第 3 期教員養成機関評価便覧』2010 年

　教育部『2013 教員養成機関の現況』2013 年

　教育部『教員の教育専念条件造成のための 2014 年教員能力開発評価制の施行基本計画』2014 年

　ク・ジャオック他『第 3 期教員養成機関評価の強化方案に関する研究』韓国教育開発院、2009 年

　キム・カプソン・キム・イギョン『2011 年教員能力開発評価結果の分析およびマニュアル開発研究』韓国教育開発院、2012 年

　キム・カプソン、チョン・ミギョン、キム・トギ『2011 経済発展モジュール化事業：韓国教員養成教育の成功戦略』教育科学技術部・韓国教育開発院、2012 年

　キム・ギョフン『教員養成と採用制度の改善法案——教育専門大学院を中心に』国会立法調査処、2007 年

　キム・キス『教員養成機関評価結果の分析および政策提案』ポジションペーパー（政府による公式見解文書）、第 9 巻第 8 号、韓国教育開発院、2012 年

イ・ユンシク、チェ・サングン、ホ・ビョンギ『教師養成体制の改善方案研究』韓国
　　教育開発院、1994 年
イム・ヨンギ、チュ・ジュルリョル『教育行政および経営探求』共同体、2014 年
チョン・テボム「教員養成制度の改善方向」『韓国教員教育研究』第 10 号、韓国教員教
　　育学会、1994 年、27-59 頁
韓国教育課程評価院「中等教師採用試験」2014 年
韓国教育課程評価院「小学教師採用試験」2014 年

第9章

韓国の教員養成機関における
質保証の取り組みとその発展方案

權 東澤（KWON, Dong-Taik　韓国教員大学校）

1．はじめに

　全世界で高等教育に関する質保証（quality assurance）政策は高等教育改革の中心課題として強調されている。高等教育の質保証が重要な影響を及ぼす理由は知識基盤社会での高等教育の役割がますます拡大し、高等教育システムの開放とともに国際交流が幅を広げ、大学の自律性増大に伴う責任が強化されたからである（チェ・ジェウン、イ・ビョンシク 2007）。高等教育の質保証にとって教員養成機関も例外ではない。特に優秀な教員を養成する機能を遂行している教員養成機関の質保証は重要な意義を持っている。

　主要国の高等教育に関する質保証強化と同様に、韓国でも教員養成機関に関する質保証政策は多様に推進されている。韓国における教員養成機関の質保証関連評価には、韓国大学教育協議会（the Korean Council for University Education）附設韓国大学評価院（Korean University Accreditation Institute）が実施する大学機関評価認証制と教育部（the Ministry of Education）によって韓国教育開発院（Korean Educational Development Institute）が実施する教員養成機関評価がある。

　教員養成機関の評価認証制は1996年教育改革委員会から発表された第3次教育改革案によって提案され、教員養成機関評価は幼稚園と小中等学校教師を養成する教育機関を体系的に質管理することで教員養成教育の質的レベルを高めるための制度的仕組みである。また、教員養成機関評価は教育部（当時の教育科技術部）と韓国教育開発院の共同主管の下で1998年から周期的に施行された。教育部は評価基本計画の樹立及び評価結果の活用を担当し、韓国教育開発院は評価実施の主管機関として教育部の基本指針によって、教

員養成機関の師範大学、教育大学院、教育大学校、一般大学教育科、一般大学教職課程に関する評価を行っている。現在の教員養成評価は1998年から本格的に始まり、毎年、教員養成機関評価が施行されている（ク・ジャオク他，2009、キム・ギス，2012）。特に韓国での教員養成機関評価は学校教育充実のための重要な制度の一つとして教員養成教育の重要性が浮き彫りにされ、教員養成機関評価導入の必要性提起（チェ・フィソン他，1990、チョン・イルファン他，1991）、教員養成機関評価手順と方法（キム・ヘス他，2006、パク・ジョンリョル，1996、ク・ジャオク，2009）、評価結果と活用（キム・ヘス他，2000、2006、ホン・ヨンラン他，2005）を中心に多くの研究が行われてきた。しかし、教員養成機関評価の第3期評価が終了し、第4期評価が新しく始まる現時点で多くの問題点が指摘され、大学機関評価認証制と教員養成機関評価の改善のための多様な対案が論議されている。

　本章では機関評価認証制と教員養成機関評価を中心に、韓国の教員養成機関の質保証政策を調べ、教員養成機関の質を高めるための基本前提と発展方案を模索することを目的とする。

2．教員養成機関での質保証の意味と性格

（1）質保証の意味

　質保証は計画的、体系的な活動を通して質的問題が発生する前に予防する活動（Oakland, 1989）であり、予防的次元で基準に到達できるかということを事前に把握する活動である。一般的に質管理（quality control）は結果的な観点を強調するのに対し、質保証は結果ばかりでなく過程的な観点も強調し、むしろ結果より過程の比重が大きい。もちろん質管理と質保証は別のことと理解しうるが、望ましいレベルの質管理のためには二つの活動が統合される必要がある（Cuttance, 1994）。したがって、教員養成機関での質保証は質低下の問題を予防するために一定基準への到達程度を把握する活動であり、単純に結果的レベルの質ばかりでなく過程的レベルの質を強調する。

　教員養成機関の質保証の観点からみると、教員養成機関の評価は幼稚園と小中等学校教師を養成する教育機関を体系的に質管理することによって、教

第9章　　189

員養成教育の質的レベルを高める制度的仕組みである。教員養成機関での評価認証制は、機関や機関内プログラムに関する質管理と円滑な運営のために専門的な組織、協会または評価認証機構が、ある大学あるいはあるプログラムが評価認証組織や機構が予め設定した質的レベルや基準を満たしたと認証することである（チョン・イルファン他，1991）。すなわち、このような機関評価認証を受けるという意味は、大学が大学経営と教育を構成する諸要素（大学の使命、教育、大学構成員、教育施設、大学財政と経営、社会ボランティア）などで教育の質を保証できる最小要件を確保し、持続的に質改善のために努力していることを意味する（韓国大学評価院，2014）。特に、機関評価認証は大学が教育機関として基本要件を充足しているかを判定し、その結果を社会に公表することによって、社会的信頼を付与する制度である。認証の対象は大学の一部分やプログラムに限らず、機関運営全般にわたって評価する（韓国大学評価院，2014）。

　したがって、大学は機関評価認証機構が設定した認証基準に添うかどうか確かめるために、専門家の判断を活用するようになり、機関評価認証基準を充足した大学に対しては、その結果を公表することによって社会的な地位を与える。結局、質保証という次元において韓国で実施している教育機関に対する評価認証（accreditation）というのは、教育機関（あるいはプログラム）の質を管理するために体系的に評価して正式に認証（recognition）することを意味する（パク・スングン，2007）。

（2）質保証の性格

　韓国で教員養成機関評価が導入された当時には、教員養成機関の運営現状と問題点を把握し、何をどのように改善し、支援しなければならないのかに対する政策材料を確保するのが重要な目的であった（キム・ギズ2012）。教員養成機関の質保証は教育需要者に教育機関が提供する教育、行政、施設、その他教育に関連するサービスなどをいろいろな場面で、その条件と質が一定基準を充足しているかを評価し、認証する過程として二つの要素を持っている。
・教育需要者である予備教師たちに良質の教育を提供するための質保証
・国家あるいは地域社会に優秀な教師を養成するための質保証
このような教員養成機関に対する質保証は、以下のように多次元的な期待効

190

果を持っている。
　○大学次元：自己点検と自律評価システムを築く
　　・大学の全ての構成員たちが自発的に評価過程に参与するように奨励
　　　する
　　・常時評価システムを築き、自ら大学のメリット・デメリットを分析
　　　する
　　・当面の問題点を補完し、今後望ましい発展方向を提示する
　○社会次元：大学教育の質保証と信頼を与える
　　・大学教育の質保証に対する情報提供の責任を強化する
　　・大学教育に対する信頼を与える
　○政府次元：高等教育質保証システムの構築及び財政支援ための客観的
　　　　　　　な情報を確保する
　　・政府次元の高等教育質保証に対する国際社会の要求に添う
　　・大学支援に必要な客観的な情報を確保する
　○国際社会次元：高等教育の国際的通用性と交流協力の促進のための高
　　　　　　　　　等教育質保証システムを築く
　　・国際社会で学生たちの大学間交流またはプログラム交流を通じて、
　　　認証結果の国家間相互認証システムを確立する
　　・高等教育の国際的通用性を確保し、国内外の人的資源の移動を促進
　　　する
　このように教員養成機関に対する質保証は、評価領域と評価部門の満足の
程度を判定し、評価結果を積極的に活用するようにしており、認証結果を
政府の多様な行財政事業とつながるようにしている。また、機関評価認証
の本来の意味と目的に忠実になるよう、質的評価中心の認証によって自己診
断評価報告書の作成を最小化（paperless）するようにし、大学保有既存資
料、ホームページ掲載資料、自己評価報告書などの実際の資料を中心とした
（authentic）評価を通じて、適宜性を高めている。

3．質保証政策と施行機関

（1）質保証政策

　国家レベルで本格的に教員養成機関評価の導入を検討するようになった契機は、1996 年大統領諮問機関である教育改革委員会から発表された第 3 回教育改革方案（1996.8.20）である。当時、教員養成機関の問題点を指摘した内容を見ると、教員養成機関は質を管理する余裕もなく乱立しているので、養成課程の質に関する会議を強化したと指摘している。また、養成機関の乱立が招いた教員需給の大きな不均衡は養成課程の価値を落としていると指摘している（教育改革委員会，1996）。教員養成機関評価の導入は教員養成機関の乱立による教員養成教育の質低下と、教員供給の過剰問題に対処するための措置であったということがわかる（キム・ギス，2012）。したがって、教員養成機関の質保証をする目的は教員養成機関の教育環境及び運営実態を評価し、その結果を公表することによって養成機関間に善意の競争を誘導し、これを通じて教員養成教育の質的レベルを高めることにある。

①機関評価認証の基本目的と方向

A）基本目的

　世界的な高等教育質管理システムに添うために、大学が最小限の基本的要件と特徴を備えるように認証基準を提示し、大学の国内外競争力を強化し、高等教育の質を高めることに対する責任を確立し、国際的な通用性と交流協力促進のための高等教育質保証システムを築くことである。

- ・ 第三者外部評価を通じた大学教育の質を保証する
- ・ 大学自律性の拡大によって大学の責任を高める
- ・ 大学教育の質に対する国民の知る権利を満足させる
- ・ 大学教育の国際的通用性を増大する

B）基本方向

- ○ 大学の教育的成果として学生の学習成果を重視する（student learning outcomes）
- ・ 国家間の学生相互交流及び単位認証などと関連して国際的な通用性を考慮する。

- 教育環境とともに学生教育の質にフォーカスを置く評価を目指す。

○ 大学の自律的な特色ある発展を誘導する（true uniqueness）
- 大学を客観的な評価基準によって画一化することより、特徴化を誘導する
- 韓国の大学設立の特徴を考慮し、最小基準を充足する以外のモデル事例を発掘する

○ 大学の質保証と質改善を目指す（assurance & enhancement of quality）
- 大学の質を基本的に保証できるかに優先的に焦点化させる
- 大学の質を継続的に向上させる自律的な質改善評価システムの定着を誘導する

○ 大学の最小基本要件を充足したか否かに対する社会的信頼を与える（requirement of minimum）
- 大学の最小基本要件が充足されたかに対して認証する
- 最小基本要件を充足したかどうかを社会に公表することによって、大学教育の質保証を獲得する

②教員養成機関評価の基本方向と目的

A）基本目的

　教員養成機関の評価を通じて問題点を解決し、小中等教員養成課程で養成される予備教員の数を適正水準に調整し、教員養成教育を改善し、予備教員の素質を高めるために教員養成機関評価を強化する必要がある（ク・ジャオク他，2009）。教員養成機関評価は機関本来の目的である優秀な教員養成を忠実に達成するように環境を造成することに意義がある。教員養成機関評価の基本目的は以下の通りである（ク・ジャオク他，2009、キム・ガプソン他 2008）。

- 教員養成教育の質的水準を高める
- 教員養成機関の法的責任を確保する
- 教員養成機関の教育的、社会的公信力を高める
- 教員養成機関の関連政策の基礎材料を提供する
- 教育需要者のための教員養成機関の関連情報を提供する

B）基本方向

○ 目的志向型性格を堅持する

・ 競争論理に基づいた規準志向評価ではなく、目的志向型評価の論理に基づく

・ 法令で定めた要件を充足させる過程で、自ら計画を樹立して特性化するように誘導する

○ 教員養成機関の責任を強化する

・ 教育条件と運営実態以外に成果領域を追加する

・ 教員養成機関の実際効果性を評価する

○ 評価結果の信頼を確保する

・ 評価の信頼性、客観性と公正性を確保する

・ 客観的評価モデル開発を通じて信頼を高める

○ 体系的、専門的な評価システムを築く

・ 評価結果の活用を強化する

・ 評価システム自体の持続的な発展を図るために評価専門担当機構を設置運営する

（2）質保証機関の現状
① 大学評価認証制機関

　韓国の機関評価認証制は関連法令に基づいて自己評価と機関評価認証を別に分けて、政府から認証された機関に限り、機関評価認証制を実施することができる。大学は自己評価に関する法的根拠に基づいて、少なくとも2年毎の自己評価を実施する義務があり、政府が認証した評価機関から機関評価認証を受けている。現在の韓国大学教育協議会附設の韓国大学評価院の場合、2009年政府の高等教育評価認証制、施行機関認定のための計画に基づく機関評価認証制の施行機関として申請し、2010年11月11日当時教育科学技術部（現教育部）から機関評価認証制施行機関として認証された。機関評価認証制を担当している韓国大学教育協議会は大学機関評価認証の公正性と信頼性を確保するために、「韓国大学評価院」を附設し、独立機構として設置している。

　大学評価認証委員会は評価団の評価結果報告書に基づいて、該当の大学に対して認証するかどうかを判定し、大学評価認証委員会の機関評価認証の種類は「認証」、「条件付認証」、「認証延期」、「不認証」に分けられる。また認

【表1】大学機関評価認証判定の種類別判定基準及び措置事項

種類	認証判定基準	認証機関及び追加措置事項
認証	大学条件が法定基準から見ると良好で、大学の使命、発展計画、教育、大学構成員、教育施設、大学財政と経営、社会ボランティアの全ての領域を充足する。 ▶6個の必須評価基準を全て充足、6個の評価領域を全て充足	▶認証期間5年 ▶認証基準維持に対するモニタリング実施
条件付認証	大学の教育環境が法定基準から見ると良好だが、大学の使命、発展計画、教育、大学構成員、教育施設、大学財政と経営、社会ボランティア領域のうち1つ領域が不十分 ▶6個の必須評価基準を全て充足、5個の評価領域を充足、1つの評価領域については不十分	▶認証期間1年 ▶1年以内に該当部分に対する再評価結果が認証される場合、最初の条件付認証判定時点から5年間認証 ▶1年以内に該当部分に対する再評価結果が認証されない場合、認定延期として判定
認証延期	大学の教育環境と教育の質改善能力が全般的に要求され、認証判定を留保 ▶6個の必須評価基準を充足、4個の評価領域を充足、2個の評価領域は不十分 ▶5個の必須評価基準を充足、4個の評価領域を充足、2個の評価領域は不十分 ▶5個の必須評価基準を充足、5個の評価領域を充足、1個の評価領域は不十分	▶2年以内に十分ではない事項を改善した後、該当部分に対する評価を実施 ▶該当部分に対する再評価結果が認証される場合、該当時点から（5年 - 認証延期期間）認証 ▶該当部分に対する再評価結果が認証されない場合、不認証判定
不認証	大学の教育環境が法定基準から見ると不足で、大学使命、発展計画、教育、大学構成員、教育施設、財政と経営、社会ボランティア領域の一部が極めて不十分 ▶認証、条件付認証、認証延期のどの判定基準も充足できない	▶不認証判定から2年経過後、再申請を受けて評価実施（2年以内の申請不可） ▶2年の経過処置期間、該当大学の希望によってコンサルティング実施 ▶再申請を受けて評価した結果、認証される場合、該当時点から3年間認証

証するかどうかに対する最終審議の後、「認証（条件付認証を含め）」大学を公表し、大学に認証札と認証書を授与している。具体的な認証判定基準は【表1】の通りである（韓国大学評価院，2014, p.36）。

　大学機関評価認証の評価領域と評価部門別評価基準は【表2】の通りである（韓国大学評価院，2014, p.54）。

【表2】評価領域及び評価部門別の評価基準

評価領域	評価部門	評価基準
1. 大学の使命と発展計画	1.1 大学の使命と教育目標	1.1.1 教育目標
	1.2 発展計画と特性化	1.2.1 発展計画と特性化計画の樹立 1.2.2 発展計画と特性化計画の評価
	1.3 自己評価	1.3.1 自己評価実施
2. 教育	2.1 教育課程	2.1.1 教育課程と教育目標 2.1.2 教養教育課程の編成と運営 2.1.3 専攻教育課程の編成と運営 2.1.4 実験、実習、実技教育 2.1.5 企業と社会の要求に基づいた教育課程の編成と運営 2.1.6 国内外の大学との単位交流 2.1.7 教育課程委員会の組織及び運営
	2.2 教学・学習	2.2.1 授業規模 2.2.2 教学、学習改善ための組織及び予算 2.2.3 教学、学習改善能力
	2.3 学事管理	2.3.1 学事管理規定 2.3.2 成績管理 2.3.3 授業評価 2.3.4 成績優秀者及び学事警告者に対する措置
	2.4 教育成果	2.4.1 卒業生の就業率 2.4.2 教育満足度
3. 大学構成員	3.1 教授	3.1.1 専任教員確保率〈必須評価基準〉、3.1.2 教員採用の手続きと方法 3.1.3 非専任教員の活用 3.1.4 教授業績評価制度の運営 3.1.5 教員の教育と研究活動の支援 3.1.6 非常勤講師の待遇と福祉 3.1.7 教授の研究実績と研究費 3.1.8 知識及び技術の社会と企業に対する貢献度
	3.2 職員	3.2.1 職員規模 3.2.2 職員人事制度の運営 3.2.3 職員の専門性開発及び福祉
	3.3 学生	3.3.1 学生選抜手続きと方法 3.3.2 定員内新入生充員率〈必須評価基準〉3.3.3 定員内在学生充員率〈必須評価基準〉3.3.4 学生相談システムの構築と運営
4. 教育施設	4.1 教育基本施設	4.1.1 教師確保率〈必須評価基準〉4.1.2 講義室確保率 4.1.3 実験・実習質確保率 4.1.4 実験・実習設備具備状況
	4.2 教育支援施設	4.2.1 寮確保現状 4.2.2 学生福祉施設 4.2.3 障がい学生支援施設
	4.3 図書館	4.3.1 図書館運営
5. 大学財政及び経営	5.1 財政確保	5.1.1 財政運営計画を樹立 5.1.2 収入に占める学費の比率 5.1.3 収益用基本財産確保及び収益率(私立大学) 5.1.4-1 収入に占める寄付金の比率(国公立大学) 5.1.4-2 収入に占める法人転入金の比率(私立大学)
	5.2 財政編成と執行	5.2.1 予算編成手続きと方法 5.2.2 教育費還元率〈必須評価基準〉、5.2.3 奨学金比率〈必須評価基準〉
	5.3 監査	5.3.1 監査制度 5.3.2 監査結果活用
6. 社会ボランティア	6.1 社会ボランティア	6.1.1 社会ボランティア政策 6.1.2 社会ボランティア等の実績と支援
評価領域:6 個	評価部分:17 個	評価基準:54 個(6 個の必須評価基準を含む)

【表 3】教員養成機関評価の第 1-3 期別の内容

内容	第 1 期	第 2 期	第 3 期
目的	・教育環境と運営実態の評価を公表する ・養成機関間の善意の競争を誘導する ・養成教育の質を高める ・行政・財政支援の合理的な根拠材料を提供する	・養成機関の社会的信頼と教員資質に対する信頼性を高める ・評価対象大学の自己発展戦略を樹立する	・養成機関の質的レベルを高める ・養成機関の法的責任を確保する ・教員養成システム改編の参考材料を提供する ・教職希望者、市・都教育庁と学校等に情報を提供する
評価方法	・大学教授など専門家中心評価指標開発と客観性、公正性の検証能力 ・大学の自己評価、書面評価、現場訪問評価 ・主管機関：教育部、KEDI	・評価方法の大幅簡素化努力 ・評価領域別の関連専攻教授と外部専門家で構成された領域及び指標の開発 ・教育需要者満足度調査 ・主管機関：教育部、KEDI	・師範大学、教育大学院、教職課程の同時評価 ・行政・財政措置のため大学、養成課程、学科のレベルで評価し、授業実演、学科別採用率を計量化する
評価団構成員	・4 個のチーム（1 チーム 6 名）に構成し、各チームは 10 個の大学を担当する	・3 名ずつ 5 個のチームを構成する（教授 9 名、保護者 2 名、教育庁と現場教員 2 名、開発院 2 名）	・授業実演評価団（チームに 6 名ずつ）現場訪問評価団(6-8 名、会計者を含む)に二元化
評価対象	・師範大学、教育大学院、教育大学校、教育大学校教育大学院、一般大学教育科、一般大学教職課程	・師範大学が設立された大学、教育大学、一般大学教育科が設立された大学、一般大学教職課程または教育大学院が設立された大学、専門大学、放送通信大学等、再評価の大学
評価結果	最優秀（10%）、優秀（22.5%）、良好（42.5%）、不十分（25%）	最優秀（12.5%）、優秀（57.5%）、良好（22.5%）、改善要望（7.5%）	機関、大学、学科別に A（優秀 17.7%）、B（普通 57.7%）、C（十分ではない 24.4%）、D（不適合）
評価領域	教育課程、授業、教授、学生、行財政、施設設備、特性化、定性的総合判定など 7 個の領域、102 指標に構成	教育課程と授業、教授と学生、教育環境と支援システム、大領域、中領域（10）、小領域（20）、総計 98 個に構成	経営と環境、プログラム、成果など 4 個の領域と 10 個の評価項目と 15 基準

②教員養成機関の評価機関

　教員養成機関の評価は韓国教育開発院が教育部の基本指針に基づいて施行している。教員養成機関評価の場合、第 1 期評価は 1998 年から 2002 年まで実施した。1998 年は師範大学、1999 年は教育大学院、2000 年は教育

大学校、2002年は一般大学教職履修課程などに対する評価が初めて行われた。以後、第2期評価（2003から2009年まで）、第3期評価（2010年から2014年まで）が実施された。2015年からは第4期評価が予定されている。

教員養成機関評価の第1-3期別の内容を整理すれば、表3の通りである（オ・セフィ他，2013, p.3）。

また教員養成機関評価は評価計画、自己評価、書面評価、訪問評価、結果報告と結果活用などの6段階で評価を施行している（ク・ジャオク，2009）。

①評価計画段階：評価目的と方向を設定し、評価指標及び便覧を開発する。

②自己評価段階：評価対象になる教員養成機関は評価便覧に基づいて自己評価委員会を構成し、自己評価を実施して報告書を提出する。

③書面評価段階：評価委員を構成して評価指標とマニュアルを開発する。評価団は評価マニュアルに基づいて書面評価を実施し、現場確認事項を点検する。

④現場訪問評価段階：評価団が現場を訪問して現場で根拠材料を確認し、関係者面談を通じて最終評価をし、満足度調査を行う。

⑤結果報告段階：評価結果を収集して分析し、等級を判定して総合報告書と個別大学報告書を作成し、評価結果を発表する。

⑥結果活用段階：総合と領域別の評価結果と優秀事例を公開して、次の学年度経営と教育活動にフィードバックし、教育活動の改善を求めるように誘導する。

4．質保証政策の成果と課題

（1）質保証政策の成果と問題
①成果
韓国の質保証政策と関連して、1997年に教育部は韓国教育開発院と共に教員養成機関評価試行方案を準備し、韓国教育開発院を教員養成機関評価の実施主管機関として指定した。1998年には初めて全国の全ての師範大学を対象に第1期評価を実施した（キム・ギス，2012）。　同年、全国の全ての師範大学40箇所、1999年には教育大学院69箇所、2000年には教育大

【表4】年度別教員養成機関の評価現況

周期	年度	評価対象機関
1	1998	師範大学
	1999	教育大学院
	2000	教育大学校、教育大学校教育大学院
	2001	一般大学教育科
	2002	一般大学教職課程
2	2003	師範大学
	2004-5	教育大学院
	2006	教育大学校、教育大学校教育大学院
	2007	一般大学教育科
	2008-9	一般大学教職課程
3	2010	師範大学がある大学
		教育大学校
	2011	一般大学教育科が設置された大学
		2010年評価結果による再評価の大学
	2012	一般大学教職課程または教育大学院が設置された大学
		2011年評価結果による再評価の大学
	2013	専門大学の1/2
		2012年評価結果による再評価の大学
	2014	専門大学の1/2、放送通信大学など
		2013年評価結果による再評価の大学

学校11箇所と教育大学院10箇所、2001年には一般大学教育科55箇所、2002年には一般大学教職課程122箇所に対する評価を実施した。第2期評価は2003年から2009まで7年間、第1期と同じく師範大学、教育大学院、教育大学校、一般大学教育科、教職課程設置学科の順番で年次毎に実施した。機関数が多い教育大学院と教職課程は各々2年をかけて評価を実施した(キム・ギス2012)。

　そして、第3期評価は2010年に始まり、2014年に終了する予定である。教育部は韓国教育開発院に教員養成機関評価センターを設置・運営するようにした。したがって、第3期は教員養成機関評価センターを設置して、より体系的に教員養成機関評価事業を推進するようにし、各大学に設置した全ての種類の教員養成機関を同時に評価した。教員養成の規模が大きい大学から年次毎に評価を行い、評価結果が十分ではない教員養成機関に対しては、翌年に再評価を受けるようにした。

　第1-3周期評価を受けた教員養成機関を整理すれば、【表4】の通りであ

る（キム・ギス，2012, p.5）。

このような教員養成機関の評価は全ての教員養成機関に対する教育の質を点検することを通じて、教員養成教育の重要性に対する認識を高め、教育の質的レベルを高める努力を促進する契機となり、次のような成果がある（ク・ジャオク他，2009、イ・スンフィ他，2005、イム・ヨンギ，2009）。

○ 教員養成機関評価を通じて、教員養成機関の教育の質を対外的・対内的に点検する契機を備えた。教員養成機関は自己評価を通じて、自らが提供する教育の質を対内的に点検する。それに対する書面評価と訪問評価を通じて、外部の視角から教育の質を再び点検するようになった。

○ 教員養成教育の重要性に対する関連者の共感を形成する契機が準備された。教員養成機関の教授を含めた全ての大学構成員に教員養成教育の重要性を再認識させ、教員養成教育の質的レベルを高めるための努力を促進する契機となった。

○ 教員養成教育の改善ための大学の関心を増大する契機となった。評価結果を各大学に提供して「不十分」、「改善要望」の判定を受けた教員養成課程に対して、自救計画を提出するようにし、再評価を通じて教員養成課程の改善を誘導した。その結果、多くの大学で教育環境の実質的な改善をもたらす効果があった。

○ 教育課程に関連して教員養成学科の位相とアイデンティティに対する認識が高まる契機が設けられた。教員養成機関で仁成教育[1]、教科教育、学校現場との連携強化など、教員養成教育の目的により相応しいように新しく教育課程を構成している。また教育実習の質的充実のための各種の努力を促進しており、附属学校、協力学校の問題を解決しようとする動きを引き出している。

②問題点

教員養成機関の評価は教員養成機関の教育の質を対外的・対内的に点検する契機を準備し、教員養成教育の改善のための大学の財政投資と関心の増大

1　原語を漢字に置き換えると「仁成」となる。英語では education of humanism と訳されている。「人格教育」に近いニュアンス。

を導き出すのに意義がある（オ・セフィ他，2013）。それにもかかわらず、教員養成機関評価には以下の問題点がある（ク・ジャオク他，2009、クォン・スンダル，2009、イ・スンフィ他，2005、イム・ヨンギ，2009）。

○教員養成機関評価の安定性が脆弱である。教員養成機関の評価のための予算と人員の安定的な確保がなされてはおらず、厳しいスケジュールのため評価が不十分となり、教員養成機関の業務負担が増えていく。

○教員養成機関の評価システムが十分ではない。評価指標の過度な細分化、評価基準と評価指標の区別が曖昧であるなど、評価内容のシステムが弱い。自己評価報告書を作成するための自己評価委員会が形式的に構成・運営されている。また何人かが自己評価報告書を作成することによって、自己評価過程の質が低下する傾向がある。

○予算と人員が不安定なために、教員養成機関の評価事業は毎年始まるのが遅くなり、事業の日程が厳しい。そのために評価が不十分になるばかりでなく、短期間の準備過程のため教員養成機関側の負担と不満を引き起こしている。

○教員養成「機関」に対する評価というより、プログラムに対する評価の性格が強く、本質的な成果より投入と過程に重点を置く傾向がある。一つの教員養成機関で師範大学、教育大学院、教職課程などを同時に運営しているのにもかかわらず、教員養成機関の評価は各々別に評価するので実質上、機関評価ではなくプログラム評価を志向していた。

○評価結果の活用方案が具体的に提示されておらず、評価の実効性を確保できなかった。評価等級を与える以外に、評価結果を具体的に活用する方案が提示されていない。

（2）発展の基本的な方向

　教員養成機関の評価は、成果と問題点を同時に抱えている。教員養成機関の質保証のための基本方向を提示すれば、次の通りである（ク・ジャオク他，2009、クォン・スンダル，2009、キム・ガプソン他，2008）。

○教員養成機関の評価認証制の目的を再検討すべきである。評価認証制を通じて教員養成機関の急激な構造的変化を推進する、あるいは各々機関の教員養成機能の質改善に焦点を合わせて評価を行うなど、各教員養成機関が自ずと構造的な改革を通じ、養成課程の質を高めるように支援する

評価システムの開発が必要である。また教員養成機関が追求し、達成しなければならない望ましい目標とレベルを中心に、教員養成教育の画一化ではなく、各機関が法令で決められた要件を充足しつつ、自己発展計画を樹立し特性化することが望ましい。

○教師教育に対する認識を高めるという共感を形成するべきである。教員養成機関の評価を通じた教員養成機関の質の改善は、単純に評価を通じて成し遂げることができるわけではないので、教員養成機関の評価システムの本格的な実施と共に多様な教師教育関連政策に対する社会的な共感の形成が必要である。

○教員養成機関の評価に対する現場の意見収斂が強化されるべきである。意見を収斂する過程を通じて、看過されたり適当な方案が見出されなかった事案について、もっと具体的で発展的な方法と方案を探すことができる。

○評価委員の専門性を高めるべきである。評価計画とデザイン過程で評価委員の専門性を確保するために、評価主管機関は訪問評価委員に選定された評価委員を対象として一定時間以上の評価関連研修を提供し、評価委員の人員プールを築く。

○教員養成教育の改善のための大学の関心と投資が増大されるべきである。大学の構造調整次元で教員養成機能を縮小するか廃止する方向に決定を下すことができるが、教員養成機能を維持する場合は教育環境と成果を改善するための多様な関心と努力を傾けなければならない。

○教員養成機関の社会的責任を増進するべきである。優秀な教師を選抜しようとする市・都教育庁や私学財団ばかりでなく、需要者にも教員養成機関の質に対する情報を提供するべきである。また、評価結果の国民への公開によって教員養成機関に対する社会的信頼を高め、最終的には教師の教育的専門性と資質に対する社会的信頼性を高めることができる。

5．結論

教員養成機関に対する質保証は各教員養成機関が養成教育を施行するうえ

で、法で明示している要件を充足しているかを確認し、教員養成教育の質を一定のレベル以上に維持し、教員養成機関間の善意の競争を誘導することによって、機関で提供している教育の質を保証し、教師教育の質レベルを高めるための環境を助成することを目的とする。

　韓国での教員養成機関の質保証は、教員養成機関の経営と環境、プログラム、成果などを体系的に診断し、その評価結果の公開によって教員養成機関が提供した教員養成教育の質を保証し、質を高めるための環境を助成して優秀な予備教師の養成が可能となるように目的を置いて推進してきた。特に、教員養成教育の最小限の質保証次元で評価結果を大学に提供し、大学が自律的に質改善をするように誘導した。教員養成教育の最小限の質確保は国家が発給する教員資格証の信頼を高めるのに寄与してきた。

　また、教員養成機関の質保証は全ての教員養成機関の質的レベルを高めることを目的とするので教員養成機関の教育的、社会的信頼を高めることを通じて、機関で養成される教員の教育的専門性と資質は客観的に認証され、その信頼性を高めることができる。

　しかし、教員に採用されない教員資格証所持者が増えてくるに従って、教員資格証に対する社会的信頼は徐々に下がっており、教職社会全般に対する不信に繋がっているのが実情である。このような現実の下で教員養成機関に対する質保証と構造調整は、これ以上先送りできない課題となった。今後、教員養成機関は単純な外部要求の他律的評価から脱し、教員養成機関が自ら自己評価を通じて質的レベルを把握し、教員養成プログラムを改善できる発展戦略の与件を備えるようにするべきである。

【参考文献】

　ク・ジャオク、キム・ガンホ、キム・ウンジョン、キム・ギス、キム・ジョンミン、ナムグン・ジヨン、チョン・ギュヨル、ソル・ヒョンス、イ・ミョンヘ、チョン・スヨン、ホン・チャンナム「第3期教員養成機関の評価強化方案研究」（研究報告RR 2009-31）、韓国教育開発院、2009年

　クォン・スンダル 他『大学の自己点検評価及び公示方案に関する研究』韓国教育評価学会、2008年

　クォン・スンダル「教員養成機関第2期評価モデル分析と課題」『教育評価研究』22 (2)、

2009 年、311–341 頁

キム・ガプソン、パク・ヨンスク、パク・サンウォン、ナム・スギョン『教員養成機関の評価システム定立研究』（研究報告 RR 2008-07）、韓国教育開発院、2008 年

キム・ギス「教員養成機関評価結果分析及び政策提案」（懸案報告 OP 2012-05-08）『Position Paper』9 (8)、韓国教育開発院、2012 年

キム・ヘス 他『教員養成及び研修機関の評価制施行のための細部方案研究』教育人的資源部、2006 年

キム・ヘス、イ・マンフィ、ファン・ギュホ『教員養成・研修機関の評価認証機構設置及び運営方案研究』韓国教育開発院、2000 年

パク・ジョンリョル「中等教師教育評価認証のための制度、手続き及び基準開発研究」『中等教育研究』42、1996 年、169–192 頁

パク・スングン『教員養成機関の評価認証制の成功的施行のための政策方向』「教育評価研究」20 (2)、2007 年、27–49 頁

オ・セフィ、キム・ミンへ、パク・ヒョンジョン、オ・ボムホ、キム・ギス『第 4 期教員養成機関の評価方向研究』韓国教育開発院、2013 年

イ・スンフィ、チェ・ゲンジン、パク・グンシク『教育機関評価』学知社、2005 年

イム・ヨンギ「教員養成機関評価の発展方向と課題」『韓国教員教育研究』26 (2)、2009 年、123–143 頁

チョン・イルファン 他『教師教育評価認証制度の導入方案研究』韓国教育開発院 1991 年

チェ・ジェウン、イ・ビョンシク「高等教育質保障アプローチ方法に関する比較研究」『教育科学研究』38 (1)、2007 年、215–235 頁

チェ・フィソン他『教師教育の現状と展望』博英社、1990 年

韓国大学評価院『2014 大学機関評価認証ハンドブック』（RM 2014-01-617）、韓国大学教育協議会、2014 年

ホン・ヨンラン、イ・ウォンギュ『教員養成機関評価情報 DB 救出方案研究』教育人的資源部、2005 年

Oakland, J. S. *Total Quality Management.* London: Heinemann, 1989

Cuttance, P. Quality assurance in education systems. *Studies in Educational Evaluation,* 20(1), 1994, pp.99–112

第10章

台湾の教員養成制度

――質保証の観点から――

黄 嘉莉（HUANG, Jiali　台湾師範大学）

1．序論

　教師は教育・経済および社会改革の基礎であり[i]、教師は国のあらゆる方面の発展に重要な役割を果たす。とりわけ、各国が社会・政治・経済などの問題を解決する際に、学校教育と教師は重要な方策とみなされる。学校教育と社会革新を促進させるためには、教師は社会の変化に対応する必要があり、それゆえ教員養成[1]も社会の期待に応えられなければならない[ii]。

　また、人種・民族集団・社会階級・母親による教育さらには家庭背景といった変化が多いものより、教師はより容易に生徒[2]の学習に影響を与えることができ、生徒の学業成果を予想できる存在だと思われる[iii]。

　それゆえ、「良師興国」や「国家未来の鍵は教育であり、教育の質の基礎は良い教師である」[iv]、あるいは「優秀な教師だけが優秀な成果を挙げる生徒を育成できる」[v]といった政策宣言を人々は耳にタコができるほど聞かされており、教師の質の重要さが教育の鍵となることは様々に語られている。生徒の学習、学校における教育、社会の変化、そして国家の発展にとって、教師の質は非常に重要であり、各方面の期待に応えられる教師を育成することもまた重要な鍵となっていると言える。それゆえ教員養成は「教育の教育、教育の母」と称される。教師の質はきわめて重要であり、教師の入職前の養

1　原語は「師資培育」。小中学校教員の入職前の養成を指す。
2　原語は「学生」。ただし主に初等・中等教育で学ぶ者を指していることに鑑み、ここでは「生徒」の訳語を充ててある。以下の記述についても同じ。

成は、学校教育や国家社会のニーズに応えることができる教師の育成でなければならない。そうした関連は、歴史の発展がどうであれ存在しつづける。

　歴史的に見れば、教員養成は国民教育段階の拡張によって成立したものであり[vi]、国家間の勢力をめぐる競争力がグローバルに広がっていくに従い、公共財としての特質をもつ教育は、それぞれの政府の人的資源と国家競争力に関わる計画の主軸になった。特に1980年代以後に経済が世界の政治や思想を主導するようになり、そうしたなかで、業績争いの運動や個人主義化、市場メカニズムなど、教育改革を方向づける動きが顕在化してきている。それゆえ教育改革において、統一の基準で質を保証し、消費者の選択と多元的なルートで市場の需要を反映させることがよく強調される。政府の要求と社会の期待に応えるべく、学校はこうした客観的な評価を受け入れ始めている[vii]。教育改革と学校教育についてはこのような状況であるが、教師の入職前の養成の面でも同様である。特に1976年にイギリスで起きた「大論争」(Great Debate) の中で、教師に対して教育や訓練を施すことについて広く議論されている[viii]。国際的にお互いの教育政策を意識して模倣し、工業生産における効率性が宣伝される動きに従って、市場化という文脈のもとで、教師の入職前の養成教育に対して、基準・カリキュラム・試験・認定証などの制度を設けることを通じてそれらを管理することを目的として行われ、そこでは教師の資質を養成した成果を具体的に現れることが求められる。

　1994年以前の台湾の教員養成は計画的な公費によるモデル、すなわち師範教育の体系に沿って小中学校教師を養成する形で行われていた。1994年に「師資培育法」が公布され、教師の資質を充実させることが政策目標となった。これは市場競争原理を導入して多元的なルートで大量の教師を養成し、競争原理を作動させることで教師の質的向上を期待する計略である。しかし、社会の少子化にともなって各学校の学級規模は縮小し、元々いた教師たちが過剰になってしまったために他校に異動させなければならない事態が生じた。加えて、定年退職する教師の数は新たに養成される教師の数より少なく、それゆえ新たに養成された教師の数は学校で必要とされる教師の数を遥かに超えることとなった[ix]。さらに、在来の検定試験（第一次・第二次）では形式化してしまって教師の質が保証されない[x]。そこで台湾では、教員養成の質と量の問題を改善・向上させるために、以下のような一連の調整策を講じて「優質適量」と「優勝劣敗」の政策の実現を図った[xi]。

質によって量を制限すべく、まず 2004 年に「教員養成数量規制プラン」（師資培育数量規画方案）が示され、教員養成機関への評価、教師資格検定試験、師範系教育機関の転換[3]、教員養成プログラムの募集の縮小、そして学卒後の教育学プログラムの縮小などの政策が導入されることで、教員養成プログラムの募集数は半分以上減少した。その後、2006 年に台湾では「教員養成の質向上プラン」（師資培育素質提升方案）の四ヵ年計画を発表して実施に移した。これは基準の設定を主な政策の方向として、教員養成、教育実習、資格検定、教師の選抜、教師の専門的な成長などの面を掲げ、これらを奨励し経費を支給することによって、教師の質を向上させる政策である。2009 年からは「小中学校教師の質向上プラン」（中小学教師素質提升方案）の第二期四ヵ年計画が実施に移された。これは前の期の四ヵ年計画を継続するほか、教師の定年退職の制度を強化した点も注目される。2012 年、政府は『教員養成白書』（師資培育白皮書）を公布し、基準を本位とする政策の方向性を継続するほか、様々な奨励策と評価制度を通じて教師の質的水準を高め、維持するものである。

　近年来の台湾の教員養成改革は、教師の質の向上に向けて、教師の専門化のこれまでの流れを系統的に改めた制度と見られる。言うまでもなく、教師の入職前の養成、教師資格認定証、導入段階及びその後の持続的な専門性の発展などを奨励し、その成果によって、法令、規範、経費などの措置を計画するというやり方を採っている[xii]。こうした改革の結果として、教師たちは社会や学校のニーズに応えられる資質を具現させ、そうした資質が保たれるシステムも現れてくる。以上のことがらに鑑み、本章ではまず質保証の概念の概要を説明し、台湾の教師たちの入職前の養成制度を紹介し、評価することを通じて、最後に関係する課題を提示して参考の便に供したい。

3　師範大学（主に中等学校教員を養成）・教育大学（主に小学校教員を養成）等の単科の大学を一般大学に転換させることを指す。

【表1】質保証と質的コントロールの概念の比較

質保証	質的コントロール
系統的な枠組み	技術もしくは測量
プロセス	道具
間違いを予防する	間違いを発見する
予想通りの製品やサービスを生み出す自信	求められているものとの不一致を見出す

２．質保証の観点

（1）質保証とは

　質保証（quality assurance）の概念は企業界から生まれてきた。国際基準組織（The International Organization for Standardization, ISO）によるISO 8402の定義によると、質保証とは、予定どおりにニーズに見合った質の製品やサービスを提供できる確かさ、自信である。質保証（quality assurance）の概念に似たものとして質的コントロール（quality control）があるが、これは要求された質を満たせることを意味する。さらに言えば、質保証とは、系統的でかつ計画的なシステムを開発することによって、製品やサービスの質がニーズと一致することを組織的に証明させることであり、それを通じて生産者の自信が増すものである。それに対して、質的コントロールは、操作的な技術や活動によって質に対する要求に応じるために存在するものである。つまり、質保証とは、質の計画、あるいは質の監督やテストなどのような制度化によって質を確保することに焦点化されるものである。それに対して、質的コントロールとは、監督指導の技術やそれを用いた測定によって、製品やサービスの質を要求に一致させることである[xiii]。両者の対照を示すと以下の【表1】のようになる。

　以上は質保証と質的コントロールという二つの概念の内容についての比較である。その分析から、以下のような理解が導かれる。質保証は系統的な枠組みであり、様々な方法で製品やサービスを予想通りに生み出すことを確保する一連のプロセスである。しかしながら、いわゆる質（quality）には、改善に向けての能力、他よりも卓越すること、目標と一致すること、価値ということ、基準に符合すること、消費者の期待に符合する（あるいは超越す

る）ことなど、複雑かつ多元的な観点が含まれる。確かに、質に関して全ての場面にあてはまる概念は存在しないが、消費者の期待に符合する、あるいはそれを超越するという定義は、普遍的に用いられる[xiv]。

　国家の運営という立場から教員養成を捉えると、その質としては教師の資質が国家や社会の期待に応えるものであることが強調される。そしてその質保証とは、国家や社会の期待に応えられる質の高い教師を養成するために、その養成プロセスをきちんと確保し、教員養成の成果を挙げることとなる[xv]。相対的にいえば、質的コントロールは国家の発展のための道具として、教師の質が国家と社会の期待に応えられることを確保するために存在するものである。教師の資質とは、各教科の知識や、教科の授業や、生徒の発展的知識や、組織的思考能力や、認知・判断を調整する能力といったもろもろの知識や技能を持つのみならず、同時に全ての生徒の成長を支え、公平で、偏見を持たず、生徒たちの成功を目指す態度を持ち、そのために自分の授業を調整・改善しつづけること、さらには、他人と協力することが含まれる。そのような知識・技能・態度はすべての生徒が学ぶ際の目標となる[xvi]。換言すれば、生徒の学びをサポートすることのできる専門知識や、能力や態度こそが本章で強調するところの教師の質の概念である。

　教師の専門化の歩みから見て、質保証と質的コントロールのどちらが教員養成により適応的で、国家と社会に期待される教師資質を養成するのに適しているだろうか？　教師の複雑な知識能力の状況とは、その概念範囲の大きさ、教授学習の生態系統観、そして多元的な評価[xvii]といったものを最高の原則とするものである。質保証とは一つの系統を持った制度としての教員養成を打ち立てるものであり、それによって、教師の質を国家や社会の期待に一致させる。そういう意味で考えれば、質保証は質的コントロールより教員養成に適していると言えるだろう。それゆえ、本章では質保証の概念をもとにして、教師を系統的に養成するプロセスにおいて、予想通りに質の高い教師を養成する枠組みを分析しながら、台湾の教員養成制度を評価して、その優劣と改善点を明らかにしたい。

（2）質保証の体系

　質保証の定義から見れば、質保証は一連のプロセスであり、消費者の期待に応えて、教師の質的な改善を促進するために、様々な制度を作るものであ

【図1】質保証の概念枠組み

【図2】教員養成の質保証体系

　る。それゆえ、第一に、質の範囲を定めること、すなわち消費者の期待を明確に定義することが必要になる。第二に、質保証は必ず測定できるものであることが必要であり、そのことで消費者に期待される質に達することを確保できるのである。そして第三に、改善しつづけるということが質保証にとって必要である。こうした三つの条件を基に、Silimperiなどの研究者の観点[xviii]を参考にすると、【図1】のような三角形の概念枠組みが出てくる。

　「ヨーロッパ質保証参考枠組み」(European Quality Assurance Reference Framework, EQAVET) では、職業教育のために打ち立てられる質保証枠組みの内容には、改善状況についての定期的な監督と報告、質の指標と内容についての共通の定義、支持機構による評価や監督、および質保証の基

準といったものが含まれる[xix]。このことと質保証の概念を合わせて考えると、教員養成の質保証体系には、教師の資質の基準と指標、支持機構からの評価と監督、内部質保証の基準とメカニズム（測定する手段）、さまざまな監督と報告（交流と情報）などの内容を含めるべきことが理解される。そこで、【図2】に示すような質保証体系の枠組みが出てくる。

　教師の資質の定義から、その測定に至るまで、政府の立場としては、教師の資質の基準と指標を明確にする必要がある。さもないと、教員養成機関や、教員養成教育を受ける人たちは教師の資質について明確な理解ができず、教員養成をうまく実施することもできない。教師の資質を測定する手段には、質的な方法と量的な方法とがあるが、それらを用いることによって、教師の資質や、教員養成機関が基準にどの程度適合しているかがわかる。交流と情報とは、さまざまなメディアを用いて教師の資質として期待されることとの距離を縮めるために必要なメカニズムであり、現状の問題を解決、調整、修正するプロセスになりうるものである。

3．台湾における現行の入職前教員養成に関する質保証制度

　【図2】の教員養成質保証体系を参考にしながら、台湾における現行の入職前の教師の養成教育の質保証に関するさまざまな政策と制度が、質保証体系のそれぞれの項目と一致しているか否かを検討したい。

（1）教師資質の基準と指標の内容

　教員養成の質保証体系の中で、教師資質の基準と指標の内容を台湾はどのように定めるかという問題について、政策面で喧伝されたことと、教師の専門性基準（教師専業標準）の実際の発展とから論じたい。

　政策面では、台湾は「優質適量」と「優勝劣敗」を基調とした教員養成政策を採択した後、2006年に「教員養成の質向上プラン」（師資培育素質提升方案）の四ヵ年計画を推進することとした。そこでは五つのカテゴリーからなる九項目の行動プランが示されている。その一つは「基準を本位とした教員養成政策を打ち立てる」ことである。台湾はまた「各種教員養成学科類[4]

の専門性基準についての研究」(各師資類科教師専業標準之研究)に基づいて、幼稚園教師、国民小学教師、国民中学教師、高級中学教師、高等職業学校教師、特殊教育教師など六種の学校[5]の教師を養成する学科類向けの専門性基準を出している。それぞれの専門性基準は、教師の専門性に関わる基本的な資質、教育に専念する心構えと態度、カリキュラムデザインと授業、学級経営と生徒指導、研究の発展と研修、の五つの内容を含んでおり、それぞれの教員養成機関はこうした内容を参考にすることを奨励されている。しかしながら、教員養成機関はこうしたことがらを今までにさほど重視してはおらず、教員養成評価も今までにさほど強調されてはいない。

　第一期の「教員養成の質向上プラン」の四ヵ年計画を実施した後、政府は続けて 2009 年 9 月に、第二期の「小中学校教師の質向上プラン」の四ヵ年計画を公布した。その全体目標は「「優質適量」の教員養成政策を続け、将来の優秀な教師を養成し、国家教育の永続的な発展を望む」[xx] と示され、教員養成の基準を本位とする政策の方向性を再び宣言した。教員養成段階に関するプランを探索するということは、ただちに「教員養成の精進」政策を実施し、教員養成のカリキュラムと授業づくりをその中心として、小中学校教師の入職前の養成課程を全体的に検討したうえで修正を加え、それとともにそれぞれの領域や科目や群ごとの教師の専門性基準を研究開発しつづけ、それによって教師の資質を確保することとされた[xxi]。2012 年に公布された『教員養成白書』(師資培育白皮書)では、専門性基準を本位とした教員養成政策が再度強調され、「教育愛に富む教師、専門力を持つ教師、実行力を持つ教師」を理想の教師像として、教師の専門性基準を作ることを打ち出している[xxii]。

　教師たちの実際の発達という段階に関するもので、台湾に現在ある教師の専門性基準の政府刊本としては、2012 年の教師の専門性発展評価 (参考版)

4　原語の「師資類」とは台湾の大学にある、教員養成を目的とした教育組織を指す。具体的には教育大学・師範大学等の教員養成関連学科 (師資培育相関学系) のほか、様々な一般大学に置かれた教員養成センター的組織 (師資培育中心) 等がある。

5　台湾の学校制度は日本とほぼ同様の 6-3-3 制を基本にしている。公立の小学校は「国民小学」、中学校は「国民中学」と呼ばれ、ここまでが義務教育 (国民教育) である。「高級中学 (高中)」とは、日本の高等学校に相当する後期中等教育機関である。なお、日本の中等教育学校に相当する学校は「完全中学 (完中)」と言う。

が最新のものである。教師の専門性発展評価の内容は、カリキュラムデザインと授業、学級経営と生徒指導、研究の発展と研修、教育に専念する心構えと態度など計四つのカテゴリーで、69 項目の観点からなっている[xxiii]。しかし、これは在職教師に対する専門性の発展評価にしか適用されず、教員養成段階での教師の専門性基準に関する政府刊本はまだ作られていない。

（2）教師の資質と養成機関を測定する方法

　台湾において、教師の資質と養成機関を測定する方法として、「人」的な面からの測定には教員養成カリキュラム、教育実習制度、及び教師資格検定試験が含まれ、一方「機関」的な面からの測定としては、教員養成評価が含まれる。以下はそれらについて分けて説明する。

①教員養成カリキュラム

　多元的な教員養成モデルに移行した後の台湾では、「大学法」において大学自主の理念が謳われているにもかかわらず、依然として教員養成カリキュラム、中でも教育専門のカリキュラムについては政府が定めるというやり方を採用しつづけ、市場競争の下で、教師たちが教育に関する専門的な知識や能力を持つことを確保しようとしている。「師資培育法」の規定に基づき、教師資格を取ろうとする人は、教員養成の所定のカリキュラムを修めなければならない。教員養成のカリキュラムは普通課程・専門課程・教育専門課程および教育実習課程の四種類からなり、幼稚園、国民小学、中等学校[6]、特殊教育の教員養成に関して、四種類の課程の単位数はそれぞれ 48、40、26、40 と決められている。2013 年、政府は教育専門課程の内容と単位数を調整して、教師資格を取る人は必ず実地学習と教育課題の単位を修得しなければならないという規定が加わった。教師の資質を測定する方法としては、教育専門課程は単位数と成績によって教師の資質の程度を判断しているといえるだろう。

6　国民中学と高級中学、および両者を併せ持つ完全中学の三種を指す。日本でいう中学校・高等学校・中等教育学校相当。

②教育実習制度

1994年「師資培育法」の後、教育実習は一年間と定められ、一次試験に合格した人だけが参加することができる。そして教育実習の二次試験に合格することなしに、教師資格証を得ることはない。2002年に「師資培育法」は改訂され、教育実習は半年間に短縮されるとともに新たに「課程」形式が定められた。教育実習に参加する人は教育実習指導費用を払うのみならず、教壇実習、生徒指導実習、行政実習[7]、研修などの学校教師に向けての実習を完成させなければならない。教育実習の成績については、教員養成を行う大学と実習校とが半分ずつの採点をする権限を持っており、「教員養成を行う大学の弁えるべき教育実習作業の原則」(師資培育之大学弁理教育実習作業原則)によって、実習生の感想文やレポート、実際の授業、指導案の作成などを以て評価を行う。教師の資質を測定する方法としては、教育実習制度はペーパーテストと実際の作業で評価を行うものであるが、結局のところ、成績の合格・不合格が教師の資質についての最終的な判断基準と見なされている。

③教師資格検定試験

教師の数を調節するとともに、従来の一次、二次の検定試験では教師の資質を確保ができないという問題を解決するため、政府は「師資培育法」の改訂を受けて「高級中等以下の学校及び幼稚園の教師資格検定の方法」(高級中等以下学校及幼稚園教師資格検定弁法)を2003年に発表し、その検定の方法による教師資格検定試験を通して、教育専門知識を持つ者を選別する方法が公布され[xxiv]、2005年から実施されている。この試験は年に一度、中央政府によって実施され、国語能力、教育原理と制度、生徒の発展と指導、カリキュラムと教授、の四つの共通科目からなる。平均の点数が60点に達することのほかに、50点以下の科目が二科目以上なら不合格、一科目でも零点の科目があると不合格といった判断基準がある。伝統的な師範学校の学生でも、一般の総合大学の学生でも、所定の教員養成カリキュラムと教育実習課程を修了した後に、教師資格検定試験に参加して初めて、教師資格が取れ

---

7 学校の事務仕事の実習を指す。

ることになる。このようにして、教師資格証によって教師の資質を管理するメカニズムが始められている[xxv]。教師の資質を測定する方法としては、教師資格検定試験はペーパーテストによって、養成された教師たちが教育専門の知識・能力を持つことを確保するものであると言えよう。

④教員養成評価

1994年に「師資培育法」が実施された後、教員養成は次第に多元化されてきている。「大学の教育学分野の教師資質および設置に関する基準」（大学校院教育学程師資及設立標準）の条件に合わせて教員養成センターの設置を申請し、師資培育審議会の審議を通せば、教員養成の運営が可能である。教員養成の質を保証するために、1996年から教員養成機関の評価が始められている。そこでは教員養成機関の教学改善を確実に行うために、各大学の自己評価が重視されている。そして、その評価結果は募集する学生の定員や予算を増減させる根拠として使われている[xxvi]。2006年に政府は「大学教員養成評価作業の要点」（大学校院師資培育評鑑作業要点）を公布し、評価の等級ごとの基準とその評価の方法、評価結果の等級ごとの処置などを明確に定めた。一等と判断されたものはもとの募集定員を維持できるが、二等と判断されたものは20パーセントの定員減が求められ、三等と判断されたものは以後の募集停止が命じられる。2011年に新たな周期の大学教員養成評価が行われた。評価結果はそれぞれの評価項目を満たしている程度によって決められるため、優質適量の教員養成を行うことは引き続きこの評価の目標とするところである。大学教員養成評価は書面審査と現地調査を通して、それぞれの教員養成機関の業績を定期的に検査し、改善する必要がある機関に対して指導を行うとともに、成果が明確でない教員養成機関を廃止させる。それによって、教師の数を調節し、教員養成の質的な目標を管理することになる[xxvii]。

（3）交流と情報の提供

台湾における現在の教員養成の質に関する情報としては、大別して教員養成統計年報（師資培育統計年報）と教員養成データベース（師資培育資料庫）の二つがある。これらの資料とビッグデータから、台湾の現行の教員養成に関する情報を説明する。

①教員養成統計年報（師資培育統計年報）

優質適量な教員を養成する目標を遂げるために、台湾では 2005 年から高雄大学に委託して「師資培育統計年報」の編纂を行い、各教員養成機関からの情報およびその他のデータを整理して、教員養成、教育実習、教師資格検定試験および在職教師の専門性の発展などの様々な面の分析を行っている。この「年報」の内容としては、教員養成学科類の全体の募集状況、教育実習の数、教師資格検定試験の合格状況、各地の教員採用状況、現職教師の服務状況、教師資格証の取得状況、公立学校の代理教師や定年退職教師の状況、現職教師の研修の状況などが含まれる。これらのデータによって、教員養成の数量、教員採用の経緯、それぞれの合格率、就職率などの情報を得ることができる。

②台湾教員養成データベース（台湾師資培育資料庫）

台湾教員養成データベースは、台湾師範大学の教育研究・評価センター（教育研究與評鑑中心）によって 2008 年から管理されている。このデータベースは、教員養成の現状とその成果を理解し、将来の制度や政策を改めていく根拠として使うためのものであり、各大学の協力を得て、資料を収集するとともに、教員養成に参加している学生を対象にしたインターネット上のアンケートを回答させたデータなどで構成されている。このアンケートは「教員養成新卒者調査」、「卒業一年後の教員調査」、「卒業三年後の教員調査」、「在学生調査」、「教員養成機関調査」、「教員養成に携わる教師の調査」、「卒業五年後の追跡調査」などからなる。

4．質保証システムによる台湾の教員養成評価

質保証の概念に基づき、質保証体系によって台湾の教員養成を評価することは、教師の資質内容、その測定方法、交流と情報の提供という三つの方面を含めて全体的に行われている。

（1）教師の資質内容

　教師の資質の基準と指標内容という点で見ると、台湾は 2006 年から基準本位を教員養成政策の方向性として打ち出し、2012 年の「教員養成白書」（師資培育白皮書）においてもそのことが強調されている。しかし、入職前の教員養成段階、教職への導入段階、そして現職段階のそれぞれに見合った教師の専門性基準は現時点まで政府から発表されていない。現在台湾には、教師の専門性発展の評価基準（教師専業発展評鑑規準）はあるが、それは現職段階に留まっており、入職前の教員養成段階と教職への導入段階にまでは及んでいない。質保証の概念のなかで、台湾においては政府による教師の専門性基準は未完成であり、教師の資質についてただ「作り上げる」という段階に留まっており、まだ実践する段階に入ってはいない[xxviii]。

（2）教師資質と機関を測定する方法

　教師の資質を測定する方法については、台湾には現在、教員養成カリキュラムの履修、教育実習課程の履修、および教師資格検定試験の受験という三つの方法がある。前の二つについては単位数や実習期間中の成績で教師の資質を測る方法としている。しかし、成績の評価をする人によって点数が異なることがあるため、規定の単位数を取っていても、教師としての資質を既に備えているとは言えない。また、ペーパーテストでは教師に求められる複雑な認知や表現力の測定は無理であるし、教師が実際に授業を行う能力とも無関係であり[xxix]、加えて教師の専門知識と能力の程度を測定することもできない[xxx]。さらに、試験の範囲によって教師の資質を確保しうるか[xxxi]と言う問題もある。以上のことから、教員養成の質や教師の資質をペーパーテストで実際に確認できると言える人は誰もいないだろう。

　教員養成機関の測定を行う方法の主なものは教員養成評価で、書面審査と現地調査によってそれぞれの教員養成機関の取り組みの程度を評価するものである。第一周期の教員養成評価では、「計画と相談」「構造と設計」「資料収集と準備」「資料分析と解釈」「交流と公布」「結果の利用」の六つの基準の領域に見合うか否かが問われている[xxxii]。しかしながら、こうした評価結果が教員養成機関や教員養成政策の質的改善につながるか否かについてはまだ明確でない[xxxiii]。特に、「テストによる測定」「事実の客観的な記述」「判断」「協議と交流」などを次の段階の評価につなげていくことについては、方法

面、参加面、方式面、機能面等の多くの要素を包含していくことが求められる [xxxiv]。教員養成教育の不断の改善を促進するように、教員養成評価を設計し、改善していくことについては、まだ課題が多い。

（3）交流と情報の提供

　台湾に現在ある教員養成統計年報と教員養成データベースは、様々な資料を提供することが可能であり、教員養成の実態を、関連する統計結果から知ることができる。いわゆるビッグデータは教師たちの全体的な構成の状況を示すものであるが、「個人情報保護法」（個人資訊保護法）の制限を受けており、学術界の人々やその他外部の人々は調査データを入手することができず、関連する課題についての統計や分析を自ら行うこともできない。また、教員養成統計年報と教員養成データベースのデータを対比してみると誤差が出てくる時もあり、この資料を用いて教員養成制度の改善を不断に行い、必要な措置を講じていく基としての信頼はさほど高くはない。

（4）全体的な質保証の整備

　質保証の概念や体系は、質とは何かの範囲の確定や、その計画立て、さらには不断の改善などといったいくつかの面に関連する。こうした観点から、台湾の入職前の教員養成制度の全体を見ると、以下のような疑問が浮かび上がってくる。

①系統的な計画は是か非か？

　歴史的な視角から見れば、台湾の教員養成政策の発展において、「師資培育法」が施行された後にまず直面したのは教員養成の量の問題であり、その後に質の問題に直面することとなった。こうした歴史的な発展に比して、さほど系統化がなされてきたわけではない。近年来のさまざまな努力は、教員養成の量の抑制ということを基調として、各種の制度を作ってきたと言える。政策的には基準本位の方向性が打ち出されているが、教師の専門性基準やその指標・内容は明確ではなく、教師の資質についての共通認識は得られていないために、入職前の教員養成段階で、教師の資質を測定して把握することができず、未だ充分な系統化がなされてはいない。

第 10 章　　219

②不断の改善を行うサイクルがあるか否か？

　質保証体系については、不断の改善を行うことによって、製品やサービスに対する自信を生み出すことが強調される。教員養成においても不断の改善を行うサイクルによって、期待に見合う教師の資質を確保するよう求められる。台湾における入職前の教員養成段階の結果を見るには、教員養成カリキュラムの単位や点数、教育実習の成績、教師資格検定試験や教員養成評価が用いられることが多い。教員養成統計年報や教員養成データベースなどによって教師に関する情報を入手することができるが、それらの情報はエビデンスベースの研究を支えうるか否か、現状を改善する根拠になりうるか否か、こうした点に発展の余地がある。

③質保証か？　質的コントロールか？

　教員養成の質保証のために、台湾の政府は規制を主な措置として採用している。カリキュラムに関しては、「師資培育法」第7条の規定によって、教師専門課程は教育関連の共通科目と各科の教員養成関連科目とを含むものとされ、事前に師資培育審議委員会の審議と中央主管機関による認定を受けなければならないとされている。教師資格については「師資培育法」の第8条・第9条・第11条の規定によって、所定の入職前教育課程を修了後、半年間の教育実習課程を履修しないと、職前教育修了証明書が得られない。その証明書を取得した後に、教師資格検定試験の受験が可能になり、その試験の合格者は教育部が授与する教師資格証書を得ることができる。教師資格証書を取得する前における、取得単位数や、教育実習や、教師資格検定試験などによる一連のコントロールは、政府が教員養成の質を重視していることを表している。そして、教員養成評価は教師資格検定試験の合格率を教員養成機関の質を測定する指標と見なす。

　これらの措置は質保証に属する概念であろうか？　それとも質的コントロールに属する概念であろうか？　この問いもまた、教員養成が質保証あるいは質的コントロールに見合うということが、すなわち国家や社会の期待にふさわしい資質を持つ教師を養成することであると示している。もちろん、こうした問題は国家体制と関わる課題である。台湾においては、従来大学の自治と民主的な法制が表明されており、その意味で、国家体制に反しない限り、質保証の概念を基に教員養成が計画される方がよいと言えよう。しかし

ながら政策面や制度面で実施されている施策は、はたして質保証の概念に
適っているか否か。この点に関しても改善の余地はまだありそうである。

5．むすび

　質保証の構築は、製品やサービスを消費者の期待と一致させるうえではよ
いことであるといえるだろう。2006年に台湾は基準本位の教員養成政策の
方向性を打ち出し、教師の資質に関する専門性基準や指標を決めようと試み、
教員養成カリキュラムの中の教育専門課程、教育実習制度、教師資格検定試
験および教員養成評価などで教師の資質を測定することも試みた。それと同
時に、デジタル化した教員養成統計年報と教員養成データベースも設置し、
こうした一連の措置によって、教員養成の質保証の不断の改善効果が生み出
されている。しかしながら、それぞれの部分的な制度を構築するなかで、統
治の技術が雑であるなどの原因によって、よりよい制度との間には依然とし
て大きな距離がある。全体的に言えば、台湾の現行の教員養成制度は、質保
証あるいは質的コントロールの概念に基づいて計画されているが、国家や社
会の期待に応えられる教師の資質を養成するその目的について、さらなる分
析と探究ができることが今後さらに期待される。一方で教員養成の学術の専
門性と正確性を保証するとともに、他方でその質保証体系を永続的に発展さ
せることに向かって努力していくことが求められよう。

【注】

i　　Furlong, J., Cochran-Smith, M., & Brennan, M. 'Introduction', J. Furlong, M.
　　　Cochran-Smith, & M. Brennan (Eds.) *Policy and politics in teacher education*
　　　2009, Routledge, p.1.

ii　　Burton, A. Competency-based teacher education, *U.S.A. Compare,* 7-1, 1977,
　　　p.34.

iii　　Darling-Hammond, L. Teacher quality and student achievement: a review of
　　　State policy evidence, *Educational Policy Analysis Archives,* 8-1, 2000, pp.1-44.

Epstein, J. L. School/Family, Community partnerships: Caring for the children we share, *Phi Delta Kappan,* 76, 1995, pp.701–712.

Goldhaber, D., & Anthony, E. Can teacher quality be effectively assessed? National Board Certification as a signal of effective teaching, *The Review of Economics and Statistics,* 89–1, 2004, pp.134–150.

Kivinen, O. & Rinne, R. State, governmentality and education: the Nordic experience In S. J. Ball (Ed.), *Sociology of education,* 2000, pp.1736–1752, Routledge.

iv 中華民国教育部『教員養成白書』(師資培育白皮書)、2012 年、1 頁。

v 呉清山「教員資質向上の研究」(提升教師素質之研究)、『教育研究月刊』127、2004 年、6 頁。

vi 黄嘉莉『アメリカの教育学院の歴史的発展と未来の展望』(美國教育學院的歷史演進及未來展望) 台湾師範大学教育学系修士論文、1997 年。

vii Whitty, G. Power, S., & Halpin, D. Devolution & choice in education: The school, the state and the market, *The Australian Council for Educational Research,* 2008, p.51.

viii 李奉儒 (編)『英国の教育——政策と制度』『英国教育：政策與制度』2001 年、濤石、23–24 頁。

ix 黄嘉莉「超過教師の教員養成に対する啓示」(超額教師対師資培育之啓示)、『中等教育』60–3、2009 年、32–46 頁。

x 黄嘉莉「教師資質の管理と教師資格証制度」(教師素質管理與教師證照制度)、學富、2008 年。

xi 林新発、王秀玲、鄧珮秀「我が国の小中学校教員養成の現状、政策と展望」(我国中小学師資培育現況、政策與展望)『教育研究與発展期刊』3–1、2007 年、57–80 頁。

xii Hanushek, E. A. Teacher Quality, L. T. Izumi & W. M. Evers (Eds.), *Teacher Quality,* Hoover Institution, 2002, pp.1–12.

xiii 楊瑩「ヨーロッパ高等教育区における高等教育の質保証システムの検討」(欧洲高等教育区高等教育品質保証機制之探討)『教育政策論壇』10–1、2007 年、50 頁および Quality Gurus. Difference between quality assurance and quality control, 2011 http://www.qualitygurus.com/download/QM001DifferenceBetweenQualityAssuranceAndQualityControl.pdf 参照。

xiv Harvey, L. & Green D. Defining Quality, Assessment & Evaluation, *Higher Edu-*

cation, 18-1, 1993, pp.9–34.

Prahalad, C. K., & Krishnan, M. S. The new meaning of quality in the information age, *Harvard Business Review,* 77-5, 1999, pp.109–119.

Reeves, C. A., & Bednar, D. A. Defining quality: Alternatives and implications, *Academy of Management Review,* 19–3, 1994, pp.419–445.

xv Cochran-Smith, M. Constructing outcomes in teacher education: Policy, practice, and pitfalls, *Educational Policy Analysis Archives,* 9–11, 2001, pp.1–56.

Coggshall, J. G., Bivona, L., Reschly, D. J. Evaluating the effectiveness of teacher preparation programs for support and accountability, *National Comprehensive Center for Teacher Quality,* 2012.

Darling-Hammond, L. Assessing teacher education: The usefulness of multiple measures for assessing program outcomes, *Journal of Teacher Education,* 57–2, 2006, pp.120–138.

xvi Darling-Hammond, L. *Getting Teacher Evaluation Right: What Really Matters for Effectiveness and Improvement,* Teachers College Press, 2013.

xvii Shulman, L. Knowledge and teaching: Foundations of the new reform *Harvard Educational Review,* 57–1, 1987, pp.1–22.

xviii Silimperi, D. R., Franco, L. M., van Zanten, T. V., & Macaulay, C. A framework for institutionalizing quality assurance *International Journal for Quality in Health Care, 14 (Supplement 1),* 2002, pp.67–73.

xix European Quality Assurance in Vocational Education and Training (EQAVET) Overview. http://www.eqavet.eu/gns/policy-context/european-quality-assurance-reference-framework/framework-overview.aspx.

European Parliament and Council. Framework recommendations on the establishment of a European Quality Assurance Reference Framework for Vocational Education and Training, 2009. http://eur-lex.europa.eu/LexUriServ/LexUriServ.do?uri=OJ:C:2009:155:0001:0010:EN:PDF.

xx 中華民国教育部「小中学校教師の質向上プラン」(中小学校教員質向上方案)、2009年、2頁。

xxi 同上書、7頁。

xxii 注ivに同じ。2–3頁。

xxiii 中華民国教育部「高級中等以下学校教員専門発展評価基準 (参考版)」、2012年。

http://tepd.moe.gov.tw/chinese/05_download/01_list.php?fy=2

xxiv 呉清基・黄嘉莉・張明文「我が国の教員養成政策の回顧と展望」(我国師資培育政策
回顧與展望)、国家教育研究院(編)『我国百年教育回顧與展望』、2007 年、1-20 頁。
http://data.naer.edu.tw/public/Data/191518565171.pdf

xxv 李麗玲・陳益興・郭淑芳・陳盛賢・楊思偉・連啓瑞・黄坤龍「教員養成政策の回顧と
展望」(師資培育政策回顧與展望)、2009 年。
http://workshop.naer.edu.tw/9/study/link5_2.pdf

xxvi 張新仁・方徳隆・丘愛鈴・李芊慧「教員養成機関評価:アメリカの教員養成認可委員
会の評価制度およびその啓示」(師資培育機構評鑑:美国師資培育認可委員会的評鑑
制度及其啓示)、『高雄師大学報』22、2007 年、1-20 頁。

xxvii 注 xxiv に同じ。

xxviii 孫志麟『教員養成の未来の政策と実践』(師資培育的未来政策與実践)、2010 年、学富。

xxix Darling-Hammond, L. & Snyder, J. Authentic assessment of teaching in context, *Teaching and Teacher Education,* 16, 2000, pp.523–545.

xxx 葉連祺「小中学校教師検定の方法に関する課題の分析」(中小学教師検定方法相関課
題之分析)、花蓮師範学院国民教育研究所(編)『教師検定の理論と実務会議論文集』、
国立教育資料館、2004 年、29–43 頁。

xxxi 洪志成「教師検定試験は教師の専門性の最低線にはならない」(教師検定測験不是教
師専業最後防線)、『現代教育論壇』12、2005 年、462–477 頁。

xxxii 呂佳霓「教員養成評価後の評価研究」(師資培育評鑑後設評鑑研究)『研習資訊』
25-4、2008 年、45–70 頁。

xxxiii 黄嘉莉「我が国の教員養成評価の研究:質保証の観点から」(我国師資培育評鑑之研究:
品質保証的観点)、『教育行政與評鑑学刊』15、2013 年、57–84 頁。

xxxiv 潘慧玲「次代に向けての教育評価:回顧と展望」(邁向下一代的教育評鑑:回顧與前瞻)、
台湾師範大学教育研究中心主催シンポジウム(教育評鑑回顧與展望学術研討会)発表
資料、2004 年。

第11章

教員養成の質保証システム構築をめぐる課題
——比較の視点から——

佐藤 千津（SATO, Chizu　東京学芸大学）

1. はじめに

　近年の教師教育をめぐる政策論議の焦点の一つに教員養成の「質保証」がある。OECD による『教師の重要性——優れた教師の確保・育成・定着——(*Teachers Matter: attracting, developing and retaining effective teachers*)』の刊行以降、質の高い教育を提供するための要件として、教師の「質」への関心は高くなり、各国において様々な教師教育制度改革が行われている。

　教師の資質・能力の形成や向上はその教職生活全体において（その教職生涯にわたって）なされるべきであるが、教師教育の質保証の具体的な方策はいくつかの側面や段階に分けて考えることができる。近年の日本における取り組みの現状に即して見ると、養成段階においては、教師として最小限必要な資質能力が教職課程の履修により身についたかどうかを明示的に確認する方策として「教職実践演習」が教職必修科目として新設された。また、各大学レベルでは教師として身につけるべき能力を規定するスタンダードやアウトカム指標を作成する取り組みも見られ、教員養成教育の質や教員免許状の質の確保がめざされている。

　政策動向としては、2012 年 8 月に中央教育審議会「教員の資質能力向上特別部会」での検討を踏まえた答申『教職生活の全体を通じた教員の資質能力の総合的な向上方策について』が出され、教員養成の修士レベル化と免許制度改革が提案されるとともに、「学び続ける教員像」に基づいた教員養成制度改革の方向性が示されている（中央教育審議会、2012 年）。さらに答申では教職課程の質保証として、教員養成教育の評価システムや大学間コンソーシアムを活用した相互評価システムの取り組みなど、新たな事後評価シ

ステムの構築も提案されている。

　また、教員養成教育の質保証システムに関する研究の一つに、東京学芸大学の「教員養成教育の評価等に関する調査研究」が挙げられる。国立大学法人運営費交付金特別経費により東京学芸大学が 2010 年度から 2013 年度の 4 年間で行った教員養成教育の質保証システムのあり方に関する研究プロジェクトで、学内外の 40 名程の研究者が参加し、教員養成教育を評価する際の基準や組織に関する研究が実施された。このプロジェクトは、同じく特別経費を得て 2014 年度より始められた「日本型教員養成教育アクレディテーション・システムの開発研究」として発展的に継続されている。

　以上のように教員養成教育や教員免許状の質の担保という問題は、今日の日本の教師教育の「質保証」を考えるうえでの中心的な課題の一つとなっている。しかしながら、日本においては戦後教員養成の二大原則の一つである「開放制」原則下で教員養成が行われてきた結果、学部レベルで教職の認定課程を有する大学は 600 校にも上っており（中央教育審議会、2012 年参考資料）、多様な教員養成を提供するそれらを横断的に捉え、教員養成全体の質を保証する事後評価システムを構築するにはクリアすべき現実的課題が少なくない。開放制教員養成の特色である「多様性」と、「質保証」に必要な「標準性」とのバランスをどのように取ればよいのだろうか。海外諸国の取り組みを参考にしながら、日本における教員養成教育の質保証システム構築の課題について主として教師の専門性の観点から考えてみたい。

2．教員養成教育の「質」と教師の専門性

（1）教師の専門性の再定義

　教師の専門性についていえば、欧米諸国などでは、統一的なカリキュラムをマネジメントするための指導技術を教師に求める技術主義的方策が採られる一方で、研究をベースとした専門性が同時に要求されるといった傾向が共通して見られる。また、グローバル経済の進展と情報化社会・知識基盤社会への移行に伴う産業構造の変化は、子どもの学力の構造を変容させており、教師の専門性にも少なからず影響を及ぼしている。さらに、家庭や家族に関

する「私的領域の不安定化」(広瀬、2009 年) による新しい教育課題の出現は、子ども・保護者・地域住民と教師の関係を変容させるものにもなっている。

　そのようななか、欧米諸国では教師のプロフェッショナル・スタンダード (professional standard) を策定し、教師の専門性を定義するところが多くなっている。たとえばイングランドでは、教科の指導に特化して教師の専門性や教師教育のあり方を捉える傾向が認められる。2012 年から施行された新しい基準である『教師の基準 (Teachers' Standards)』(DfE, 2012) では、各基準の内容とその提示の仕方が「教師がすべきこと」から「子どもがすべきこと」に変わり、軸足が子どもの学習成果に置かれるようになった点が特徴的である。イングランドでは外部試験と成績表の導入により、子どもたちの試験の結果は以前よりも明確に把握できるようになったが、子どもがどのように学んでいるのか、そのプロセスが見えにくくなってしまったという課題があった。基礎学力の向上が大きな政策課題になるなか、子どもや教師はナショナル・カリキュラムに基づく外部試験で高い得点をおさめることが求められ、学校での教育活動が外部試験に向けた学習に特化する傾向が見られるようになっていった。その繰り返しは、いつしか教室を再び「ブラックボックス」にしてしまったのではないか。教室の中で何が起きているのかといった点にはあまり注意が払われず、アウトプットとしての試験結果ばかりが過度に注目され、教育の成果がそれだけで測られる傾向が次第に顕著になり、批判の対象となっていった (Black and William, 1998)。こうしたことが今次の基準改訂の背景には見て取れる。長年にわたって取り組んできた学力向上策が行き詰まりを見せていることもあり、新しい基準は「子どもが何をどう学ぶか」という観点から改めて教師の「教えること (teaching)」に関わる能力を再定義したものといえる。

　同じような傾向はアメリカの教師教育政策にも見られるようである。近年は、教育の機能や教師の役割が教科の指導に特化して捉えられる傾向にあり、学校での活動の他の側面、たとえば子どもたちの社会的・情緒的発達や成長、あるいは社会参加への準備に関する学習やその成果が軽視されることにもつながりかねないという課題が指摘されている (Cochran-Smith, 2009)。

　たしかに教師の専門性を教科の指導力に限定したほうが、能力の判定や、それに基づいた教員養成教育の質保証システムの整備は容易になるだろう。

　本書の第 1 章で岩田が指摘しているが、英語の「teacher」は「教授行為

(teach)」を主に担うため、東アジアの教師とは職務範囲や教師モデルが異なっている。そのため、より広く教師の仕事を捉える日本（あるいは東アジア）において教員養成教育の質保証システムを検討することには更なる困難がつきまとう。ある意味でイングランドなどとは対照的である。たとえば、前述した中教審答申では教師の資質能力が次のような観点から捉えられている。①教職に対する責任感、探究力、教職生活全体を通じて自主的に学び続ける力（使命感や責任感、教育的愛情）、②専門職としての高度な知識・技能、③総合的な人間力（豊かな人間性や社会性、コミュニケーション力、同僚とチームで対応する力、地域や社会の多様な組織等と連携・協働できる力）(p.3) の三点であるが、三番目の能力などは捉えどころのない要素を多く含んでいる。こうした能力の育成を養成段階で保証しようとするときに、どのような保証のあり方が望ましいのか。日本の教員養成の質保証を検討する際には、こうした課題に取り組まなければならないのである。

（2）国家・地域の枠組みと「質保証」システム

　次に、教師の専門性の問題と関わって、教師の専門職性についても考えてみたい。

　EU（European Union）では労働力の流動性を高めるために教育（学位や資格）の互換性・等価性を保証する仕組みの構築が推進されてきた。学校の教師の資格も例外ではなく、「ヨーロッパの教師（European teacher）」創出の試みが見られるが、実際には教師や教師教育の質の論議には「国民国家」という枠組みに関わる限界があると指摘されている（Sayer, 2009）。

　ヨーロッパでは「欧州チューニングプロジェクト」によって、教員養成プログラム（学士課程）についても、その専門分野別参照基準においてコンピテンスと学習成果が示されている（Tuning Project, 2009, p.45）。チューニングプロジェクトによる参照基準は、教師教育の内容を統一的に規定し、一定の標準性を確保しようとするものであるが、汎用性が高いがゆえに標準化を促す作用は緩やかである。

　ヨーロッパの教員養成モデルは多様であり、教員養成教育において理論的基盤を重視するところもあれば、実践的内容を重視するところもある。参照基準の汎用性を高くすれば、教員養成教育の範囲と水準を規定する標準性は自ずと低くなる。教員養成教育の標準性を一定程度は確保し、その質を担保

するためには、教員養成プログラムの内実を規定する「基準」の汎用性をどの程度に設定すればよいのだろうか。

　また、参照基準は一定の広がりを持ったコミュニティにおいて広く共有され、理解される必要があるが、EUの試みは、その「範囲」をどのように考えればよいかという問題も提起している。このことは教師の「専門性」や「専門職性」の捉え方と無関係ではない。教師の専門職性に関わる教師の法的地位、職業・契約・サービスの概念、言語の違いはそれぞれの国家の歴史や文化と深く関わっている。「専門職性」が、その職が置かれた文脈（時と場所）によって規定されると考えるとき（Whitty, 2008）、教師の質を保証することができる物理的な「範囲」をどのように想定すればよいのか。たとえば「東アジア」という括り方で何がどの程度まで検討しうるのか、それはその構成要素である各国において教師が置かれている状況とどのように関連・連動するのか、などといったことについて考えなければならない。そしてそれが非常に難しい課題であることはEUの試みから明らかである。

　これに関連してスコットランドの動向を見ておきたい。スコットランドでは、スコットランド自治政府の委託を受けてグレアム・ドナルドソン（Graham Donaldson）が実施した教師教育に関する調査の報告書『スコットランドの未来の教育（Teaching Scotland's Future—Report of a review of teacher education in Scotland）』が2010年12月に公刊されている。スコットランドの教育の質を高めるには教師の質の向上が不可欠であるという前提から教師教育制度の現状と課題を分析し、その解決のための提言を示したものである。それによれば、スコットランドの教育に必要な「21世紀の教師（twenty-first century teachers）」に求められる役割は、教育そのものを自ら変革しうる主体としてのそれである。そうした教育の担い手として、当該の学校という限定された文脈のみならず、地域や国あるいは国際社会という、より広い文脈に教師を位置づけている（Donaldson, 2010）。こうした教師の捉え方は、教育や教師に対する社会的信頼や期待がスコットランドでは高く、教師の「質」にも一定の評価がなされていることと無関係ではない。詳しくは佐藤（2013）を参照されたいが、スコットランドでは教師の「質」を規定し、その質を維持・管理するためのシステムに教員養成教育を担う大学・学校関係者のみならず、教育分野のステークホルダーの多くが直接・間接に関わっている。教育コミュニティを形成するあらゆる者の協働性を基盤

とする仕組みによって教師の「質」が担保され、その教師によって次代の教育コミュニティを担う主体が育まれるシステムが構築されており、そのことが教師や教育に対する信頼や期待につながっている。

　スコットランドの教員養成課程のアクレディテーション機関であるGTCS（General Teaching Council for Scotland）が検討している教員養成プログラムの「国際相互認証」の新しい試みにも触れておきたい。まだ試案の段階ではあるが、GTCSがアメリカやカナダなど他国のアクレディテーション機関との間で、それぞれの養成プログラムを相互に認定するという取り組みが検討されている（GTCSの教育政策ディレクター [Director of Education Policy] であるトム・ハミルトン [Tom Hamilton] 氏へのインタビューより。2012年3月6日、エジンバラ）。これが実現すれば、たとえばスコットランドの教員養成プログラムを修了して教員資格を取得した者をアメリカやカナダの学校で直接に雇用することが可能になる。つまり、教員資格が国家の枠組みを超え、トランスナショナルな教員養成教育とその質保証のためのシステムが構築されることになる。この試みにおいては、「英語」という言語の共通性に加え、いわゆるアングロサクソン社会における教師像の捉え方やその「質」に関する共通理解という価値的共通性が重要な要件になっていると考えられる。また、こうしたシステムがその共通性を一層高めていく可能性も容易に想像できる。

　このように質保証を考えるには教員資格や教員養成教育の法制度的な枠組みとそれ以外の要件の布置関係を慎重に検討する必要がある。またそのことは質保証の責任主体が誰なのかといった問題とも関わっている。

3．日本における教員養成教育の「質保証」の課題
　　──「教員養成評価プロジェクト」の取り組みから

（1）評価基準の設定と教員養成教育の「多様性」
　最初に述べたように、2010年度からの4年間で東京学芸大学が中心となって実施した「教員養成教育の評価等に関する調査研究」プロジェクト（以下、教員養成評価プロジェクト）では、教員養成を評価する「基準」と「組織」

のあり方について検討した。その成果として「教員養成教育認定基準」を開発し、「教員養成教育認定基準」を用いた評価の試行を実施してきた（東京学芸大学教員養成評価プロジェクト、2014年）。教員養成教育の評価基準の検討は、すなわち教師の「質」や「専門性」、さらに教員養成教育の「質」とは何かを考えることでもある。そこで本節では、教員養成教育評価のための基準を開発する際に教員養成評価プロジェクトの部会やワーキンググループで検討した課題の一部を取り上げながら、日本における教員養成教育の「質保証」システムをめぐる論点について考えてみたい。

　前述したように日本においては学部レベルで教職認定課程を有する大学は600校にも上っている。そのため、現状において質保証に必要な「標準性」と、開放制教員養成の特色である「多様性」とのバランスをどのように取ればよいかという問題は教員養成評価基準の開発にあたって大きな課題となった。

　評価の基準を検討する際には、基準が何をめざすのか、そのねらいを明確にしなければならない。教員養成評価プロジェクトが提案する教員養成評価の仕組みは相互評価活動を通じて互いに教育の質を高めあうことをめざしている。それにはまず各大学が自らの教員養成教育の継続的な質の改善・充実のための仕組みを整える必要がある。そうした内部質保証の仕組みが十全に機能しているかどうかを外部から評価し、内部質保証の妥当性を担保することによって教員養成教育の質の維持向上を図るシステムの構築をめざすものである。従って評価の基準は各大学の教員養成教育の「画一化」や「規格化」をもたらすようなものにすべきではなく、「開放制」の特長である教員養成教育の多様性をいかに損なわずに質を保証するかが課題となる。

　教育の営みは当該の文脈に依存するうえ、教員養成教育の運営や成果もまた個々の大学を取り巻く環境や条件（歴史的経緯、地域特性・課題等）から影響を受ける。各大学が置かれた文脈から教育活動を切り離して評価を行おうとすれば多様性を損なうことにもつながるが、教員免許状取得のための教育の質の担保という共通性とのバランスも一方で必要になる。教員免許状の取得につながる教育のあり方は多様であってもよいが、その質は一定水準以上に維持されなければならない。「教員免許状」という職業資格に結びつくプログラムを評価する際の課題である。

（2）大学の発展性・創造性と評価基準

また、評価基準の設定とその運用は、最低限の質を担保する手段とみなされることがある。つまり、単にそれを満たせばよいという理解に終わり、評価自体が目的化することで教員養成教育の内容までが画一化・規格化に向かうことがある。しかし、教員養成評価プロジェクトが開発を試みる仕組みは、単に法令等を遵守しているかどうかをチェックしようとするものではない。質保証の第一義的責任は各大学が負うべきであろう。

　さらに、基準を満たすことを最低限の質保証と捉えると、より優れたものや質の高いものを志向するための努力が払われないことがあるかもしれない。教員養成評価プロジェクトで検討した仕組みは、各大学の内部質保証システムの妥当性を担保することによって教員養成教育の質の維持向上を図ろうとするものである。つまり、各大学の教育の改善を促進し、日本の教員養成教育全体の質的改善・向上に資する仕組みをめざしている。単に基準を満たすだけでなく、質をどう向上させるかという点が肝要になる。また、そのためには各大学における改善が恒常的・継続的になされる評価基準を考えなければならない。それさえ満たせばよいという基準ではなく、各大学のリフレクションを促すものにするにはどのような基準がよいのか。あまりに規範的で細かく内容を問うような基準は、この評価システムには合わないだろう。評価項目を細目化しすぎると、それをチェックリストとして用い、最低限の取り組みを確認するにとどまる、あるいはその方向に収斂していく懸念がある。それでは逆に、基準をシンプルで大括りなものにすればよいということになるが、そうすると基準の解釈に幅が生じてしまう。一般的には評価基準に幅をもたせることは適切ではない。

　こうした議論を重ねた結果、教員養成評価プロジェクトでは後者の考え方で開発を進めた。理解に一定の幅を持たせ、各大学が独自の発想と見方で自己分析ができるようにしたいと考えたからである。

　また、この点については評価者にとってのメリットも考慮に入れた。「評価」という概念にはそぐわない面があるかも知れないが、評価活動を通じて互いの教育の質を高めるには、評価者も評価活動から新たな視点が得られるような評価システムでなければならない。相互評価活動を通じて教員養成教育全体の質的向上を考えるということは、その基準が依って立つ「枠組み」をも変えていくような大学の発展性や創造性を前提にするということである。そのため、評価活動を通じた評価基準自体の修正や更新も視野に入れた。

第11章　　233

（3）評価の汎用性と評価基準

　評価基準の開発に際しては、600校にも及ぶ大学の評価を一つの基準で評価するのか、複数の基準を作成するのかといった基準の種類や数に関する課題にも取り組まなければならなかった。結論としては単一の評価基準を設けることにしたが、その理由は、評価自体の汎用性を高めることにもつながるうえ、ベンチマーキングが容易になり、改善に向けた取り組みを支えあうことが容易になるのではないかと考えたからである。

　各大学が評価によって互いに教育の質を高めあうには、評価活動を通じてまず自らの取り組みを他と比較することにより、自身の教育の質や水準を把握・確認することが必要である。これまでも他者の実践から学ぶことは各大学でそれぞれに行われてきたが、地理的ないし時間的に限られた範囲内で、個別的かつ単発的に行われることが多かったのではないか。この評価の仕組みは教員養成を行う大学間のつながりをネーションワイドに構築し、相互的な学び合いを全体的かつ恒常的に行うことを想定している。

　また、他の大学から学ぶという時に、一般的には自らとタイプ（設置形態、規模、ミッションなど）が同じ大学を比較する傾向にあるだろう。もちろん設置形態、規模、ミッションなどの点であまりにも異なる大学を参照しても比較が十分にできなかったり、参考となる有用な情報や知見が得られないことがあるのは確かである。その反面、同じタイプの大学の比較だけでは既存の枠組みにとらわれてしまい、発想の転換が難しいということもある。この評価の仕組みでは、大学の設置形態、規模、ミッションなどの違いを問わず、教員養成教育に携わる者であれば誰でも参加できるものとしている。多様な教員養成の多様な実践のなかから新たな価値を創造する可能性に期待するものである。それはまた「開放制」の長所を活かすことにもつながるのではないか。

（4）教員養成教育の「質」と評価基準

　一般的に評価では「『何を評価するのか』という質的な判断の根拠と、『どの程度であるか』という量的な判断の根拠の2つが必要である」（辰野千壽・石田恒好・北尾倫彦、2006年、p.80）。目標に対してどのようなことが示せれば達成できているとするのか、どの程度なら十分とするのか、あるいは

不十分とするのか、その判断の根拠が明確でなければ、目標が明確であって
も評価の客観性が担保できない。

　「教員養成教育認定基準」において、この点は「基準」や「観点」で示す
内容に加え、「取り組み例」によって示されている。しかしながら、多様な
教員養成教育の現状から見て、「『どの程度であるか』という量的な判断の根
拠」については慎重に考えなければならない。この点については、さらに試
行を重ね、十分なデータを得たうえで検討を重ねる必要がある。

　以上のように、日本においては教員養成教育の多様性の深化に伴い、質的
な違いが生じやすくなっており、そのことが評価の問題を複雑にしていると
いえよう。

4．おわりに

　教員養成の「質保証」について、国民国家の枠組みを超え、新しい国際的
なフレームワークを想定することはどこまで可能なのかという問いへの答え
は簡単に探せそうにない。前述したスコットランドやヨーロッパの新しい取
り組みもまだその成否を問う段階にはない。いずれにしても、そうした国際
的な動向の背景にある「グローバリゼーション」の影響を考えるとき、その
否定的側面にも目を向ける必要はあるが、それによって浮き彫りにされたも
のにも留意する必要があるだろう。グローバル化が促した普遍化・共通化、
あるいは「規格化」といった傾向は、同時に各国・地域の文脈の特殊性・固
有性を際立たせることにもなった。その現実は何を物語っているのか。

　教師教育の質保証システムを検討する際に、それぞれの社会的・文化的文
脈において教師の「質」をどのように捉えようとするのか、あるいはそれが
どのように捉えられようとしているのかという基本的な問題に立ち戻って考
える必要があるだろう。産業構造の変化に伴い、現代社会において共通して
見られる学力観・能力観の変容は、教師の専門性を現代的文脈において再定
義する必要性を示している。またそのこととも関わるが、近年の社会変化は、
教師という職業を当該社会においてどのように再定位するのかという教師の
専門職性に関わるより大きな課題を提示しているのである。

【付記】

本稿は、Office of Promoting International Strategies, Tokyo Gakugei University（東京学芸大学国際戦略推進本部）(ed.) *The 7TH International Symposium on Teacher Education in East Asia,* Tokyo: Tokyo Gakugei University, 2012（第 7 回東アジア教員養成国際シンポジウム「東アジア教員養成の質保証」のプロシーディングス）に掲載の拙稿「東アジアにおける教師教育の「質保証」の課題——日本と欧米諸国の取り組みから」(pp.61–66) 及び東京学芸大学教員養成評価プロジェクト『2010 〜 2013 年度教員養成教育の評価等に関する調査研究 報告書』2014 年に掲載の拙稿「『教員養成教育認定基準』作成の課題と論点」(pp.36–38) を一部改変して執筆したものである。

【引用・参考文献】

佐藤千津「教員養成の「質保証」の現状と課題——スコットランドの教員養成モデルの検討——」日英教育学会『日英教育研究フォーラム』Vol.17、2013 年、17–23 頁

辰野千壽、石田恒好、北尾倫彦 監修『教育評価事典』図書文化社、2006 年

中央教育審議会『教職生活の全体を通じた教員の資質能力の総合的な向上方策について（答申）』2012 年

東京学芸大学教員養成評価プロジェクト『2010 〜 2013 年度　教員養成教育の評価等に関する調査研究報告書』2014 年

東京学芸大学教員養成評価プロジェクト『2010 〜 2013 年度　教員養成教育の評価等に関する調査研究報告書（資料編）』2014 年

広瀬裕子『イギリスの性教育政策史——自由化の影と国家「介入」』勁草書房、2009 年

フリア・ゴンザレス、ローベルト・ワーヘナール 編著／深堀聰子・竹中亨 訳『欧州教育制度のチューニング——ボローニャ・プロセスへの大学の貢献——』明石書店、2012 年

本田由紀『多元化する「能力」と日本社会——ハイパー・メリトクラシー化のなかで』NTT 出版、2005 年

Black, P. and William, D. *Inside the black box – Raising standards through classroom assessment,* London: nferNelson, 1998.

Cochran-Smith, M. The new teacher education in the United States: directions forward, in Furlong, J. Cochran-Smith, M. and Brennan M. (eds.) *Policy and*

Politics in Teacher Education – International Perspectives, London: Routledge, 2009, pp.9–20.

Cunningham, B. (ed.) *Exploring Professionalism,* London: Bedford Way Papers, 2008.

Department for Education, *Teachers' Standards,* 2012.

Donaldson, G., *Teaching Scotland's Future – Report of a review of teacher education in Scotland,* 2010.

Gewirtz, S. et al. (eds.), *Changing Teacher Professionalism – International trends, challenges and ways forward,* London: Routledge, 2009.

Gray, D.S., "International perspectives on research in initial teacher education and some emerging issues", *Journal of Education for Teaching,* Vol.36, No.4, 2010, pp.345–351.

OECD, *Teachers Matter: Attracting, Developing and Retaining Effective Teachers,* 2005.

Sayer, J., "European perspectives of teacher education and training" in Furlong, J., Cochran-Smith, M. and Brennan, M. (eds.) *Policy and Politics in Teacher Education – International Perspectives,* London:Routledge, 2009, pp.155–167.

Tuning Project, Tuning Educational Structure in Europe, *Reference Points for the Design and Delivery of Degree Programmes in Education,* 2009, http://www.unideusto.org/tuningeu/images/stories/Publications/Education_brochure.pdf.

Whitty, G., "Changing modes of teacher professionalism: traditional, managerial, collaborative and democratic" in Cunningham, B. (ed.) *Exploring Professionalism,* London: Bedford Way Papers, 2008, pp.28–49.

終 章

「東アジア発」の教員養成研究の国際化に向けて

岩田康之

1．教員養成の質保証と大学の役割

（1）「大学における教員養成の質保証」という課題

　東アジア教員養成国際コンソーシアム（ICUE）で取り組んできた国際共同研究「東アジアの大学における教員養成の質保証」は、主に日本の教育系大学がイニシアチブを取る形で展開されてきた。この国際共同研究は2011年に東京学芸大学の田中喜美理事・副学長（当時）の提案に他の会員大学が応じる形で始められ、三つ組織された研究班（RG）の世話人はいずれも日本の研究者が務めている（序章参照）。そして研究成果の公刊についても、まず日本語の編集（つまりは本書）が先行している。

　これは、教員養成の研究において日本が東アジアの他の地域よりも先んじているということを意味するわけではなく、「大学における教員養成の質保証」という課題自体が日本向きである、あるいは日本においては他の地域よりも「教員養成の質保証」を大学が担うことの比重が高い、という事実の表れとして捉えるのが妥当であろう。裏を返せば、日本においては「教員養成の質保証」のありようを政府が直接かつ具体的に定める程度が他の地域よりも低いのである。このことは、韓国における教員養成とその評価（第8章・第9章参照）や台湾における教員養成の質保証に関わる各種の施策（第10章参照）と比べてみたときによりいっそう明らかになる。

（2）日本における政策論議の位相

　では、日本で教員養成教育を提供している大学は、質保証を実際に担いうるのだろうか。「質」とは何かという問題に関しては後述するが、ここでは

238

日本の教育職員免許法に基づいて各大学が設けるべきとされる「教職に関する科目」の一つとして「教職実践演習」が導入されたときの経緯と論点を今一度振り返っておきたい。

2010年度以降の大学入学者が日本の教員免許状を取得しようとする際に、「教職実践演習」という科目が新たに必修化された。よく知られているように、この科目の導入は、教員免許更新制の導入と合わせて検討され、言うなればその「副産物」である。詳しくは別稿[i]に譲るが、中央教育審議会（中教審）が教員免許更新制の導入を検討するなかで、当時の免許制度の下では「免許状授与の際に人物等教員としての適格性を全体として判断していないことから、更新時に教員としての適格性を判断するという仕組みは制度上とり得ない」ため、「更新制を可能とするためには、免許授与時に適格性を判断する仕組みを導入するよう免許制度自体を抜本的に改正することが前提とな」るという指摘[ii]がなされ、2002年の答申では慎重論が呈されたという経緯がある。これを踏まえてその後「免許授与時に適格性を判断する仕組み」として検討されたのが、結果的に「教職実践演習」となる科目の導入であった。

そこでの論点の一つは、教員の「適格性」に大学がどこまで責任を持ちうるのか、ということであった。中教審の教員養成部会（第33回・2005年6月17日）では関係各団体のヒアリングが行われているが、そこで日本教育大学協会（教大協）は鷲山恭彦会長（当時）名で「教員養成・免許授与にあたって大学の果たす役割は、あくまでもその者が教員としての基本的な知識・技能を有することを備えるに至るまでの教育を行うことと、その水準の判定を行うことと旨とすべきものであり、入職前の段階で「適格性」の判定を大学に委ねることは、人格的要素に踏み込む選別を大学の責任において行うことになりかねない危険性を持つ」等の意見を述べているが、これに対してある委員から「教育というのは、そもそも人格の陶冶のために行うものであるので、その意見の発想はいかがか。そのような考え方の大学は、専門職大学院をつくっても、実質的な教員養成を学校現場に依存して、大学としての責任を持たなくなる」という反論があり、教大協側は「ある学校では優れた指導力を発揮できても、別の学校では必ずしもうまく対応できない場合があり、学校現場が持っている多様な性質を、養成段階でどこまで判断できるかについては慎重にならざるを得ない」と応じている[iii]。

ここで大学側の責任放棄を指摘した委員は、教育現場で小学校長などを務

終章　239

めた後に教員養成を行う私立大学の教授に転じた人物であり[iv]、教大協側の反論を述べたのは筆者（第一常置委員会・第二常置委員会合同小委員会委員長＝当時）である。教員免許取得者の人格的な面まで含めた適格性に大学は責任を負えない、むしろ着任後の現場で判断せよ、とする教大協側の主張がある程度容れられた形で以後の審議は進み、答申においては「適格性」の文言は消えて、「教職実践演習」は「教員として最小限必要な資質能力の全体」が身についたか否かを確認するとともに「必要に応じて不足している知識や技能等を補い、その定着を図る」[v] ものと位置づけられた。

　ここで、教職に就く者の「適格性」の確保を大学の責任とするというプランから、基本的には「資質能力」「知識や技能等」に大学の関与を限定するという方向への変化が、日本の教員養成にどう影響したかについては、長期的なスパンで慎重に検討していく必要があろう。「教職実践演習」はその目的に曖昧さを抱える形で実施に移される一方、日本で教職に就く者の「適格性」についての実効ある判断は、免許状取得後に各人事権者が行う採用試験にその大半を負わせることになっている。特に公立学校教員の採用やその後の人事的処遇に関して、都道府県レベルの教育委員会の権限の集中度が高い状態が続いているのである。それが果たして質の高い教員を持続的に確保することにつながっているのか否かについては、安易に判断することはできない。

（3）「質保証」の「質」をめぐる問題

　東アジアで教員養成の「質保証」を論じる際に最も困難な問題は、その「質」の内容にある。教科の授業を効果的に行う資質能力あるいは知識・技能を以て教員の質の高さと見なす議論は、特に東アジア諸地域では通用しない。この共同研究でも至るところで明らかになったように（特に第1章参照）、仏教や儒教をバックにした「東アジア的教師」の像は、多分に人格面や情意面の諸要素を含み、それゆえ客観的な見極めがより難しい。そのことは、先に述べた「教職実践演習」の導入を提言した中教審答申でも「人物等教員としての適格性を客観的に判断できるようなメルクマールがあるのかという難しい課題」[vi] が指摘されている。有り体に言えば、大学で所定の教員養成プログラムを優秀な成績で修めることは質の高い教師であることとイコールではないが、それ以外にどのような資質力量をどのように確保していくのかにつ

240

いては模索中だということである。

　こうした模索は、東アジアの他地域でも本質的には共通している。たとえば台湾においても、教師の資質を教員養成カリキュラムの履修（主にペーパーテストによる単位認定）で測ることには限界があると捉えられており、これと教育実習の履修状況や教師資格検定試験の併用によっても未だ不充分であるとされている（第10章参照）。ただし台湾においては、日本の「開放制」に近い教員養成システムが採られてはいるものの、政府による量的な統制と統一の教師資格検定試験がなされていることに加え、教育実習が半年の長きにわたって行われるなど、布置関係はかなり日本と異なる。概して、台湾の教員養成において、教師になる者の質を人格的な諸要素も含めて大学人が見きわめることの比重は、日本に比べてずっと高い。半年間の教育実習の指導に関わり、その評価を実習校と等分に行う一方で、知識・技能等の見きわめは政府の行う教師資格検定試験に委ねられるからである。このことは、次節に述べるように、教員養成の質保証を比較検討する際の困難にもつながっている。

　加えて興味深いことには、教師の質として人格面や情意面を求める動きは、「東アジア」の枠を超えて、たとえばアメリカにおいても教育の機能や教師の役割が教科の指導に特化されて捉えられる傾向の問題性が指摘されている（第11章参照）など、他の地域に広がりつつある。

　教師の人間性や倫理性を求める議論を、専門職としての教師の職能成長と相容れない非科学的なものであるとして忌避することは、欧米においても現実に合わなくなってきつつあると見られる。その裏返しとして、欧米で先行したような、専門職（profession）として教師の職能を捉える議論を応用して「東アジア的教師」を分析するような研究は、近年では説得力を失いつつある。言葉を換えれば、「東アジア的教師」のありようから発した研究が、今後にグローバルな展開の可能性を持っている、ということにもなろう。

終　章　　241

2．教員養成政策と大学人の関わり

(1)「教師像」と国家権力、そこへの研究者の関わり

　では、教員養成における、教師たちの人格面や情意面も含めた質的なレベルアップの営みと、大学や研究者との関わりはどう考えればよいのか。

　そもそも教員養成とは、教育学の対象とする教育課題の中でも特に国家権力による被規定性の強い分野である。つまり、近代以降の公教育システムの中の「教師」という存在や、義務教育を行う「学校」という存在を規定するのはそれぞれの政府である。学ぶ者と学びを導く者の相互作用という点から教育を捉える際、義務教育を行う「学校」において学ぶ者つまりは子どもの資格や要件が政府に規定されることは基本的にないが、学びを導く者つまりは教師の資格や要件は政府に規定されるというアンバランスな関係に注意する必要がある。

　加えて、その教師のありようにおいて人格面・情意面の諸要素が重要であるという認識の上に、その「あるべき姿」を政府が示して導くことの問題が生じる。日本の中教審が「期待される人間像」を示した[vii]のは 1966 年のことであるが、この時には「愛国心」「天皇への敬愛」などその「人間像」の内容に対する批判（特に、これが当時の佐藤栄作内閣の下で「建国記念の日」という形での「紀元節」復活など、一連の国家主義的な政策の流れの中で示されたという事情もある）とともに、そもそも「政治支配者が権力を背景に、一方的かつ画一的に、教育の目標としての人間像を押しつける」[viii]というような、教育目標と個人の内面に政府が関与すること自体の是非をめぐっての議論があった。以来半世紀が経過しているが、前節で述べた「教職実践演習」をめぐる議論で「適格性」が退いたことなどにも現れているように、人格的要素に踏み込む方向付けを政府が直接に行うことへの屈託は、今なお日本の教育関係者のかなりの部分に存する。

　この点、特に中国メインランドの教員養成（第 3 章・第 4 章参照）において、政府の打ち出す政策が教師たちの持つべき価値観や人間像に及ぶとともに、それぞれの政策の方針が屈託なく各師範大学等の教員養成機関での実践の背景をなしている情況と、日本のそれとは相当に異なっている。

　この違いは、主に政治的要因（共産党による一党体制の下で、各段階での

発展計画を立てて政策を進めていくというスタイルが根付いていること）や文化的要因（前近代からの「師」のありように関する儒教思想が連綿と続いていること [ix]）に起因するものと捉えられようが、それらに関わって、政策形成に研究者の関わる度合いが中国では日本よりも高いことの影響があると見られる。日本の戦後教育学は、先に挙げた「期待される人間像」をめぐる議論にも現れているように、いわゆる「55年体制」のもとで国家権力による教育統制に対して個々人の人権としての「国民の教育権」を重視する理念を基調として展開された [x]。こうした背景もあって教育学研究者の知見の蓄積を政策に反映させるルートは乏しく、政策形成を審議する場に教育学研究者が参加することはあっても、たとえば教員免許の更新制の導入に際して、先行事例であるアメリカのそれを研究している者の知見が参考にされるといったように、概して部分的な関与にとどまっている。言うまでもなく、ここで「教員免許の更新制」を重要課題として位置づけ、検討の方向を導いたのは教育学研究者の側ではなく、政策側（この場合は主に官邸）なのである。

このような情況下にある日本の研究者から見ると、中国の研究者たちはずっと政策に近く、学者であるとともに役人的であり、時として権威主義的に映るが、研究的知見を実際の政策に反映させるルートという点では、中国の研究者のありように学ぶべき点は多い。第3章に記されている「教師教育課程標準」の策定に際しては、華東師範大学（中学部分）や首都師範大学（小学部分）の研究者グループによる調査研究に基づく原案の策定と意見聴取を経て決定されるという手続きが採られており [xi]、内容的にも同時代的な教育学研究の成果が豊富に取り込まれているのである。

（2）「大国」ゆえの困難

しかしながら、中国においても、教員養成の質保証に関わる政策が実施されるプロセスは決して平坦ではない。なるほど第4章に紹介されているように、多くの師範大学では、それぞれに養成する教師の質的向上のための取り組みが行われており、一定の成果を挙げてはいる。しかし、義務教育（小学・初級中学）の学校数が約29.5万、児童・生徒数が約1億5千万、本務教員数が913万（2011年）[xii] という規模を持つ中国の教育全般にそれが及んでいるわけではない。特に小学校の教員養成に関しては、大学本科（学士）レベルの養成教育が行われるようになったのが1990年代後半以降であると

終章　243

いう経緯もあって、教師の基礎学歴は他の地域に比べると低い状態が続いており、たとえば2010年に新たに小学教師の資格を得た158,799名のうち、大学本科卒以上の学歴を持つ者は21,467名（13.5%）にとどまっている。また、学歴の高い教師の地域的偏在も著しく、同じ2010年の段階で大学本科卒以上の学歴を持つ小学教師の比率は都市部では48.6%に達しているものの農村部では15.2%に過ぎない[xiii]。このように、中央政府の打ち出す施策がネーションワイドに及ぶのに時間を要すること、それに伴って国内の地域格差が著しいことは、「大国」ゆえの困難として捉えられる。

　これに比べると、韓国における教員の資質向上策（第8章参照）や、教員養成機関に対する評価（第9章参照）は、中央政府の打ち出す硬質な施策が、それぞれの教育現場や教員養成現場に浸透している度合いの高さがうかがわれる。同様のことは、台湾における教員養成の質保証策においても見られる（第10章参照）。一つの政府が統治する地域が比較的小さいことが、政策の浸透度合いあるいは実効性を高めているのである。日本は、中国（メインランド）ほどの「大国」ではないものの、台湾や韓国よりは大きく、また地方分権化も進んでいることから、教員養成や教師の質的向上策における中央政府のコントロールは比較的弱い状況にあると捉えられる。

　ただし、韓国や台湾において政府によるコントロールが実効を挙げているということが、大学の自律性や大学教育の実質を著しく制限しているわけではないことも確かである。教員養成プログラムの量的な制限が政府によってなされることは大学の動きを外から制約するが、逆にそのことによって各大学は優秀な学生のみを教員養成プログラムに取り込むことが可能になり、その点でこうした制限のなされないまま、将来的に教職に就く者の養成教育に関わる質保証の責任の多くが各大学に負わされる日本の情況とは大きく異なる。

　大学の自治・学問の自由と教員養成の質保証との相克は重要な課題であるが、教員養成機関評価の指標や項目が明確に定められていれば、それらに合わせる以外の部分での自律性は担保されうるのである。これは、中国や日本のように、大衆化した大規模な高等教育の全体が市場原理の中に組み込まれ、それぞれが特色を出す形での競争を行わなければならない情況とは異なる。第11章に紹介されている日本の教員養成評価システムの構築に関わる大学主体の取り組みは、こうしたなかで大学が自律的に教員養成の質的向上を企

図したものとして今後の可能性を持っている。

3．教員養成研究の国際化の課題と展望

（1）教員養成の国際共同研究：その可能性

　ここまで ICUE で取り組んできた国際共同研究「東アジアの大学における教員養成の質保証」の大きな特色は、第一に国際共同研究でありながら英語を媒介としなかったこと、そして第二には「教員養成」の全体を視野に収めた国際共同研究を志向してきたこと、の二点に求められよう。

　第一の点について言えば、たとえば漢語の「教師」（第 1 章参照）のように、漢字文化圏にある東アジアの地域相互間においては、国際共通語としての英語のフィルタを通すことによって概念自体が変質してしまうという弊害を避けるといった意味では、この共同研究は一定の成果を挙げていると言えるものの、漢語を共有するがゆえの地域間のニュアンスの違いがあったり、同じ意味内容が地域ごとに異なる漢語で表されたり、といった難点も逆に存在する。その典型例は、この共同研究のテーマにもある「教員養成」という語であろう。日本では入職前の教師の準備教育を通常「教員養成」と呼ぶが、この語は中国や台湾では用いられない。中国（メインランド）においては、古くは入職前の準備教育を「師範教育」、入職後のそれを「継続教育」と呼び習わしてきたが、1980 年代以降にこれらを通じて「教師教育」と呼ぶようになった。それゆえ入職前の準備教育は「職前教育」とされている場合が多い。一方台湾においては「師資培育」という漢語がよく用いられる。韓国においては「教員養成」に相当する語（교원양성）はあるものの、「教師教育」（교사교육）もよく用いられる。しかしながら、日本においては、「教員養成」と「教師教育」は、相異なる概念を持った語として捉えられる。

　このことは第二の点に関わる。「教員養成」と「教師教育」について、日本の研究者においては、前者が全体のシステムに着目するものであるのに対して、後者が個々の教師の具体的な場面に着目するものであるというような、おおよその腑分けが行われている[xiv]。「教員養成」という語のそうした含意がどれだけ東アジア他地域の研究者に共有されたかは定かではないが、本書

終　章　　245

の各章に収められた論考は基本的にはシステム全体を視野に収めながら教師の質的向上のありようを論じたものになっており、その意味で「教員養成の国際共同研究」に取り組んだものと呼びうるのではなかろうか。

　「教師教育」のある特定の分野については、国や地域の枠を超えて研究者がともに研究を行うことが比較的容易である。自然科学や情報、外国語といった科目群の授業に関わる教師の教授スキルの分析、といったような「お国柄」にあまり影響されない分野がその典型例であろう。ただ、そのような単発の共同研究をいくつ積み重ねても、「教員養成」の国際共同研究にはなり得ない。前節で述べたように、教員養成やその質保証策のありようは、国家権力による被規定性が特に強い分野であるため、その共同研究を行おうとするには、それぞれの「お国柄」を共有しておくことが前提となる。

（2）「お国柄」と全体像の共有

　その「お国柄」とは、いわゆるスクールリーダーのありようなどに象徴的に現れる。第2章に述べられているように、日本の学校におけるスクールリーダー（教育指導職）には、校長・教頭、主幹教諭、指導教諭など、様々な職が含まれる。しかしながら、こうした職は日本の教員免許や資格制度とリンクしてはいない。免許制度においては、専修・一種・二種という三つのレベルの教員免許状の間に業務範囲の差はない[xv]。加えて管理職の要件に関してのネーションワイドな基準もなく、日本のスクールリーダーはそれぞれの人事権者（公立学校においては都道府県・政令指定都市の教育委員会）が一般教員としてのキャリアを持つ者の中から任用するのが通例である。この点、中国（メインランド）においては、学校種別・教科別の教師資格を得て入職した後に、「三級」「二級」「一級」「高級」「正高級」の職階が設定され、教育部の示す「中小学教師水平評価基準条件」に基づいてその昇進の要件や業務範囲が定められており[xvi]、情況は大きく異なる。それゆえ、たとえば「校長」の力量形成（第2章・第5章・第6章参照）に注目するにしても、どのような人物が、どのような手続きによって、どのような資質を、どのような主体に認められてその地位に就くのか、というシステム全体を視野に収めないと、国際共同研究としては不充分なのである。残念ながら、今回の共同研究においては、こうしたそれぞれの背景に関わる「お国柄」を共有したうえで東アジア諸地域を横断的に検討するというところまでは至っておらず、この

246

点に今後の課題を残している。

　ただ、システム全体を視野に収めることには、非常な困難があることも確かである。それは「教員養成の質保証」をめぐる課題それ自体が上述の「お国柄」も関わって混沌し、錯綜していることに加え、東アジアに限らず世界的な規模で進行している高等教育における競争的環境の激化の影響も大きい。それゆえ、たとえば第5章・第6章に述べられている校長養成のありようは、それぞれ華東師範大学・北京師範大学の取り組みであって、決して中国全体を代表するものではない。第7章に述べられている教師教育者の養成プログラムにしても、現時点においては東北師範大学の独自の色合いが濃い取り組みであり、この実践がどれだけの汎用性を持ちうるかは今後の展開如何にかかっている。

　「東アジアの大学における教員養成の質保証」に関する国際共同研究の真価は、それを通じて東アジア域内の教員養成の質が総体として向上することに寄与するか否かという点から今後に問われてこよう。いかに優れたプログラムが単発で編み出されても、それが汎用性を欠くようでは、将来的には格差の拡大を招くことにつながり、総体としての質的向上にはつながらないのである。

（3）今後への期待

　ICUEが手がけてきた国際共同研究「東アジアの大学における教員養成の質保証」に集った研究者たちは、それぞれの地域の教育系大学において、自ら教員養成の実践を行ってその改善を図ったり、質的保証の強化に向けての政策形成に関わったりするなかで教員養成の研究に取り組んできている。このような取り組みを通じて、東アジア諸地域の教員養成の政策や実態に根ざしつつ、その質保証の「質」に関わる原理的な問題、その「質」保証と国家権力の関係に関する問題、それらへの研究者の関与のあり方等について、興味深い論点と課題の所在が見えてきた。しかもそうした論点や課題は、東アジアの域を超えて、グローバルな教員養成研究への発展可能性を持っていると言える。

　加えて、ICUEがこの国際共同研究と同時並行で毎年国際シンポジウムを開催し、そこに研究歴の浅い若手たちのセッションを必ず設けてきた（序章参照）ことは、今後の発展の可能性を開くものであろう。

ただし残念ながら、この点についても、これまでの取り組みにおいては、日本からこれらの若手研究者セッションに参加した大学院生たちのほとんどは東京学芸大学大学院連合学校教育学研究科の博士課程に属する者であり、ICUE の日本の会員大学でも博士課程を持たないところからの参加は難しいという事情がある。他の地域の会員大学にも似たような事情があるためか、毎年のシンポジウムの際の若手セッションへの参加者は、決して満遍なく集まってきているわけではない。しかしながら、教育系大学に所属する若手研究者が、国や地域の枠を超えて教員養成に関わる研究成果を交流することとあわせて「お国柄」と全体像を共有する機会を早くから持つことの意義は大きかろう。教師教育者の養成については、どの地域においても組織的な取り組みは少ないが、そんななかで ICUE 会員大学等の教育系大学の大学院には、比較的多くの「未来の教師教育者」が集まっているところであり、その交流の場を設定し、発展させていくことは今後に向けても重要な取り組みとなろう。

【注】

i　岩田康之「教員免許更新制の展望と課題」、日本体育学会『体育科教育学研究』第 25 巻第 2 号、2009、20–26 頁。

ii　中央教育審議会「今後の教員免許制度の在り方について（答申）」2002 年 2 月 21 日。http://www.mext.go.jp/b_menu/shingi/chukyo/chukyo0/toushin/020202.htm

iii　中央教育審議会初等中等教育分科会教員養成部会（第 33 回）議事録、2005 年 6 月 17 日。http://www.mext.go.jp/b_menu/shingi/chukyo/chukyo3/002/gijiroku/1263821.htm

iv　上記注 iii には、発言者が誰であるかは記されていないため、公式な記録はない。あくまでも 10 年前の筆者の記憶に基づく。

v　中央教育審議会「今後の教員養成・免許制度のあり方について（答申）」2006 年 7 月 11 日。http://www.mext.go.jp/b_menu/shingi/chukyo/chukyo0/toushin/attach/1337006.htm

vi　注 ii に同じ。

vii　中央教育審議会「後期中等教育の拡充整備について（答申）」1966 年 10 月 31 日。http://www.mext.go.jp/b_menu/shingi/chuuou/toushin/661001.htm

viii 大田堯（編著）『戦後日本教育史』「第 4 章 経済成長と教育」（堀尾輝久筆）、岩波書店、
    1978 年、297 頁。

ix 顧明遠（大塚豊監訳）『中国教育の文化的基盤』「第 4 章 中国の教育伝統とその基本
    的特質」、東信堂、2009 年、93–112 頁。

x   岩田康之「新自由主義的教育改革と教師教育研究」、岩田康之・三石初雄 編『現代の
    教育改革と教師』東京学芸大学出版会、2011 年、15–30 頁。

xi 臧俐「中国の「教師教育課程標準」の制定の意義と課題」、東京学芸大学教員養成カ
    リキュラム開発研究センター『研究年報』Vol.12、2013 年、17–26 頁。

xii 中華人民共和国教育部「中国教育統計年鑑」2011 年版。

xiii 注 xii に同じ。

xiv 注 x に同じ。

xv 文部科学省の説明においても、「取得要件の違いにより、専修免許状、一種免許状、
    二種免許状と区分されますが、職務上の差異はありません」とされている。
    http://www.mext.go.jp/a_menu/shotou/kyoin/main13_a2.htm

xvi たとえば学級担任（班主任）の担当は「二級」以上の教師に限られ、また「高級」「正
    高級」の教師には「一級」以下の教師たちの指導が業務として規定される、など。具
    体的な手続きに関しては各省や直轄市ごとに微妙に異なる規定がなされている。以下
    は吉林省の一例。
    http://www.jl.gov.cn/zwgk/gwgb/szfwj/jzbmd/201303/W020130329553103180108.
    pdf

終 章　249

おわりに

大脇康弘

　ここに東アジアの教員養成に関する国際共同研究の成果を『「東アジア的教師」の今』としてお届けします。本書は、初等・中等教員の養成、校長・教頭などの教育指導職の養成、教員養成を担う大学教師の養成を、教員養成の質保証という視点から考察したもので、国際比較・理論研究と地域研究（日本、中国、韓国、台湾）から構成されています。本書は東アジア地域の最新の取り組みを報告するだけでなく、国際比較の視点から論じています。これを素材に東アジア地域における教員養成の共通性と相違点を確認し、さらに深めていただければありがたいです。また、東アジア地域の独自の取り組みとその社会的基盤に論及している点からは、欧米諸国の教員養成改革モデルを相対化する合わせ鏡となれば幸いです。

　編集を終えるに当たって、国際共同研究に挑戦し本書をまとめてきた一端を述べて、今後の研究の発展につなげたいと思います。この国際共同研究は、序章に述べていますように、東アジアの教育系大学のシンポジウムと総長会議が母体ですが、そこに田中喜美東京学芸大学理事・副学長（当時）の提案（2011年6月、ソウル）によって国際共同研究をプロジェクトとして立ち上げ持続的に研究を重ねてきました。正式名称は、東アジア教員養成国際コンソーシアム（International Consortium for Universities of Education in East Asia：ICUE）の国際共同研究プロジェクトで、三つのリサーチグループ（RG）から構成されました。各地域・関係大学の協力を得て、2011年から2014年までの4年間にわたって取り組みを重ね、その成果を東アジア教員養成国際シンポジウム（ソウル教育大学校2011、東京学芸大学2012、東北師範大学2013、韓国教員大学校2014）で研究報告を行いました。

　この国際共同研究を組織立て、共通の認識枠組を設定し、研究成果を交流することは平坦な道ではありませんでした。一つは、国際比較研究が共通に

抱える困難な条件であり、二つは、教育系大学における取り組みを対象化し検討する難しさといえます。これは、本書を編集するうえで、何段階にもわたって解決を図らねばならない問題でもありました。たとえば、地域研究を適切に配置し、内容の重複や過不足を整理することです。また、日本語に翻訳する作業では、教育用語の精査、表記の統一と異同の確認、引用文献・参考文献の原語と邦訳の表記の仕方など、多くの編集作業が含まれます。

　これらの取り組みをリードしたのは本書の編集委員会で、藤井健志、岩田康之、下田誠、大脇康弘から構成されています。編集委員会は、東京学芸大学で、大阪教育大学で、そして、中国、韓国の国際シンポジウムの会場で、編集方針を話し合い、実務作業を重ねました。

　本書に原稿をお寄せいただき、編集委員会の要請に応答してくださいました執筆者のみなさまにお礼申し上げます。そして、東京学芸大学出版会の生田稚佳さんには、本書の編集作業に辛抱強くお付き合いいただき、りっぱな書籍に仕上げていただきました。編集委員会として厚く御礼申し上げます。

　　2015 年 2 月 15 日

索引

［あ］

アクレディテーション　190,231

イングランド　228

NPM　44

FD　20,153

大阪教育大学　58

［か］

会考　91

開放制　31,227

海南師範大学　102

学部－大学院一体化　95,144

影校長プロジェクト　120

華中師範大学　93,96,102

華東師範大学　95,104,243

河南師範大学　94

韓国教育開発院　188,198

韓国教育課程評価院　181

韓国教育大学校　177

機関評価認証　192

教育改革　44

教育学院　130,134

教育家書院　131,140

教育修士（碩士）課程　95,162

教育大学（校）　175,186,197,200

教育大学院　32,197

教育の商品化　31

教員能力開発評価　184

教員養成（機関）評価
　　　　179,193,198,214

教員養成教育の評価等に関する調査研究
　　　　231

教科担任制　41

教師教育創新東北実験区　77,166

教師教育課程標準　67,108,243

教師教育研究院　154,163

教師教育者　41,107,148,165

教師進修学校　134,167

教師専業標準　68,90,212

教師資格検定試験　35,215,220

教師資格試験標準　71

教師の専門職性　229

教師の専門性　227

教職実践演習　12,239

教職大学院　51

陝西師範大学　108

見習　77,101

高考　91

杭州師範大学　90

江西師範大学　94

校長研修　120,124,133

校長の専門化　114,124

校長の専門職基準　49

国際大学院プログラム　13,19

［さ］

師資培育統計年報　217

師資培育法　207,215

四川師範大学　98

実践知　59

実践的研究　58
質保証　34
質保障　64,88
実務家教員　42,53
師範学校　32
師範生　65,91
師範大学　31,38,134,175,197,208
首都師範大学　243
十二五　75
書院　33,104
スクールリーダー　44,46,55,57
スコットランド　230
省察　59,61,78
西南大学　94,98,100,132
西北師範大学　107
浙江師範大学　91,101

[た]
大学教師の職能発達　154
大学における教員養成　15,33
台湾教員養成データベース　217
TALIS　44
中央教育審議会　12,15,226,239
東芝杯　98
東北師範大学　75,92,149

[な]
内部質保証　232
内部質保障　76

[は]
博士助教制度　156
PGCE　31
東アジア教員養成国際コンソーシアム
　　　12,238
東アジア教員養成国際シンポジウム
　　　12,20,25
東アジア的教師　3,240
東アジア的教師像　30,32
福建師範大学　109
北京師範大学　38,131,136
ボローニャ宣言　40

[ま]
ミドル・アップダウン型組織論　47
ミドルリーダー　46,47
無料師範生　66,104,159
孟憲承書院　104

[や]
夜間大学院　58,60
U–G–S　78,80,81,92,166

[ら]
梨花女子大学校　177
理論知　591

索引　253

「東アジア的教師」の今

2015 年 3 月 23 日　第 1 版第 1 刷　発行

編　　者　東アジア教員養成国際共同研究プロジェクト
装　　丁　池上貴之
発 行 者　村松泰子
発 行 所　東京学芸大学出版会
　　　　　〒184-8501　東京都小金井市貫井北町 4-1-1
　　　　　東京学芸大学構内
　　　　　http://www.u-gakugei.ac.jp/˜upress/
　　　　　[E-mail] upress@u-gakugei.ac.jp
印 刷 所　平河工業社
Printed in Japan

ISBN 978-4-901665-38-4